U0015775

左·外·野

賽後看門道，運動社會學家大聲講

目次

推薦序　曾文誠　9

左外野宣言　13

運動與國族

01 鄉關何處？——《KANO》與集體記憶　21

02 「政府要牌、選手要賞」——台灣運動發展沒告訴你的真相　24

03 為什麼「為國爭光」只是復古浪漫的懷舊想像？　28

04 從未結束的懷慕——台灣棒球文化的日本鄉愁　32

05 港中足賽——死守香港逼和中國！真實世界的無奈救贖　36

06 看球視同作戰——當運動資本與國家機器結合　40

07 錯把「徵召」當尚方寶劍，誰來組最強國家隊一樣無解　45

08 中國當然不會參加世大運團體賽　49

09 世大運的夢幻列車，十二天後將把台灣運動載往何方？　53

10 英超也有U12冠軍？——未了的威廉波特情結　60

11 神話五十年——誠實面對歷史，毋忘紅葉少棒　64

12 「六八」五十——台灣體育的時空膠囊何時解封？　68

運動與媒體

13 挖洞給選手跳的十二強復仇者聯盟，透露了什麼訊息？　77

14 有線、無線還在吵？——OTT已經快把門給拆了！ 80
15 《輝煌年代》踢出一記馬來西亞族群融合的致勝球 84
16 開幕式也要看黃金時段？——被媒體宰制的奧林匹克精神 88
17 體育記者 vs. 鄉民——從謝淑薇退賽談起 93
18 熱血《點五步》——香港棒球電影？有冇搞錯？ 99
19 請頒給傅達仁一座終身成就獎 102
20 運動媒體還是夢想中的工作嗎？ 106
21 不在螢幕裡的最重要——全球化下的馬賽克媒體 110

運動轉播權

22 被遺忘的早慶戰——台灣史上第一場棒球電視轉播 117
23 職棒二十五年，奇幻怪誕的中職轉播權大戲 121
24 世界盃轉播大戰——愛爾達、年代在吵什麼？ 130
25 這真是「頂級」的十二強賽事嗎？ 134
26 電視中（差點）被消失的里約奧運 138
27 WBC轉播劇場再起——有線系統壟斷，阻斷了大媒體潮 148
28 MOD大戰後的運動轉播何去何從？ 153
29 台灣運動媒體的新篇章？——沒有有線電視的世界盃 158

運動見真情

30 愛／恨小熊的百年孤寂與終結 165
31 不過就是一場球賽，它有可能療癒真實的傷痛嗎？ 171
32 誰說你再也不能回家？ 174
33 回不去的陳峰民與台灣棒球的世代正義 178
34 初戀的後勁——王建民，台灣依舊期盼著你 181
35 我的陳金鋒時代 189
36 歷史的繼承者們——青春與老年之戰 194
37 國慶之夜，台北田徑場見證台灣足球的新頁 198

運動與都市

38 如果你是台北天龍隊的球迷 205
39 大巨蛋的屁股怎麼擦？ 210
40 該拿蚊子館換大型賽會的餅乾屑嗎？ 215
41 台日運動聯盟狂想曲？——從沖繩組第五隊談起 218
42 德國足球三城記之一——柏林、奧林匹亞運動場與歷史印記 221
43 德國足球三城記之二——紅燈區裡的左派足球夢 226
44 德國足球三城記之三——多特蒙德的後工業足球夢 233
45 沙漠裡的冰球夢——職業運動在拉斯維加斯的一場豪賭 238

運動與教育

46 運動只是升學的手段？——從少棒轉學爭議談起 245
47 我們需要什麼樣的體育課？ 249
48 三月瘋ＨＢＬ——反了的籃球產業，被消耗的青春與熱血 252
49 競技還教育，學生或運動員——大學運動搶人大戰何時方休？ 257
50 如果姆巴佩也獲博士學位——運動員拿金牌換學位，成就還是將就？ 261

運動與全球化

51 世界盃足球能讓台灣有國際觀嗎？ 269
52 勃發中的綠洲——美國足球與運動國族主義 272
53 棒球的以色列——國族神主牌下的棒球馬戲團 276
54 歐洲豪門不願面對的真相——當中國足球贏得奧斯卡之後 280
55 板球與棒球的前世今生 284
56 洋教練念經，台灣足球需面對的課題 289
57 史上最近，但離台灣依舊遙遠的冬季奧運 294
58 趨勢還是曇花一現？——談跨國資本與運動結盟 300

運動與性別

59 像女孩那樣丟球——全面制霸威廉波特的少女 309
60 安能辨我是雄雌？——談運動場上的性別歧視 312
61 啦啦隊風雲，揭露運動產業發展的殘酷真相 317
62 猛男與宅男的世界盃——男性氣概是什麼？ 322
63 「給我女籃轉播」！該怎麼給？ 325
64 睜開雙眼才能看見多元——當運動場上不再非男即女 328
65 冬奧女子花式滑冰的愛恨情仇 333
66 陽剛的運動，陰性的媒體——運動媒體的性別分工 338
67 美網風波——小威，妳不能只是再 Just do it 了 344

運動與文化

68 台灣球團學不會的「尊重」，洋基隊長基特的退休告訴你 351
69 誰還有那美國時間看球賽？ 354
70 除了廉價的熱血，黑豹旗還剩下什麼？ 361
71 吵什麼「草」？——一面草皮的運動文化意涵 366
72 魔球咒語——「大數據」真能人定勝天？ 369
73 拳擊走入歷史的迴光返照？ 374
74 小林尊，如今安在哉？ 377

75 棒球最後的浪漫——裁判消失的那一天 380
76 「麥斯帽屢」——野球之前的台灣棒球 384
77 誰的翻譯？誰的權力？——從小牛更名獨行俠談起 393
78 球場上的亂鬥史——觸身球的「合法暴力」，值得嗎？ 398
79 美國、古巴，棒球外交的弦外之音 403
80 不追求金牌的運動想像——打造以運動員為本的環境 407
81 還運動於人民！——球迷的草根力量只是第一小步而已 411
82 運動員的罪與罰——中職該不該讓捍力克上場？黑白以外的那片灰 415
83 運動員，你的身體不是你的身體 419

運動與種族

84 不參政運動員的政治影響力 425
85 林書豪之怒——黑白之外 428
86 國歌聲中的分化——川普與球員對槓，打什麼主意？ 432
87 為什麼「比小眼睛」是種族歧視？ 437

後記——台灣與運動間的那條線 443

推薦序

曾文誠／資深棒球評論人

應該是這樣開啟的對話，我跟子軒說：「你好勇敢！」他疑惑地看著我，問我什麼事？我對他說一早看了他那篇發表在「udn鳴人堂」的文章，標題是「競技還教育，學生或運動員——大學運動搶人大戰何時方休？」，他回給我一個笑容。

這篇文章內文大意是，目前台灣大專院校以短期或任務性的招募現成國手，最後淪為運動員掛戶口，就成為國內運動與教育體系資源內耗的零和遊戲。要說的是，台灣這種亂象其實知道的人不止是子軒，但唯獨只有他能點出來，而且別忘了，他可是這「體制內」的體育大學的教授，這不是勇敢是什麼？

如果你以為他就這麼放炮一篇那就錯了，看看這篇〈除了廉價的熱血，黑豹旗還剩下什麼？〉，哇，光是標題就夠引發論戰了，但陳教授重點要說的是：「抱歉，孩子，你還不夠資格上電視！」為什麼這麼說，因為這項賽事最大的特色，是把所有報名比賽的隊伍全放在一塊打，而且有電視轉播，所以有傳統菁英強隊，有下課玩一玩的社團，還有那種想著「媽、我也上電視了」的臨時報團者，大家一起放在同一擂台上，那比賽結果是何其慘不忍睹。

所以子軒很忠實地說出：「過度強調熱血與回憶，卻廉價化了賽事本身與電視轉播，你必須苦練去掙來上電視的機會。」當然這種直白的話，一定會引來爭議，事實上文章發表後，底下果不其然地一堆「熱血」，但也不知道是不是高校生的留言，很用力很用力地撻伐陳教授，如果要靠寫文章成名，這是一篇很好的示範。

但子軒絕不是想出名，更不可能是想騙點閱率之輩。身為一位體育大學教授，身為一位運動媒體傳播人員，身為一位運動愛好者，不論是哪一種角色，這是一種叫良知的驅使。

咦？好像把子軒寫得有點偉大了，顯然不符我們平常相處譏笑嘲諷之道。原打算文章轉個彎，但看到書名「左外野」，揮出的棒子又收回了。問子軒為何取了個這麼很運動但又不太主流的書名，可以想像如果當面問他，很肯定他一定朝著我的臉說「你這個俗人，你是不會懂的」，幸好我使用通訊軟體，他丟回答案：「左・外・野這三個字正是我對於運動社會學這個學門的期許：承繼『左』派的批判傳統，關注運動場『外』的議題以及永遠的在『野』黨。」幾句話就很清楚他為文，還有將這些文章集結成冊的一貫立場。

以這樣的出發點來看，承繼「左」派的批判傳統、關注運動場外的議題及永遠的在野黨。這樣的使命下，陳子軒教授自然勇氣十足，言人所不敢言，不是嗎？

這也是我很榮幸推薦此書的道理。

左外野宣言

運動社會學，它是一個跨界的學門，介於體育學門與社會學之間，但它並不因這個「斜槓」的特性，而獲得雙倍的關注；相反地，它恰處於體育學與社會學交會的邊緣地帶，而它之於整個學術場域，大概就像左外野之於棒球場吧。

不知什麼原因，自己從小至今打棒球、愛棒球，但要去描述一個左外野手，卻總是有些曖昧與尷尬的。當然，打擊之神威廉斯（Ted Williams）、三冠王亞斯川斯基（Carl Yastrzemski）都曾在芬威球場的綠色怪獸下馳騁（何況「周董」周思齊都來推薦了，我還能說左外野手的壞話嗎？）但性格定位上，左外野手不像投手主宰全場的威風八面、捕手運籌帷幄的足智多謀、一壘手重炮盤據、二遊雙殺搭檔的曼妙流暢、「熱角落」三壘手瞬間反應、中外野遼闊範圍、右外野動輒直傳三壘的雷射肩；左外野手就像個好像什麼都會、卻又講不出個可定義特質的球員。但是無妨，左外野手或許低調、尷尬，但其名拆解後的「左」．「外」．「野」這三個字，恰巧呼應了我對於運動社會學這個學門的期許：承繼「左」派的批判傳統、關注運動場「外」的議題以及永遠的在「野」黨。

在運動員養成的過程中，權威、服從、苦練等等，無疑是運動這場域中無所不在的特質，從國家、運動組織、學校、教練、學長姊等等，充滿著由上而下的權力作用。然而，運動社會學從社會學衍生而來的典範，卻是要檢視、進而批判這一切的理所當然，因此，運動社會學無疑就是個反派、在整個體育領域中是個極為特殊的存在。但這樣的存在是有價值的，從台灣運動員的發聲、到迷群力量的匯聚，運動社會學的「左．外．野」視角，默默地促成了近一波體育改革的浪潮。

在這本書中，我從國族、媒體、都市、教育、全球化、性別、文化和種族等等面向來談談各式各樣的運動，當然，如同左外野手的尷尬定位一般，當中多少也有些橫跨不同面向的文章，而被分到了某個單一類目之中。這本書的出版，希望能將運動場外的視角，帶給台灣熱愛運動的朋友們一些不同的觀點，也可當作是我對於運動社會學「科普」的拋磚引玉。

美國學者拉提爾（Daniel Lattier）指出，一篇學術期刊上的文章，全世界平均只有十個人讀過；八二%的社會人文學術文章，從來沒有被後續研究引用過；就算被引用了，當中可能只有兩成是認真讀過的；半數的學術文章，除了作者自己、審查委員還有期刊編輯讀過之外，就沒有其他人看過了。

聽來很慘，是吧？這象牙塔不僅又高、又冷，還乏人聞問。如果是其他什麼電機、生化、考古學領域就算了，但是運動卻不該是這樣的，全世界在奧運、世界盃足球賽期間為之停止，美國在超級盃週日時，無疑就像個非國定的狂歡假期，在地球上，鮮有像運動如此讓那麼多人在相同時間、共感、共應的事件。

這也是為什麼自己在學術領域之外，從二〇一四年三月開始，在udn聯合新聞網的「鳴人堂」開始撰寫一些比較具有時效性、用字遣詞也不那麼吊書袋的文章，希望能夠將運動場外的議題討論擴大，吸引更多朋友加入這個領域。畢竟，運動場上太多的美好，是吸引我們一頭栽進它的原因，但運動也是一個國家社會具體而微的體現，我們也都知道，有時候，它可以多麼不堪。近年來台灣對於運動員處境、國族意涵的鬆動、新媒體的出現、運動迷的顯像、健康主義的盛行，都使得這領域越趨豐富與值得關注。在國族光榮為依歸的台灣，有其他太多更值得關注的面向，如果只在意勝負、在意國際賽的成績，而未曾注意運動所體現的太多可能樣貌，那麼真的是太可惜了。

我們當然可以選擇好好地欣賞一場比賽的內容就好，但是場內外又何嘗是這麼容易一切為二的呢？巴塞隆納與皇馬之所以是經典（El Clasico），除了場上球星雲集，剪不斷理還亂的加泰隆尼亞與馬德里的文化與政治情結，更是可以一代一代延續的煙硝；當看到大坂直美出賽時，她的多重身分讓圍繞著她的比賽更添話題，也更添一筆這多重混雜的後現代時代精神。

二〇一七年七月十四日，也是台灣解嚴三十週年前夕，我在臉書上成立了「左・外・野：運動、社會、文化、性別、媒體論壇」這麼一個社團，在上面發發運動場外的訊息，與同好們討論有趣的議題。如今，這本書的出版，希望能為運動社會學與文化研究等相關領域留下些許紀錄，未來，這塊足跡罕至的左外野，期待您至少探出頭來望一望，更歡迎您實際下來踩一踩。

左·外·野

賽後看門道，
運動社會學家大聲講

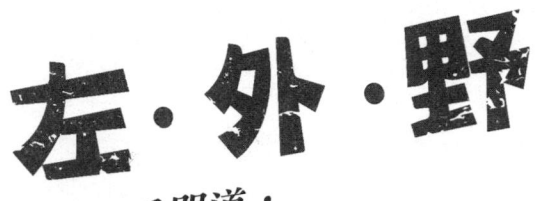

運動與國族

01 鄉關何處？

——《KANO》與集體記憶

《KANO》電影上映之後，透過棒球所映射出的國族認同議題，之所以會如此受到關注與討論，除了觸及台灣社會敏感的國族認同，以及錯將「電影再現」等同於歷史之外，尚與我們可以投射認同的運動文本實在太少，有絕對的關係。

當然，嘉南大圳是一九三〇年完成，比起嘉農揚威甲子園的背景早了一年。八田與一和當年選手的邂逅，當然更是劇情浪漫化的產物。錠者博美到底有沒有到過嘉義？一點也不重要。這些敘事就如同電影中的字幕刻意以日文「野球」而非「棒球」一樣，都是《KANO》這部電影裡，透過凸顯嘉「農」、「野」球與嘉南大圳的意象，連結棒球這項運動與台灣這塊土地的操作。

所以必須先釐清的是，社會集體記憶與歷史是不同的，歷史強調的是真確性，但那是歷史學家的職志，然而，屬於大眾的集體記憶卻與史實的真確性沒有必然關係。集體記憶可能是片段的、選擇性的、穿鑿附會，甚至從未發生過的，媒體的再現強化了歷史與集體記憶的差異。美國紐約州的古柏鎮（Cooperstown）與棒球起源天差地遠，但卻是百年來美國共同記憶裡，棒球浪漫主義下難以動搖的伊甸園。

台灣的運動集體記憶中，我們選擇記憶了打赤腳、以石為球的紅葉，摒棄了超齡與冒名的不堪紅葉；七虎也往往被遺忘在巨人與金龍之間；《KANO》這部電影，相信也是未來許多人對於一九三一年嘉農甲子園歷史的集體記憶，甚至取代紅葉成為台灣棒球起源的浪漫想像。但別忘了，在《KANO》裡，我們選擇記憶吳明捷、而非陳耕元，貫穿全片的三族共和的訊息，也必然掩蓋了族群衝突的痕跡。訊息的產製與傳播中，個人選擇的理解與記憶都是不同的，愉悅與光榮可能被強化，反之痛苦與羞辱卻可能被壓抑；而在台灣的社會記憶中，屈辱也可能被操作，一九三一年嘉農在冠軍賽的落敗，當然也可以詮釋為「贏」得亞軍。

我必須要強調的是，儘管馬志翔與魏德聖的作品（乃至於所有以真實故事改編的電影）再怎麼強調忠於史實，《KANO》作為一個電影作品與歷史就不能相提並論，紀錄片況且都有選擇性敘事的成分，更何況是一部劇情片？從分析集體記憶的角度，我們更該去理解《KANO》在此時空拍攝的意義，大中國的政治、經濟、文化影響力漸漸在這塊土地上蔓延下，棒球作為區隔兩國鮮明標記的國球，卻始終欠缺一部建構集體記憶的文本，但是一些台灣人誤把紅葉當成世界冠軍，知悉陳智源和許金木的人數可能遠不如基特（Derek Jeter）和李維拉（Mariano Rivera）的歷史空缺，嘉農絕非台灣棒球的伊甸園，但《KANO》可以是運動電影作為集體記憶的重要標竿，藉此映照出你我認同建構的線索。

也正因為這是集體記憶的建構，《KANO》觸動了台灣族群認同的敏感神經，正因為它所發生的時空背景。無疑的，日本是台灣社會顯著的他者，卻是極端的他者。對一群人而言，他是台灣現代化基礎建設的源頭，因此帶著後殖民「那個美好年代」的依戀；對另一群人而言，卻是軍國主義與殘暴的「日本狗」，一看到旭日旗、聽到台灣人講日語就難以下嚥。把棒球追溯至日本殖民時期的根源，甚至歌詠那「美好的年代」必然使得這些人坐立難安，當帶給他們多少美好回憶的國球卻是源於贏下甲午戰爭的「日本鬼子」時，那是一個認知多難以協調的概念？

但，我們是否只能依此粗暴的二分法來建構彼此的認同？棒球之所以是台灣的國球，就在於它可以是超越族群的符號，一九三〇年代下的台灣就是日本殖民下的台灣，不管你喜不喜歡，旭日旗、日語、霧社事件、嘉農、棒球，都是那個年代與這塊土地不可切割的一部分，以葉啟政的話語來說，那是一個「搓揉摩盪」、「正負情愫交融」的過程，而非一刀兩斷如此簡單，魏德聖不同作品中的史觀及認同，不是、也不該被單一解讀。

《KANO》的片頭與片尾，彷彿象徵著屬於台灣棒球的故事。它，始於戰爭，最後，殖民者走了，只留下一顆投手板上的棒球，關於它的故事要怎麼述說？希望《KANO》只是個開始。

02 「政府要牌、選手要賞」——台灣運動發展沒告訴你的真相

綜合運動賽會免不了依獎牌排行來論英雄，體育署以獎牌成色論功行賞，仁川亞運後，總計發出一億九千兩百六十萬的獎金。這樣龐大的數額總讓人不免提問，到底運動員們是為了國還是為了錢？如此截然二分當然不適當，但其中比例孰輕孰重以及所映射出的當代運動本質，其實是我們所不願面對的真相。

先以網壇一哥盧彥勳為例，與二〇一四年仁川亞運賽事衝突的中國北京公開賽，年度總獎金兩百五十萬美金，其中冠軍可以獨得六十萬四千元美金，但盧彥勳自從二〇〇七年起五度參加該項賽事，兩度打入十六強，其餘三年都在第一輪被淘汰，在二〇一二年拿到十六強的兩萬七千八百元美金（約台幣八十三萬元）是他該站生涯最高獎金，這五次參賽他的平均獎金是一萬七千元美金（也就是台幣五十一萬元的參賽「期望值」）；但根據國光體育獎章辦法，亞運金牌可得三百萬元、銀牌一百五十萬元、銅牌九十萬元，以盧彥勳的實力被賽會

列第一種子，當然參賽的「期望值」就是金牌的三百萬元。雖然，最終盧彥勳以銀牌作收，但仍比參加北京賽事的「期望值」要高的；畢竟日本好手錦織圭與伊藤龍馬都選擇了同時間的日本公開賽，而非亞運。

職業網賽中獎金最高的男單況且如此，更不用說與國光獎金落差更大的女雙了。然而這樣優渥的獎金，使得亞運這項區域型賽事成了各單項協會與運動員進帳的機會，畢竟遊戲規則如此，任誰都想來參一咖，不賺白不賺，更可兼得為國爭光之美名，何樂不為？

必須聲明，我也是盧彥勳的球迷，也與各單項協會沒有任何關係，在此絕非針對個人，而是想藉此針砭我們「重賞有勇夫」的體育政策。

獎牌是否應該面面等值？為了那面棒球銀牌發出三千六百萬是不是合理？高度職業化的運動，像是網球與高爾夫球，是不是還需要這樣齊頭式的照顧？也就是說，平平都是金牌的三百萬，對於詹詠然、謝淑薇、棒球選手們，還有更多職業舞台可以爭取；潘政琮轉職業後，未來更是前（錢）景可期，但對於許淑淨、林子琦、蕭美玉等選手可就不見得了。

亞、奧運等這些以國家為單位的綜合運動賽事，總是自然而然地和「為國爭光」畫上等號，台灣長期以來更是以此作為運動觀賞的預設立場，但是說穿了，現在的國際賽事早就是以國家之名包裝而成的職業賽了，所謂絕對純粹的業餘精神在國際舞台上已蕩然無存。各個選手名字後面的那面小旗子，也只不過是多重身分認同的參考線索之一罷了。卡達、巴林對

圖 2.1　盧彥勳在仁川亞運網球男單四強賽出戰日本杉田祐一。

非洲祭出的銀彈攻勢，使得他們在田徑賽中穿金戴銀，但我們也沒有資格訕笑，畢竟早在一九九六年陳靜為我們拿下銀牌時，我們也就已經成為這場「轉籍遊戲」的一分子，甚至我們也花錢買了原生美國人戴維斯，請他幫我們鞏固禁區，為他加油，只因他選了由台灣支付的兩萬美金月薪，而非其他國家，如此而已，不是嗎？看看沒有了他的亞運男籃，這錢好像還真不能不花。

沒有人可以、也沒有人應該否認這些運動員為了場上見真章的時刻所付出的努力，但運動員選擇走上運動生涯的初衷，真的是為「國」爭光嗎？還是以運動作為手段，並以此短暫的生涯作為賭注，期許出頭天後社經地位反轉與階級流動的可能？看看我們各級學校體育班的學生組成，我想我們心中都有答案。

綜觀國際運動現實，運動整體實力、文化深度似與獎牌獎金成反比，我們正陷入這樣的泥淖中，政府耽溺於獎牌數排行的迷思，選手則為了一舉成名賭上一把，雙方各取所需，這才是台灣運動發展的真相。

03 為什麼「為國爭光」只是復古浪漫的懷舊想像？

近年來關於足球與棒球國手出場費的事情引發許多討論，許多球迷樂見出賽球員的權益與待遇獲得更好保障，但也有資深體育記者力排眾議，認為國家應該提供完善的機制與保險照顧選手這點雖無庸置疑，但出場費甚至激勵獎金則不應成為常態，「國家榮譽」仍是運動員應該內建的精神，而奉行與否則是個人選擇。

但要釐清這爭議之前，關鍵或許繫於運動與「為國爭光」在不同時代下的本質變化。戒嚴時期下的「飛躍羚羊」紀政，回憶當初受到蔣介石首度接見的情景時提到，那震懾的感覺就好像見到神一般；六〇、七〇年代，沒有人懷疑為什麼少棒拿冠軍會有助於我們反共復國；時至前朝時，許多運動員對於馬英九的「死亡之握」卻是避之唯恐不及；在過往研究訪談的過程中，許多新世代國家代表隊、甚至奧運層級的選手都表示，為國爭光其實只是口號，誰不是為了自己的前途在打拚？

運動與國族主義的結合是普遍的現象，運動這場「無槍炮的戰爭」就是這時代體現國族認同最普遍的場域。然而，國族認同要堅實地存在，必須建立在共同的過去與對未來共同的願景，而這兩者，正是當前台灣社會最難有共識的棘手難題。喬治．歐威爾（George Orwell）的名言「誰控制了過去就控制未來，誰控制現在就控制過去」，套在目前的課綱爭議再適用不過，兩黨都希望藉由掌握歷史詮釋權，來提供他們所欲見的未來藍圖，但這正是台灣不同族群之間難以妥協的歧見，本省、外省史觀鴻溝之深，自然不在話下，更別說處於相對邊緣的客家、原住民與新住民史觀，對於什麼是台灣共同的過去、或是未來願景都有不同的圖像。因此，當台灣運動員所代表的國族（特別是妥協下的「中華台北」名稱）都是個擺盪、模糊的符號，再以「為國爭光」為號召，實在顯得過於薄弱。

在歐美社會，「國家」這個現代性下的概念同樣受到眾聲喧譁、後現代社會的衝擊，但是這樣的大敘事典範，在西方文明的根基相對穩固，而包括台灣在內的後殖民國家，卻是被迫進入這遊戲之中，根基尚未扎實，已遭受後現代離心力的抽離。在美國，儘管作為一個種族大熔爐，單一的國族認同曾是個很微妙的概念，但在九一一事件後，新自由主義右派掌握了運動與大美國主義的連結，當山姆大叔召喚之時，仍較我們顯得有力許多。

當然，這樣的召喚，個別運動員仍有選擇，有些NBA球員像是里拉德（Damian Lillard）拒絕美國代表隊；費德勒在二〇一四年率領瑞士奪下台維斯盃冠軍之後，功成身退的他，之後就選擇退出國家代表隊；梅西在美洲國家盃中，又一次與國際大賽冠軍失之交臂，飽受阿根廷人不公平的批評，甚至傳出萌生退出國家隊的念頭；我們也別忘了，二〇〇六、〇九兩屆的WBC，王建民早就選擇了洋基而非中華隊；上述這些例子也正是個人在此結構下仍有行動的展現。

至於與台灣出場費爭議類似的例子，我們看到奈及利亞男子足球代表隊先後在洲際國家盃與世界盃，曾以罷賽、罷練為威脅，認為他們未獲奈及利亞足協承諾的出場費與獎金，這些手段也為他們爭取到他們認為應得的報酬。德國男子足球國家隊的隊員，雖然個個都已經是年薪可觀的球星，但在二〇一四年世界盃奪冠之後，同樣笑納每人三十萬歐元（一千零六十四萬台幣）的獎金。另一個例子我們卻也看到，加拿大男子冰球代表隊在獲得冬季奧運金牌之後，將他們每個人兩萬元加幣（五十萬台幣）的獎金捐出，有些捐給青少年冰球發展基金，有些捐給特定慈善團體。歐洲與北美的頂尖職業運動員，有著完備的職業運動結構作他們的堅實後盾，像是年薪一千兩百萬美金的克羅斯比（Sidney Crosby），完全不需要這些零頭錦上添花，所以選擇將這筆獎金捐出，此乃個人行善義舉，但不能被解讀為國家可以無償獲得這些運動員付出的勞力。

凡此種種，都凸顯資本主義與國族主義這兩股力量正拉扯著運動這場域，但當前資本主義顯然逐漸占了上風。在這典範消逝的時代，「為國爭光」已經逐漸成為一個懷舊與浪漫的想像。即便如此，包含台灣在內的各國，仍舊抱持著國際重大賽事的獎牌是代表國家榮耀、是其政績的展現，那麼在資本主義為當代絕對主流意識型態的現實下，所有東西就都是有價碼的。

奧運等重大國際賽事的業餘主義已一去不復返，既然這是無法逃脫的遊戲，又無法再單以搖搖欲墜的「為國爭光」口號讓運動員心服口服，那麼國家與各協會就必須為這些名為國際賽，實為商業活動的遊戲付出一定的代價。我們常因為這些頂尖運動選手的光環與高收入，而忽略了他們也是勞工的事實，既然是資本主義下的勞工，自然無法逃離市場機制下的供需法則，聽來現實，但這更顯見資本主義邏輯已經滲透我們生活的每個面向，運動也無法自外其中。

04 從未結束的懷慕

——台灣棒球文化的日本鄉愁

自從一八九五年《馬關條約》之後，一百多年來，台灣與日本之間的關係錯綜複雜，尤其日本作為一個台灣的重要他者，對於不同族群而言，卻總有著兩極化的反應。

歷史上，我們無法否認日本曾經殖民台灣五十年的現實，而且殖民統治結束後七十年，台灣文化卻仍難脫日本的影響，棒球也是如此。從電影《KANO》上映開始，引發「媚日」的論戰，最近一些事件也依稀可見台灣棒球文化中存留著對日本典型的依戀與懷慕。

二〇一四年的光州世大運，棒球金牌戰因雨取消，台灣與日本並列金牌，但是我們看到台灣的選手興奮之情，甚至把總教練郭李建夫高高抬起，而日本隊則是默默在一旁，排成一排聽教練談話，未見任何欣喜之情。這事件引發一些朋友討論，認為我們未戰而「撿到」金牌的反應也太明顯，反觀日本內斂卻略顯失望的反應，凸顯了兩國運動家精神與運動文化底蘊的差異。

圖4.1　光州世大運棒球賽四強戰，台灣擊敗地主南韓隊闖進金牌戰。

同年七月底U12世界少棒賽，日本隊總教練仁志敏久因為陣中七位主力選手遲到，對他們處以禁賽令，此舉一出，引發一致讚譽，認為這樣將人格教育置於球賽勝負之上的日式鐵血作風，值得我們學習。

同樣時間點，中信兄弟球星周思齊的球芽基金啟動，希望未來能送小球員赴日本棒球學校深造，他也特別提到希望透過日本的環境與品格教育將這些年輕人培養成職棒的選手。

透過運動傳達正確的人格教育，是所有運動人所期待的終極目的，但，日本真是完美的運動典型嗎？包括準時在內的團隊紀律，是運動文化起碼可以教給小朋友的，這點我絕對同意，仁志教練也的確做出了許多教練不敢做的處理方式，但是日本運動教育是不是我們應該全盤擁抱的，就該思考一下了。

回到世大運棒球金牌戰的討論上，其實一開始我也認為日本隊在此事所展現的「格調」的確讓人欽佩，但事後我也反問自己，雖然不戰而拿金牌，對手也的確是賽前比較看好的一方，但慶祝錯了嗎？球員、教練依照大會規則章程拿到金牌，表露拿到了金牌的喜悅有何不可？日本人近乎病態的壓抑性格與社會控制的強大集體力量處處可見，講求嚴密身體紀律的運動場上當然也是如此，但對於勝利後的激情釋放是否都要如此苛刻？

日本棒球近來受到足球的強力挑戰，其中之一的原因就是年輕世代對於嚴苛與保守的日本棒球傳統的反抗，扭曲的學長學弟倫理在東亞運動（甚至整體）文化中格外鮮明，熱血甲子園的浪漫背後，卻也有著過度使用的傷害與更多無名青年被埋沒在棒球黑暗角落中的殘酷現實。

如果有空到河濱公園的棒球賽走走，或是進到職棒賽場上，夾雜著台、日、英語的混雜語就像是台灣棒球的官方語言一般，國語反倒是鮮少聽到；但是要把籃球場上的術語甚至加油方式轉化成台語的話，卻怎樣都覺得怪。戰後七十年了，台灣社會本省、外省族群的痕跡依舊存在著，運動場上「本省棒球、外省籃球」粗糙地劃分著六〇、七〇年代的台灣社會，當然不全然適用今日的台灣，但它依舊殘存在這個社會的紋理中，儘管我相信隨著世代推移，這樣的界線終究會逝去，但是全面擁抱日本價值就如同懷抱著所謂大中華文化想像一般，都同屬一種「沒有記憶的鄉愁」(nostalgia without memory)。

那什麼是台灣的棒球文化？可能就是一種夾雜著的台、日、美、中混雜而成的風格吧，它不純粹、不美甚至時而令人厭惡，但這就是我們的棒球。當今全球化的文化流動下，所謂的美式球風也好、日式球風也罷，這些都只是對於過往理想典型的過度化約與鄉愁，運動人才的跨國流動以及媒體傳播都使得文化邊界逐漸淡去。典型終究在夙昔，當連巴西人都開始感嘆森巴足球都不森巴了，那我們也沒什麼好抱持著日本棒球典型的執念了。

05 港中足賽

——死守香港逼和中國！真實世界的無奈救贖

近年來，在香港的市民社會中，與中國一直瀰漫著緊張關係，爭取真普選的雨傘運動、反水貨等等，這樣的情結也蔓延到了足球場上。

當俄羅斯世界盃亞洲區會外賽分組抽籤公布後，二〇一五年九月三日和十一月十七日兩天的對戰，就一直令人期待，正是兩場中國與香港足球正面對決的時候。

兩隊第一回合交鋒前數月，就已經瀰漫不安的氣氛，五月，中國足協宣布與香港隊的主場選在離香港再近不過的深圳，這就已經夠耐人尋味了；六月，針對香港隊而充滿種族歧視的「不輕視任何對手／這支球隊的人，有黑皮膚，有黃皮膚，有白皮膚，這麼有層次的球隊，得防著點！」的宣傳文案，更是惹惱了許多香港人。選在深圳或許是對香港表達善意、或許是因應九月三日北京大閱兵而將比賽遠離京城、或許是純粹戰力考量[1]，以免橫生枝節。不論如何，這場比賽門票的銷售中國戒慎恐懼，不論主客場球迷，都必須採取實名登記制才能購票，進場也必須檢查和票上登記相符的證件才能入場，自己知道有「案底」的，索性也直接放棄申購球票。也就是說，你坐在哪個位子、家住哪裡、老大哥可是一清二楚，香港球迷想要作怪的話，後果請自負。

這場山雨欲來的比賽，深圳的親戚請「朋友」幫我買票，還煞有介事地問了我的台胞證號，但是比賽前兩天拿到票時才發現，票上登記的是中國身分證號，被海削的「代購費」當然只能自個兒吞下去。眼看進不了場，只好轉進球迷團體「香港力量」在旺角一家包場的咖啡廳，隔海加油打氣。

前兩場會外賽，香港雖為特區，但是如同國際競賽慣例，賽前依舊演奏〈義勇軍進行曲〉，不過卻吸引大量主場球迷噓自己國歌的有趣氛圍；在這樣的背景下，這一晚的賽前儀式也就格外有戲，但既然兩隊同屬一國，國歌也就索性只奏一次，既然分不清是你的還是我的國歌，大概也就沒啥好噓的了。

中國雖然主控全場，但是四度踢中門柱、兩度香港後衛空門救險，門將葉鴻輝多次撲出

1 中國隊原本要飛到馬爾地夫進行下一輪賽事，而就地理位置與縮短航程考量，深圳的確是最方便的選擇。但事後馬爾地夫因為體育場草皮狀況不佳，被迫放棄主場，改打中國主場而在瀋陽進行。這樣一來，中國隊反而要從深圳飛到瀋陽，妙的是，這場在瀋陽的比賽日，剛好還與周杰倫演場會的場地籌備工作撞期。

中國隊射門，最終雙方以〇：〇戰和，「英雄輝」、「鋼門」的封號也都送給了葉鴻輝。這場比賽過程十足成了當今港中關係的比喻，球場上黑皮膚、黃皮膚、白皮膚的港人，奮力死守，加上護國神柱的保佑，或可將中國暫擋於門外，且以和局作收。但真實世界裡，如潮水湧入的中國勢力或以水貨客、或以政治控制之姿無所不在，電影《那夜凌晨，我坐上了旺角開往大埔的紅VAN》裡的滂沱紅雨，象徵著所有香港人都將無所遁逃這股紅流。這場死守的和局帶來的喜悅，或許只能是真實生活中的無奈救贖。

香港人愛足球，但多半瘋的是世界盃和以英超為首的歐洲各國聯賽，以往並不關注香港代表隊的比賽，更不用說本土的聯賽了。香港TVB旗下的無線J2台轉播港中之戰，收視率最高達十四．一，吸引了九十一萬觀眾收看（香港當今人口約七百三十萬），成為該台二〇〇九年開台以來收視率最高的節目；隔天各大報除了《東方日報》之外，也都以頭版頭條處理香港〇：〇逼和中國的賽果。跑遍旺角著名的「波鞋街」，香港隊的「波衫」一件不剩。

當我問到身邊的年輕人，看這場比賽有什麼心情時，他們很清楚地說道：「沒什麼好矛盾或複雜的，就是香港人挺香港人。」畫面上一帶到中國的啦啦隊，全場立刻噓聲四起，中國隊長鄭智疑似辱罵躺在地上的葉鴻輝「狗」的風波，更添火藥味。即使原本不關注足球的港人，也到了現場掛著「堅持熱血」、「The Power of Hong Kong」布條的咖啡廳隔海打氣。

走進香港的書店，香港文化、認同、尋根的書籍擺在最醒目的地方，這樣的氛圍之下，足球在今夏也搭上一陣本土化與尋根的風潮。

老牌球會傑志，在香港賽馬會的捐助下，耗資四千九百萬港元的訓練中心於二〇一五年七月落成，同時也為六到十二歲的小朋友提供免費的足球訓練；英國留學生陳寬敏以第一位在英格蘭頂級聯賽進球的香港球員張子岱為主題，拍了一部《尋找張子岱》的紀錄片，並巡迴各社區與公園放映；香港理工大學專上學院的李峻嶸博士也在相同的時間點上完成了《足球王國：戰後初期的香港足球》一書，企圖為香港掙得華人足球正統的詮釋權，國民政府所宣稱的台灣足球光榮時期實則為「華皮港骨」的歷史。

我並不認為這一系列的現象是種巧合，解殖回歸之後，從北京奧運的與有榮焉到雨傘運動的幻滅，香港人擺盪在港英與中國特區之間，在此時渴尋自己的路，足球提供了這樣的載具。港中之戰的第一回合已然落幕，十一月在香港的第二回合，更將是港人展現主場力量「We are Hong Kong」的時刻。

06 看球視同作戰

——當運動資本與國家機器結合

九一一事件是許多美國人生命中最漫長的一天，事實上，美國仍活在九一一裡。川普的當選，看似令人意外，但只要跑一趟美國，看個幾場球，好像也就不那麼意外了。

二〇一六年十一月，我曾利用到美國坦帕灣參加北美運動社會學會年會的機會，順道看了美式足球和冰球的比賽，也見證了美國的職業運動如何一步一步與國家機器融合，形成全世界最大的運動軍事資本主義複合體。

雖然以過往在歐洲看球的經驗，背包只要經過安檢之後依舊可以通關，但在九一一事件後，我就已經知道背包這樣的「龐然大物」在美國的球場是絕對不可能允許入內的，那天還特別換上了一個不到A4大小的小包，但卻在雷蒙・詹姆斯體育場（Raymond James Stadium）周邊的路上，甚至還沒到進場安檢的門口時，就被工作人員給叫住，告知那樣的包包是不允許入內的，他還順便給了我一個透明的小塑膠袋，告知我將東西置入那個塑膠袋內，至於包包本身只能放回車上。即使在告知我是來自國外，並沒有開車到球場，他可以隨意檢查那個小包之後，他也只是冷冷地說：「旁邊有垃圾筒，你可以把包包丟在這。」原來，九一一之後，背包禁止入內，波士頓馬拉松爆炸案後，只要他們看不透的包包都不允許了，即使金屬探測器、搜身一樣不少。心有未甘地進場之後，看到官方認可、帶有球隊標誌的透明塑膠提包大喇喇地在販賣部陳列著，十五塊美金就好。

慷慨激昂的國歌，大到跟球場一樣的巨幅星條旗，最後加上戰鬥機衝場，已經是大家所熟悉的美式運動開場畫面，而電視轉播廣告時你沒看到的，就是正如《比利・林恩的中場戰事》（*Billy Lynn's Long Halftime Walk*）一般的連串軍人表揚，在我身邊的球迷一邊鼓掌，一邊喊著：「這才是我們真正的美國隊！」

隔了幾天，到阿美來球場（Amalie Arena）看了場ＮＨＬ的職業冰球賽，由於之前的經驗，嚇得我只帶了門票和手機，原以為冰球這加拿大國球在老美的場子裡應該可以不用那麼愛國吧，殊不知開場還是由當地儲備軍官團掌旗並領唱國歌，球賽當天的抗癌主題日，在暫停時的串場活動中，三百六十行裡，依舊精挑細選出一位抗癌成功、育有五個子女的女軍官接受眾人歡呼。

但問題是，為何外人如我如此不自在，老美卻對這一切如此習慣？尤其這些看似自然的「傳統」與儀式，其實都是在九一一事件後才變成這樣的。一百多年的運動文化累積，在美國都是歡樂的民間休閒活動，美國總統或是官方頂多開開球、接見當年冠軍隊而已，但二〇〇一年九月十一日，也就是美國運動喪失童真的那一天，經過了不過十五年，美國的運動完全變了個樣。

「幸運大災難」（fortunate catastrophe），班納迪克・安德森（Benedict Anderson）如此形容著被執政者利用的民族或國家重大災難，九一一事件即為美國近代，尤其是小布希政權的「幸運大災難」。回顧當時，執政七個月的小布希支持度跌落至五成，但九月十日上床睡一覺醒來，由於什麼都沒做，他的支持度卻驟然上升到九〇％，這還不幸運嗎？

九一一事件後，美國各地的運動場被轉化成民族主義與愛國精神展現的場域，激昂的愛國主義取代了原本屬於俗民的敘事，棒球場上七局的棒球歌〈帶我去看棒球賽〉（*Take Me out to the Ball Game*）一度被〈天佑美國〉（*God Bless America*）取代；美式足球場，亞利桑那紅雀隊明星防守球員派特・提爾曼（Pat Tillman）放棄百萬年薪，毅然從軍，最終客死阿富汗，被形塑成美國人愛國的典範，NFL順道承載了陽剛特質與愛國主義結合的象徵，但諷刺的是，提爾曼還是死於美軍自己人的誤射。

小布希政府在九一一事件後，透過運動取得了民族主義與男性中心價值的詮釋權，主流媒體順道口徑一致地將運動員精神與愛國主義畫上等號，軍人成為無往不利的政治與消費符號，於是乎，ＥＳＰＮ可以長驅直入阿富汗軍營製播世界體育中心，運動用品商也搭上此股風潮，Under Armour與「受傷戰士計畫」（Wounded Warrior）合作，發行系列募款Ｔ恤，都是此運動軍事資本主義複合體的一環。

二〇〇二年美式足球超級盃開始被列為「一級特別國家安全事件」，也就是說，像超級盃這樣規模的運動賽事維安，是由美國特勤局與聯邦調查局等聯邦單位統一管轄，比照美國總統就職典禮的超高規格。而球場這類大規模人潮聚集場館，更由國土安全部推動安全認證，自從二〇一二年洋基球場取得首張認證之後，現在已經有五六％的ＮＨＬ與ＮＢＡ場館、七〇％的大聯盟球場以及七二％的ＮＦＬ球場，加上五十九所大學的場館都安裝了美國國土安全部認證的ISS 24/7監控技術。以最積極與軍事愛國主義連結的ＮＦＬ來說，它們現在已經是五角大廈所認定的官方「供應夥伴」，也就是說，如果觀眾前往球場看一場職業美式足球比賽而不幸遭受恐怖攻擊，ＮＦＬ將全面免責，不會受到任何連帶的賠償訴訟；再說得更白話一些，現今的ＮＦＬ球場都被視為準軍事設施，當你進入球場的那一刻開始，恭喜你，你已經接受山姆大叔的招募。看球視同作戰，進場的球迷如同作戰的士兵，風險自負，ＮＦＬ成了名符其實的No Financial Liability（無金錢賠償責任）。

所以，千錯萬錯是me的錯，進入軍事設施還帶個不透明的包包，人家給你一個外國人進去已經很給面子了，還有什麼好抱怨的呢？

美國瀰漫如此氛圍，小布希政府當然是始作俑者，但即便是歐巴馬都無法改變此一運動軍事資本主義複合體的事實，畢竟ＮＦＬ如此作為也是他任內而成，不難想像，川普新政府上任後必然更加緊抓如此藉由運動場域鼓吹的狂熱愛國主義。

一切透明（All Clear）。這就是看球的代價。

07 錯把「徵召」當尚方寶劍，誰來組最強國家隊一樣無解

棒協與中職誰領頭的爭議，一直是台灣棒壇難解的習題，在二〇一七年WBC中華隊三連敗後看似有解，棒協許諾將組訓的任務交付給中職，期許未來能組成最強的國家隊，但是至今兩造卻仍舊難有共識，二〇一九年底十二強賽總教練人選，開賽前八個月依舊難產。

然而實際上，能否組成最強國家隊的關鍵恐怕是在美國大聯盟。畢竟中職與棒協之爭的結果，是少了Lamigo，所以少了王柏融、林泓育、陳禹勳等即戰力，但少了更多在大聯盟體系的選手，尤其是此次戰力最薄弱的投手。未來能否組成最強國家隊的癥結點已經不再是誰來組訓，而是國家隊的光環已經褪色，運動代表隊與國族主義畫上等號的時代已經過去，運動國族主義已經有新的體現形式爭奪定義權。

別誤會了，組訓事務一條鞭，由國內最高層級的職業聯盟統籌，絕對是令人期待的模式，也是各職棒成熟國家所採取的方式，但是各國都同樣面臨徵召不順的情況，並非台灣獨有。

南韓效力於大聯盟的選手，只有王牌後援投手吳昇桓一人接受國家隊邀請，雖然他一個人可能就是對韓國之戰決勝負的關鍵；日本同樣也只有青木宣親一個大聯盟選手參戰；至於美國則更不用說了，在未參賽的選手中，很輕鬆可以組成三、五支實力更強大的球隊。而古巴頂尖好手紛紛赴大聯盟發展，古巴棒協依舊將這些選手視為叛將，致使這些大聯盟的古巴選手無法再披上古巴國家隊衣，目前國家隊青黃不接、實力大為折損，並不讓人意外。

因此，與其說WBC是棒球最高水準的賽事，倒不如說是一國棒球整體深度的總檢驗，在球員個人職業意識抬頭、球隊商業利益乃至國際的政治紛擾，都讓運動國族主義產生質變。第四屆WBC只是證明美國無疑仍舊是棒球之巔，還不用組成最強美國隊就冠軍入袋，史卓曼（Marcus Stroman）這名根據ESPN季前預測不過是排名第十八的美國籍先發投手，就可以在冠軍賽大殺四方，更是難以讓人信服WBC達到了「推廣棒球」的目的。

由此我們發現，越是高度職業化的團體運動，越需要以底部深厚的金字塔撐起——因為來自職業運動聯盟和球隊的掣肘會越多——棒球的狀況是因為WBC才讓我們有此體認，在足球國際賽（尤其是歐洲球季中的重大盃賽的會外賽與非洲國家盃）與職業球隊的不對盤早就見怪不怪。如果是非職業化的個人運動如舉重、跆拳道，尚且能以政府之力行菁英培育的模式，再賦予國族榮耀，但在職業賽場上，國族的光環早已淡去，還把徵召當成尚方寶劍，只是平添球迷對政府與協會的不知今夕是何夕之感。

況且，職業賽事漫漫球季所深化的日常生活文化，早就建立起球迷們對於職業球隊的認同甚至超過了國族的成色。舉例來說，梅西在二〇一六至一七賽季為巴塞隆納效力了三十九場球，為阿根廷只踢了五場美洲盃百年賽，外加六場世界盃南美區的會外賽；莫里納（Yadier Molina）的職業生涯中，為聖路易紅雀隊出賽了一千八百七十場，卻只為波多黎各出賽了二十場；當然，國族的認同之所以是一種強而有力的「想像共同體」，其所代表的意義遠超過這些場次的落差，但職業球隊的認同多少仍削弱了國族的至高性，或是將這些單一球員轉化為國族投射，一個人就是一個國族榮耀，王建民之所以為台灣之光不正是如此？所以這樣的趨勢是好？是壞？各人皆有價值評斷，但它確實在發生，而這至少代表的是運動擺脫國家至上這緊箍咒的契機。

由上面各國例子看來，一方面各國運動員個人意識抬頭，希望在職業賽場上爭取更好的發展，或是職業球隊將球員視為其資產，不願其冒著受傷的風險，種種力量都在削弱國族主義的羈絆。陳金鋒國際賽生涯再傳奇、陳鏞基儘管打出WBC史上第一支滿貫炮，但他們心裡難免一定閃過「如果當年沒打那麼多國際賽，不知道大聯盟之路會是怎麼樣」的念頭吧。

我們再來看另一個例子。美國女子冰球國家隊曾經在二〇一七年世界冰球錦標賽前，針對所獲得的差別待遇與後勤支援與美國冰球協會開槓，並威脅將不代表美國出戰世界冰球錦標賽，放棄爭取四連霸的機會，幾乎等同於將冠軍拱手讓給加拿大（自一九九〇年以來，前兩名都是由美加包辦），尤其美國還是該屆賽事的主辦國。在多方聲援這些女子選手之下，美國冰球協會最終妥協，也使得女子選手的待遇獲得大幅提升。

儘管美國冰球協會在二〇一四年所公布的稅前總收入達到四千一百九十萬美金之譜，但是這些女子冰球國手每個人僅在奧運會賽前的六個月，獲得每月僅有一千美金的生活費津貼；而美國冰球協會每年投入三百五十萬美金發展男生的基層冰球，女生們的數字卻遠低於此。長期的不平等待遇，再加上受到美國女子國家足球隊爭取自身權益的激勵，促使這些冰球選手在此時以終極的手段發聲。

相關研究表示，當女性運動代表隊成員，即便是國家代表隊，被問到為何而戰時，絕大多數都表示是為了自己與身邊的隊友，美國女子冰球國手們也深知以當前態勢要爭取同工同酬的難度太高，但至少要向協會極力爭取改變這極度不平等的狀況，為了自身的尊嚴、也為了身旁的隊友，她們必須據理力爭，哪怕犧牲的是國族的光榮。

「徵召」（call-up），一直是我很不喜歡的用詞，它充滿了上對下的權威與義務意涵，當今國家隊的組成，不論是由誰負最大權責，該是用「招募」（recruit）的態度，亦即放下身段，將整體環境改善，拿出最好的條件吸引最好的球員，這樣「國家隊＝國族」的老派運動國族主義形式才能延續，否則全球資本主義下的職業運動聯盟早已證明他們有更充沛的資源、更多元的敘事方式，能夠改寫並挪用國族與運動間的關係。

08 中國當然不會參加世大運團體賽

中國隊在二〇一七年台北世大運團體賽抽籤時，默默地缺席，這就表示他們不會在八月底的世大運中參加任何團體賽。檯面上的原因是說與四年一度的中國全運會撞期，因此不克前來，本屆世大運與全運會也確實是這兩大賽會歷來最接近甚至重疊的一次。但實際上，中國除了在北京以及深圳兩屆以東道主身分傾巢而出之外，世大運原本就不是他們的主戰場，就算此次派出團體隊伍出賽，也不致影響各省全運會戰力布局；中國缺席世大運團體賽事，乃是兩岸關係戰略考量的合理之舉。

從干預台灣參加世界衛生組織年會（WHA），可以知道中國近來對於兩岸關係的定調，就是以壓縮台灣外在空間為手段迫我就範，世大運團體賽的缺席也是這樣的手法，不會給台灣任何情面。但仔細回想二〇一一年時，台北之所以獲得主辦權，正是兩岸氣氛和緩之際，必然也是國際社會獲得中國的默許。但民進黨執政後，政治現實丕變，兩岸交流趨緩，使得當初的默許轉變為今日的漠視。

儘管運動存在諸多正向功能，增進國際友誼、展示人類體能極致等等，但運動作為無槍炮戰爭的替代功能卻無法掩蓋。如果回顧歷來中國運動團隊或其球迷在台灣與香港所為，在世大運團體賽的缺席其實有跡可循。

二〇〇七年，在苗栗進行的海峽盃籃球賽，來自江蘇南鋼隊的球員孟達肘擊台啤球員吳岱豪，引發台灣球迷眾怒，台啤甚至在後來花蓮站賽事罷賽；二〇一五年，在金門舉行的金城盃大學籃球邀請賽，北京大學與台藝大同樣爆發球員間嚴重肢體衝突。

二〇一七年三月下旬，世界冰球錦標賽U18第三級賽事在台北小巨蛋舉行，正可視為中國測水溫、最終決定不派團隊參與世大運的近因。就在台灣與中國戰後，兩隊球員發生衝突，中國球員以五星旗示威，場邊數百位球迷也紛紛以雜物丟入場中，表達對中國代表隊的不滿與憤怒，從來不報導冰球運動的台灣媒體破天荒地矚目該項賽事，原因就是在該場比賽之後兩隊爆發的衝突，以及所引發的反中情緒。

同年四月二十五日，亞洲足球冠軍盃的分組賽，亞洲強權廣州恆大作客香港出戰東方隊，恆大以六：〇大勝不說，主客隊球迷間相互以「×你老母」的廣東話國罵伺候，終場前，恆大球迷一幅「殲英犬／滅港毒」的標語更是讓香港人的憤怒直達沸點；反觀二〇一六年十一月，台灣與香港在東亞盃會外賽碰面時，香港人噓自己的「國歌」，卻對客隊、也就是國旗歌報以熱烈歡呼聲的怪事。二〇一五年，香港在兩場世界盃會外賽頑強抵抗中國的比賽中，再次激發出港人後雨傘運動反中的本土意識。

另外，一轉眼已經超過十年了，二〇〇八年北京奧運的棒球賽，台灣兵敗五棵松棒球場，被棒球迷視為「國恥日」；相反的，這場中國棒球發展史上最大的勝利，從上到下，當時人在北京的我，除了央視奧運轉播螢幕最下方的戰況跑馬燈之外，難以找尋相關的報導。除了棒球原本在中國就極為邊緣之外，根據可靠的內部消息，相關單位在賽後下令中國官媒以及相關新聞管道對那場比賽噤聲，原因無他，就是避免刺激情緒已經受創的台灣人，在兩岸人民情感上再掀波瀾。

同樣在北京奧運前的場外，聖火傳遞的爭議屢見不鮮，除了陳水扁與民進黨政府拒絕聖火入境的事件之外，隨著聖火傳遞，抗議中國在南蘇丹達佛慘案中的角色以及聲援圖博（西藏）獨立的聲音與聖火如影隨形，運動場從來就是政治的最佳舞台，已經身經百戰的中國當局不可能不知道這一點，每播一次〈義勇軍進行曲〉、每升一次五星旗都是對台灣人民的刺激，不管是十一個人的足球、五人的籃球，這些運動團隊正使得國族這個想像共同體更為真實，一旦在運動場上碰面，非敵即友的二分邏輯格外清晰。

從規格而言，分齡、交流、聯誼性質的世大運的重要性原本就不如各省展示並競奪體育資源的全運會；外在而言，派隊參賽對中國沒有任何政治上的好處，反而可能激化台灣的反中情緒，因此最終僅派出一些個人項目選手，尤其是武術項目「象徵性」地參與賽事，以杜眾人之口。

09 世大運的夢幻列車，十二天後將把台灣運動載往何方？

二〇一七年台北世大運在驚奇中落幕了。

之所以用「驚奇」，是因為這過程中，不論是場內的運動員或場外的觀眾所迸發的能量，超乎了所有人的預期。

包含二十六金牌的九十面總獎牌看似風光，但我們卻不應該忘記世大運作為一項分齡賽事，參賽選手有奧運金牌、卻也有大學校隊等級的巨大落差，再加上我們有多少選手是因為此次賽事而硬被賦予了大學（或研究所）學籍，各協會心知肚明，因此評論各面獎牌時不宜等值以待。

台灣所獲二十六面金牌中，十八面是選辦項目而來，比例之高，讓我們必須至少自覺，這樣的獎牌數不會是台灣參加各主要運動賽會的常態。不過選辦項目發揮主辦國的優勢，乃是各屆世大運的常態，二〇一三喀山世大運選辦了極為冷門的帶式摔角（Belt Wrestling）及桑搏（Sambo，亦稱俄羅斯武術），進而包辦這兩項賽事三十七面金牌中的二十四面；二〇一五年光州選辦韓國人引以為傲的射箭，此次我們選辦滑輪溜冰，自然就是為了展現各自在不同運動項目的優勢。這一點我們無須過度自卑，但從滑輪溜冰這金庫挖了十面金牌，它並非亞奧運項目的事實，我們也無須過度自嗨。

這屆賽事中，也有無疑足以讓我們自豪的。郭婞淳舉起的世界紀錄、李智凱鞍馬近乎完美的十五・三分、鄭兆村突破亞洲的驚天一擲，這都是扎扎實實的世界級表現；楊俊瀚的一百公尺成績，雖然若以這屆田徑世錦賽的成績參考，只能排在第八，但一百公尺畢竟是一百公尺，這象徵意義非同凡響。

再來說說球類運動吧，令人失望的棒球自然莫再提，但男女籃、男女排的表現令人驚豔與感動，使得多年來坐享最大資源的棒球必須繃緊神經，畢竟台灣的國球是「贏球」，可能不再只是鄉民的酸言酸語，而是棒球需要時時當心的警語。

羽球在球后戴資穎捨世錦賽，而留在「主場」參加世大運，多少給人殺雞用牛刀之感，獎牌輕易落袋，滿場相挺，風光自然不在話下。相形之下，周天成隻身勇闖蘇格蘭格拉斯哥，八強賽力拚後才以一比二惜敗給後來的冠軍丹麥選手安賽龍，著實值得更多掌聲。網球，「詹謝人生」再一章的鬧劇，反倒喧賓奪主，令人不勝其煩。男女足倒數的成績可以預期，但是主場球迷加油吶喊下所激發的鬥志，使得這兩支球隊輸得真的不難看，而足球金牌

圖9.1　2017世大運男子競技體操，李智凱在鞍馬表現優異，漂亮奪金。

圖9.2　郭婞淳在2017世大運舉起世界紀錄。

戰，儘管由日本與法國兩隊爭奪，但卻依舊吸引滿場球迷觀戰，這樣的能量果然持續到男子隊於十月十日國慶日主場亞洲盃會外賽迎戰巴林時，最終以一場光榮的勝利引爆足球熱。

二〇一七台北世大運，我們也別忘了消極出席但卻無所不在的中國。場內，雖然絕大多數運動員都到了天津參加全運會，但是依舊輕描淡寫地主宰武術這個選辦項目；場外，大會贊助商「喬丹」，其山寨的投機性格自無須多言，但在世大運的場子裡播放的卻是為中國全運會宣傳的訊息，著實令人憤怒。

執政者挾權賦予運動詮釋權，古今台外皆然。八月三十一日的台灣世大運英雄遊行與一九七〇年代少棒遊行、阿扁在國慶日拿著王建民簽名球炫耀的舉措，本質上並無二致，儘管多元資訊的刺激之下，閱聽人早已不是毫無抵抗地全盤接受這些充滿優勢符碼的訊息，但當權者擘劃的勝利遊行依舊，唯有識讀了箇中模式，必能理解這又是另一場政治挾著運動的國王新衣展示。

至於，若想要借此經驗直指亞奧運的申辦，倒可休矣。不是懷疑我們承辦大型賽會的能力，而是從中國此次的消極參賽與處處打壓台灣國際空間的舉措，我們的申辦是沒有任何勝算的，連攸關生死的世界衛生大會大門都不讓你進去，怎麼可能讓你有著萬邦朋友自遠方來訪的風光？莫忘我們之所以在二〇一一年底贏得本次世大運主辦權，正是馬英九與郝龍斌分別在總統府與台北市府時，也是在兩岸最為和緩（或傾中）的時間點。因此，與其想著放眼亞奧運，倒不如將錢用在各級運動聯賽的建立、現有場館的維護與合適我們規模與使用的新場館興建。

最後，既然我們熱衷於選手回家比賽，何不讓台灣作為主場的頻率更高一些？世大運這類的大型賽會，如同大拜拜，當中一些場館也將隨著賽會結束而完成階段性任務（掰掰！國際標準游泳池），從上一段中也可理解，除非未來客觀政治環境有天翻地覆的改變，否則世大運就會是台灣所主辦，空前絕後、規模最大的賽事了。因此我們該做的是建立規律的運動賽事，從羽球、桌球、網球巡迴賽單站賽事的爭取，甚至是籃球、排球職業聯賽的建立。

而這些職業聯賽的擘劃並不僅限於國內，立委吳秉叡一番「減隊入日職」的話語引發酸度破表的回應，但他搞錯的是運動項目與方法，全球化下區域化的運動發展這個大方向是正確的，畢竟，如果連加拿大都不夠大、連北歐諸國都在思索整合斯堪地那維亞足球聯賽的可能、連巴爾幹半島在跨國籃球聯賽之外都還要加上足球、連東南亞各國都在討論東南亞超級足球聯賽，那麼職業棒球打了三十年都還是只有四隊的台灣，哪有自限的餘地？不論是南向或是北向，我們都不能自外於這股力量。

世大運這十二天，所有參與其中的運動員、教練、協會（對，協會，值此逢協會必反必酸的氛圍，他們也值得掌聲）、媒體、志工、現場或電視機前的觀眾，都值得高興。但如同政治人物選舉完的必備感謝詞一樣，高興個十二天就好，尤其真心熱愛運動的你我，為了不讓運動一次又一次成為政治的免洗工具，市民社會的力量必須展現在運動上、凌駕在政治利益上，沒有什麼事是非政府不可，運動尤其如此。如果運動的發展僅能仰賴政治力的養分，最終必然為其所用，那也是浮士德必然要被惡魔取回的靈魂。所以，不管你是一日水球迷、終身足球迷，這次台北世大運可以是起點、也可以是中途轉運站。

就算這是場台灣運動人共同做的十二天的夢，夢醒時分，也讓它至少是留下點痕跡的春夢吧。

10 英超也有U12冠軍？

——未了的威廉波特情結

自從美國人卡爾・斯托特茨（Carl Stotz）在二次世界大戰後，於賓州威廉波特創辦了世界少棒賽以來，少年、棒球與夏天就很自然地成為聯想的意象，加上作家羅傑・卡恩（Roger Kahn）於一九七二年出版的經典《夏日男孩》（*The Boys of Summer*），時至今日，「夏日男孩」就成了棒球員的暱稱。兩條白線之間的紅土與綠草，也成了隔絕複雜現實世界的避風港，是單純與天真的時空膠囊。然而，大人們給了孩子們舞台，給予它過度詮釋的，卻也是大人。

自從二〇一七年開始，ESPN的《週日夜棒球賽》（*Sunday Night Baseball*）也在世界少棒賽期間，於威廉波特進行一場別開生面的棒球賽，而且當週週末的賽事（命名為球員週末，Players Weekend），所有球隊也都會換上少棒風的球衣，背上還繡著球員綽號。此舉試圖透過兒童所象徵的遊戲純真本質，為漸漸流失年輕觀眾的棒球運動再行連結。至於台灣人，我們在一九六九年初識威廉波特，對於棒球的第一印象卻與旗海飄揚的國族主義脫離不了關係，時至今日，也是我們一直揮之不去的父兄式家長主義的體現。

由國際棒壘總會主導的U12世界盃棒球賽事中，台灣的小朋友連續三屆敗給美國拿到了第二名，小朋友們依舊流著傷心的淚水，懊惱著未能拿下冠軍盃。多麼希望我可以說，謝謝你們輸了球，球場內外有太多勝負之外的事可以學習，而小學階段的勝負，對於你未來的人生一點也不重要……但事實上卻是，我們的制度，讓這群孩子們下至背負國族光榮，中至背負了教練的生計，上至決定了自己未來的人生。

綜觀少棒賽事，美國的教練與父母大致是讓孩子適性發揮，較少過於繁複的戰術；反觀台灣，或許是身材與力量差距使然，使得教練必須打比較多的「小球」，由教練在場邊不斷地比手畫腳下戰術，這或許是日系棒球文化不斷地洗禮，也可能是「不下戰術人家以為我不懂棒球」的迷思，更可能是因為這一場比賽的勝負對於台灣的教練太過重要，讓他們必須錙銖必較，過度干預了這屬於孩子的學習與自我成長。

近年來，從不斷盤旋在孩子上空的直升機家長、無時無刻監控的無人機家長，都反映了我們焦慮的教養觀，卻造成了現在即便是大學生仍舊難以獨立生活，甚至碩士口試還有家長陪同這樣不可思議的場景。我們該讓自己成為老鷹家長，也就是一方面盡到養育之責，另一方面放手讓他們學著自己翱翔，在孩子有危險時才俯衝搭救。

少棒與台灣的連結，與一九七〇年代風雨飄搖的國際現實緊密結合，所以賦予了它許許多多不需承受之重，但少棒的威廉波特情結在過去二十年逐漸褪去，一方面台灣代表隊不再年年主宰威廉波特，甚至連亞太區門票都不一定拿得到；一方面在多元開放社會的除魅下，讓我們理解到將「為國爭光、宣慰僑胞、光復大陸」等，與十二歲小孩子連結的荒謬。但是日前看到一則《自由時報》報導，一群高雄的孩子拿到「二〇一七英國超級盃國際分齡U12足球錦標賽」冠軍的新聞，卻讓人有「威廉波特情結足球篇」、時光倒流四十年之感。

報導中提到一些關鍵詞如「國際冠軍」、「長官接見」、「揮國旗」、「唱國歌」、「超齡疑雲」等，完全就是少棒狂熱的一九七〇年代關鍵詞的複製貼上。一九七〇年代尚可理解是民智未開，國民政府利用膨風與少棒速成的「世界冠軍」頭銜作為鞏固政權以及轉譯的工具，時空丕變的今日卻依舊如此思維，那就真令人憂心。

青少年運動與國族主義的連結慢慢褪去，但「出國比賽」才是王道的心態依舊，而在這則新聞的背後還充滿著其他的問題。

首先是撰文的記者，應屬高雄的地方記者，分享地方榮耀亦屬其分內工作，但到底「二〇一七英國超級盃國際分齡U12足球錦標賽」是一個怎麼樣的活動？這是記者與編輯在處理新聞時該做的功課，畢竟稍有關注台灣運動發展之人也應該可以理解，台灣的足球距離拿到任何層級的冠軍都是頗為遙遠的。

如同球評石明謹先生撰文所述，說穿了，這項活動就是由一家英國活動企劃公司在曼徹斯特舉辦、一個夏令營性質的活動罷了。在網路新聞原本的版本中，還刻意以「英超U12」為標題，試圖膨風此活動冠軍的位階。凡此種種，不正是威廉波特幽魂未散？

最終的勝利是振奮的，參與活動經驗對於孩子們而言也是正面的，沒有人會否認這點，但文中提到，孩子抽筋後仍上場展現的「拚勁」是否是我們該讚許的正面價值？這是可議的。畢竟，保護孩子不正是我們大人的責任嗎？

大人們的沾光與過期了四十年的威廉波特情結可休矣。

11 神話五十年
——誠實面對歷史，毋忘紅葉少棒

一九六八年八月二十五日，一個榮辱與共、正負情愫交融的日子。

這一天，來自台東縣延平鄉紅葉村的十三位布農族小朋友以七：〇擊敗來自日本關西的一支少棒隊，為隔年開始進軍威廉波特的台灣少棒開了大門，也開啟了那個世代的少棒風潮，自此改變了台灣棒球的發展。

他們為了黨國、官僚和國族主義奪下了夢想中的速成勝利，比起奧運或是其他各項國際正式比賽，少棒選手頂多是一項十二年的工程，不但養成時間短，競爭也遠不如成人國際賽事激烈，剛好美國賓州威廉波特的世界少棒聯盟又提供了一個求之不得的「世界冠軍」頭銜，這對於身處內憂外患危機與混亂的國民政府，紅葉少棒及其後繼者的成功，如同及時雨一般，適時地將島上人民的注意力，從難堪的國際政治現實導入虛幻的少棒勝利。

曾經有這樣的神話流傳了許久，「樹幹為棒，石頭為球」的紅葉少棒在那場歷史性的比賽，以七：〇的比分擊敗來訪的「世界冠軍日本關西和歌山隊」。但是那支被擊敗的球隊不是世界冠軍，畢竟就在剛好同一天的凌晨，另一支正港的和歌山隊在威廉波特以一：〇擊敗美南隊贏得世界冠軍。

不管是當時資訊查證困難或是媒體記者怠惰，這樣有意或無意的陰錯陽差，都使得紅葉傳奇更具吸引力，這樣曖昧不明的神話特質，更是所有國族文化與共同記憶建構的基石。紅葉蔽日的神話流傳，實際上是不堪的冒名與超齡醜聞，十三名球員中只有四個是符合資格的本人與賽，這些天真只愛打球的小孩子卻為當時黨國機器、教育官僚的投機惡果背負了羞辱的重擔，這樣的恥辱掩蓋了國族榮光，這些為前進威廉波特開路的紅葉選手，沒有後輩一路由黨國呵護、升學的眷顧，多數英年早逝、抑鬱以終，雖然多年來一些文史與影像工作者企圖為他們平反，但始終未見官方給予他們該有的尊重與歷史定位。

再者，原住民與棒球的連結，從高砂棒球隊、能高團、嘉農的三族共和、紅葉少棒、郭家班、陽家班、王光輝的「輝總家族」等等，都是原住民與棒球連結的軌跡，但何以在台灣總人口約二%的原住民至今每每在中華職棒這國內棒球最高舞台穩定地占了四成到五成？這就是所謂的單一族群在某些特定面向的「過度代表性」，根據清大林文蘭教授的研究，當中有教育機會、階級流動的經濟動機、原住民親族支持體系的正面力量等因素，使得他們「不成比例」地投入棒球、甚或整個台灣運動領域，紅葉少棒就是這將原住民與棒球結合的涓涓細流轉化成洪流，從而開枝散葉的關鍵里程碑之一。

王潛石先生的「東台小將一棒響，滿山紅葉壓垂楊」這充滿詩意的標題，是每個新聞傳播科系學生在上新聞編輯課時必定習得的一課，描述的是一九六八年紅葉國小擊敗嘉義垂楊國小而在全國少棒賽封王的比賽。過去五十年間，這些紅葉如同深山中的落葉一般無聲地凋零。

體育署、棒協、中職還有讓棒球曾經在身上留下印記的你我，都未曾為這些前輩們做過些什麼，儘管當時進行比賽的台北市立棒球場已經不復在，但我們還有太多的方式可以表達對於那場開啟台灣棒球新頁的比賽表達追憶。象徵性上，我們可以訂定「紅葉日」，可以在職棒比賽中穿上復古球衣、請這些前輩或其家人到場接受我們的致意等等；更深層的，讓我們誠實地面對這段歷史，我們可以批判那段黨國力量主導著「出國比賽」的扭曲歷史，但場上這些小球員的貢獻不容抹滅。

但這一切，或許是對這失憶社會過多非分的期待了吧。

圖11.1　東台小將一棒響，滿山紅葉壓垂楊。

12 「六八」五十

——台灣體育的時空膠囊何時解封？

一九六八年伊始，越共的新春攻勢突襲美軍，成為越戰的轉捩點；美國黑人民權領袖金恩博士（Martin Luther King, Jr.）、參議員羅伯．甘迺迪（Robert Kennedy）先後遇刺。不僅僅美國不平靜，布拉格之春、巴黎五月學潮的民主化運動與左派訴求，在為世界追求民主與平等點燃微弱希望火花的同時，卻也再添動盪；同年十月分，墨西哥市奧運同樣不平靜，開幕前在三文化廣場（Plaza de las Tres Culturas）上的學生抗議運動，引發墨國政府血腥鎮壓，造成數十人死亡，上千人被捕入獄，史稱「特拉特洛爾科事件」（Tlatelolco Massacre）；運動場上，約翰．卡洛斯（John Carlos）與湯米．史密斯（Tommie Smith）在兩百公尺項目的頒獎儀式上高舉拳頭，以黑權致敬的方式向全世界傳達對於美國種族主義的抗議，成為奧運與民權歷史上永難磨滅的一頁。台灣運動史，我們記述了第二屆亞洲盃女籃的主辦、那片永恆飄揚在棒球場上的紅葉，以及馳騁在墨西哥市的飛躍羚羊。

圖12.1　飛躍羚羊紀政於墨西哥奧運奪得田徑女子80公尺跨欄項目銅牌。

一九六八年的台灣，儘管如李志銘所言，台灣的流行文化與反對運動受到五月學潮反叛精神的感召，而有台灣搖滾樂團與流行時尚元年之稱，但在另一方面，黨國體制滲透到社會各個角落，九年國民義務教育恰於此年展開，運動場域被全面吸納，也奠定至今台灣運動「體育化」、「國族化」、「學校化」的序曲。

六月分，傳出韓國有意延攬一九六〇年羅馬奧運十項鐵人銀牌楊傳廣擔任教練的消息，一時楚材晉用、忘恩負義的批評聲浪四起，中間在時任全國體協副總幹事周中勛居中斡旋下，楊傳廣終於在七月下旬抵台，並答應為即將到來的墨西哥市奧運擔任田徑教練，方才消弭了一場國族大義的危機。而選手時期受到加州大學洛杉磯分校（UCLA）栽培的楊傳廣在回國後，看到台灣寒酸的運動設施，發起「一人一元興建體育館」的活動，儘管依舊以運動國族主義為最終訴求、反應也未如預期，卻是民間力量開始在運動發展上的渺小火苗。

六月八日，政府下令各公營事業機構，以及熱心體育的民營機構，按其所選，負擔一支國家代表隊，當天公賣局立刻就認養籃球，此政令一出，也奠定了日後銀行、國營企業成為培養台灣運動員溫床的常態迄今，日後三家電視台更在黨國的指示下，分別承攬橄欖球、網球、足球的轉播與推廣任務。六月十四日，全國體協鑑於大部分體育成績特優學生，因為學業成績不能達到保送升學的標準，向教育部建議放寬此項標準，由政府背書應許下，運動員雖能得到教育體制的庇蔭，卻反而與學業漸行漸遠。

七月下旬，第二屆亞洲盃女籃賽在台北舉行，中華女籃在季軍戰擊敗泰國，雖然依舊不敵宿敵韓日，最終以第三名坐收，但已成功引爆籃球熱潮，賽後甚至還免費加演一場與越南的友誼賽，超過一萬七千名球迷湧入中華體育館，甚至連兩端的球架上都還有球迷坐在上面，可謂空前絕後的瘋狂場景。

八月下旬，紅葉少棒以七：〇擊敗來訪的的日本和歌山隊，陰錯陽差、巧或不巧、幸與不幸，掀開了台灣少棒風潮以及國球的開端。

墨西哥市奧運開幕前夕，也就是一九六八年十月十日，國際奧委會通過我國將可自十一月一日起恢復中華民國的名稱（China, ROC）、國旗、國歌等，被視為漢賊不兩立下正名運動的最終勝利（但該屆墨西哥市奧運〔十月十二日至二十七日〕依舊是以台灣為名），無奈之後也僅有在一九七二年慕尼黑奧運得以全套中華民國名稱、旗歌出賽。

一連串運動盛事的推波助瀾下，運動電視轉播也逐漸占據台灣人的客廳，根據台灣省新聞處的資料，台灣自一九六二年進入電視年代之後，一九六八年的電視機成長數量實為驚人（參見表1），亞洲盃女籃、紅葉少棒、紀政奪牌等運動大事，與此趨勢直接或間接都有關係。《聯合報》當時的著名專欄作家何凡，也在當年體育節的評論中寫道：

這次女籃與童棒轉播的電視機前，卻出現了從來不看任何體育影片或體育表演的人。

他們不但看，而且入迷，把從前視為瞎胡鬧或年輕人的事情的運動，也列入自己的生活要項。許多公私機構在辦公時間內打開電視機，准許同仁收看，像體育發達國家那樣。許多不懂棒球為何物的人，幾場比賽看下來，已經大致明白了球規；而由於了解更增加了興趣。這件事每天報紙的宣傳固然功不可沒，但是電視力量之強大實應居首功。這一股國民的運動熱，正可趁機利用，善加導引。

或許，這五十年來，台灣運動唯一變的就是運動媒體的生態，台視為首的無線老三台，早已退出了運動轉播的版圖，有線電視依舊為王（但還能有幾年光景？）新媒體則磨刀霍霍。

奧運正名、體改、台灣之光、體保生升學、國營企業支持體育，這些一九六八年台灣運動發展的關鍵字，五十年後看來依舊熟悉。除了正名所要正的名，反過來從中華民國變成了台灣之外，其他的場館問題、運動國族主義、依附於國家機器與教育體制下的運動發展，依舊像是被封存著的時空膠囊一般，何時能逃脫這些力量的掣肘，或許正是台灣運動得以開啟新頁的一天。

表1　台灣早期電視機數量

成長率	數量	年度
	3,334	1962
388%	16,279	1963
121%	36,026	1964
73.3%	62,434	1965
73.6%	108,415	1966
51.2%	163,918	1967
109%	**343,735**	**1968**
27.7%	438,816	1969
16.3%	510,228	1970
31.8%	672,721	1971
24.2%	835,279	1972

運動與媒體

13 挖洞給選手跳的十二強復仇者聯盟，透露了什麼訊息？

台灣是首屆十二強棒球賽主辦國，二〇一五年十一月，也就是大賽開打前夕，宣傳戰如火如荼展開，但是一支十二強復仇者聯盟的宣傳影片，卻讓看到的人都驚呆了。

片中林益全、陳鏞基、高國輝、林智勝、陳鴻文等人都已經是台灣職棒的第一線球星，球員演技生澀可以預期，畢竟那不是他們的專業，但是為什麼一個頂級賽事的轉播宣傳可以容許如此陽春道具堆砌的企畫案？如果宣傳影片用過往國際賽撼動人心的經典畫面，以球員為主體，既安全又可以點燃球迷的熱情，既然選擇了大膽創新與驚奇，執行面就必須完美達成任務，否則只會得到反效果。從這支影片已經在緯來官方YouTube頻道下架看來，原因大概不出漫威公司授權的疑慮，或是球迷一面倒惡評所致，但這樣一支宣傳片除了令人驚呆的效果之外，其實背後更反映出我們運動明星養成體系的欠缺。

就以當年度台灣大賽熱潮之際，美國職棒大聯盟球星克里斯・亞契（Chris Archer）翩然到訪，他並非當前大聯盟最具知名度的一線球星，高中的學歷，甚至來自一般人可能覺得「複雜」的家庭（他口中與法律上的母親其實是血緣上的外婆），在參與球迷活動和接受專訪時，所展現出來的談吐與明星特質是國內運動員少見的高度，這也反映運動明星特質與漂亮的學歷與家世背景並非全然相關；另一位高中畢業就投身職業運動的科比．布萊恩（Kobe Bryant），在接受媒體訪問時總是能夠讓人感受到那股認真甚至令人震懾的特質，縱橫籃球場內外近二十載。從NBA到大聯盟，或因代言品牌、或因官方聯盟選派，即便非一線球星，但個個善於面對媒體，運動明星所經營的形象正是需要聯盟、品牌、運動行銷公司、經紀人等層層把關與建立。

不過，口才好或耀眼的明星光環，並非就與真誠或是感動人心畫上等號。國外許多運動員賽後在接受媒體訪問時，儘管都能侃侃而談，但多是制式的陳腔濫調：「我要感謝隊友，沒有他們就沒有我的勝利」、「你們是全世界最棒的球迷」、「每場比賽我都付出一一〇％的努力」等等，這些回答多半也就是沒什麼營養的過場儀式罷了。

相較於歐美運動員的口才，在台灣「木訥」、「憨厚」似乎才是我們擁抱運動員的特質。從當年的林易增「挖金憨慢貢威」的廣告開始，就已經成了台灣運動員自我實現的預言，而這其實並非壞事，畢竟在台灣，口若懸河可能反而會被賦予負面的「名嘴」形象；但是如同口才好不代表能感動人，口才不好也不見得就代表真誠，不過當運動員只剩這些單一刻板印象時，並非運動產業之福。

長期而言，運動員的養成過程中，表達能力與人文素養必須培養，任何運動員都不應該只懂運動而已。然而短期來說，這已成台灣運動員的特質，那麼運動產業周邊就必須拉一把，而不是挖洞給他們跳。既然我們的運動員在場外的形象是「木訥」、「憨厚」的，那麼電視台與行銷者反其道而用「潮」、「超級英雄」、「動漫」的角度來包裝就有其風險。如果我們有明確的運動明星體系，那麼運動行銷公司、經紀人、電視台的宣推人員就會層層把關，過濾所有的公關訊息，不至於讓此執行面不理想的成品進入市場。畢竟就算十二強「復仇者聯盟」宣傳片效果不佳，但沒人會怪這些運動員，眾人責難的就只會是電視台本身。

14 有線、無線還在吵？

——OTT已經快把門給拆了！

二〇一五年首屆世界棒球十二強賽，中華隊在預賽後遭到淘汰，棒球熱結束得有些突然與悵然，但與荷蘭、加拿大、古巴、波多黎各場場經典，收視率迭創新高。除了緯來在有線電視平台的轉播之外，許多人卻忽略了無線的公視其實也參與了此次的轉播。以預賽最後一天中華隊對波多黎各的比賽為例，緯來體育台收視率為五・二七，而公視則是一・六二，顯示無線頻道仍有其重要性，特別是沒有安裝付費有線電視的家庭，也能透過公視觀賞「國球」，做為台灣文化公民的集體經驗。

無線電視台面臨有線電視、新媒體的挑戰舉世皆然，畢竟從三、四家寡占的市場進入到上百個競爭者，世界各國無線電視台所受的震撼可想而知，但是絕大多數都仍擁有電視市場主流甚至龍頭地位；反觀台視、中視、華視無線老三台優勢崩壞之迅速，卻是舉世僅見。這十幾年來，老三台在主流商業電視頻道早已淡出，輿論上幾不見任何領導議題的影響力，運動轉播上也是每四年一次的奧運才被半推半就地接手。

最重大運動賽事的轉播總是在各國的無線電視台上播出，因為那是一種文化公民權的宣示。英國、澳洲都有明確的名單揭示，保障這些具有文化顯著意義的賽事必須由無線頻道轉播，以讓最大多數的民眾得以觀賞。英超等職業賽事在英國國內必須透過付費的BT Sport或是Sky Sports才看得到，但是世界盃、歐洲盃、奧運等賽事卻絕對在無線的ＢＢＣ或是ＩＴＶ頻道上。台灣的老三台在運動領域上實在太不爭氣，回想一下過去幾年，你還記得三台主動轉播過哪些運動賽事？足球迷或許還依稀記得中視在二〇一五年夏天轉播了南美國家盃足球賽？但，除此之外呢？算了吧，他們連體育記者的編制都一併省去多年了。

有線電視與新媒體步步進逼運動轉播市場，Discovery旗下的付費運動頻道Eurosport以十三億歐元的天價拿下二〇一八年到二〇二四年之間冬、夏季奧運的歐洲轉播權，而非與奧會合作數十年的歐洲廣播聯盟（ＥＢＵ），這筆劃時代的合約已經表明，無線電視台不再是運動轉播中不可或缺的主導者，儘管根據奧運規章，奧運轉播仍必須在無線頻道播出，因此Discovery的這筆合約也表明會分予無線電視播出，也就是重大運動賽會觀賞的文化公民權仍須保障。

然而，無線也好、有線系統業者也罷，這個守門人到底還能守多久？ＯＴＴ（Over The Top）的服務在全世界都已經蓄勢待發，大舉進軍影視市場，各大企業紛紛投入相關產業，

WalMart投資的Vudu、NBC、FOX與迪士尼／ABC三大電視網合資的Hulu、亞馬遜的Amazon Video等等，都已經在美國具有一定的市占率，根據最新的產業報告，具有寬頻網路的美國家庭中已有五七%訂閱OTT的影音內容，而且已經有七%擺脫傳統付費有線／衛星電視，僅以OTT作為其收視的來源，而這比例還在升高中，為傳統電視產業發出警訊，其中以政治陰謀劇《紙牌屋》打響名號的Netflix就被視為最主要的對手。

OTT山雨欲來之勢，只要將眼光稍稍轉向香港就可窺見一二，一方面是國際集團向中國進軍的灘頭堡，另一方面也是中國向外擴張的基地，這兩股勢力正在香港交匯。

二〇一六年初，Netflix這個在美國與其他超過四十個國家上市、擁有超過六千九百萬訂戶而掀起影視產業革命的平台進軍台灣，他們的企圖也不僅止於電影或是影集，運動轉播也會是他們著墨的重點，Netflix就曾參與英超在香港轉播權的競標，但最後出價不敵樂視，但其企圖心已不容小覷。二〇一五年九月，甫在香港登陸的樂視，據傳就是以三年四十七億港幣（約台幣一百九十九億）的天價標下英超二〇一六至二〇一九年賽季在香港的轉播權，將英超作為打進香港市場的特洛伊木馬的企圖昭然若揭。

中國中央電視台以其國營且無線的優勢，掌控了絕大部分運動轉播的資源，但是小米與樂視OTT收視盒與網路收視的崛起，卻為中國的影視產業掀起震撼，其中樂視在中國就掌握了英超、德甲、西甲、法甲、義甲與歐冠等全世界最重要的足球賽事，另外還有

NBA、NFL、美國大學籃球、歐冠籃球、PGA、F1、ATP男網與WTA女網等幾乎所能想像到的全球頂尖賽事，中國國內的中超足球、CBA籃球也都蒐羅在內。近兩年，樂視更放眼全球，除了積極籌備進軍美國與印度市場之外，香港就是他們測試水溫的地方。

於此同時，世界各地OTT平台加入運動轉播的戰局方興未艾，英國Perform Group旗下的OTT平台DAZN，二〇一六年在德國開播，二〇一五年起便動作頻頻。十月分首先買下NBA在德國、奧地利與瑞士的轉播權，接著十二月宣布從傳統衛星電視德國天空衛視（Sky Deutschland）手中奪下英超在德國、奧地利與列支敦斯登三國的獨家轉播權。還有，我們也別忽略台灣的麥卡貝在中華職棒Lamigo TV的經驗後，也加入了十二強轉播的行列，收視人口達二十萬人，後勁不容小覷。

最近有線與無線電視陣營為了必載問題吵得不可開交，之所以造成這爭議，實在與老三台太不爭氣有關，儘管無線電視台承載文化公民權的任務為其必載性加了分，台灣有線電視系統長期惡質守門也令人厭煩，但是我們稍抬起頭向外看，OTT大軍都已經拆下層層大門，我們卻還仍舊在吵「無線頻道必載與否」這樣上世紀的問題，實在令人擔憂台灣媒體產業的未來。可以預見，在這波新媒體潮下，媒體的國界、形式等等已經是枝微末節的資訊，與獲得媒體內容的管道渺不相涉。也就是說，「如何」送達閱聽人已經不重要了，內容終將決定媒體的命運，運動轉播如此，整體影視產業更是如此。

15《輝煌年代》踢出一記馬來西亞族群融合的致勝球

講到馬來西亞，很少人想到它的電影，那麼它的足球呢？或許有些足球迷想到二〇一一年台灣與馬來西亞在巴西世界盃會外賽碰面的那場經典戰役，除此之外，這個足球世界排名與台灣難兄難弟的國家，絕少人會想到他們的足球，但是《輝煌年代》（*Ola Bola*）正是一部如此奇妙結合的馬來西亞足球電影。

《輝煌年代》二〇一六年一月在馬來西亞上映，引發全國熱潮，而且是少見能跨越族群界線的電影。而如果我們稱它是馬來西亞版的《KANO》其實並不為過，除了攝影與音效都是《KANO》的班底之外，劇情更是異曲同工。嘉農棒球隊在一九三一年以漢人、原住民、日本人組成的「雞尾酒」球隊一路打進甲子園冠軍賽；一九八〇年莫斯科奧運足球亞洲會外賽，由馬來人、華人、印度人組成的馬來西亞一路過關斬將，更在最後分組決賽擊敗韓國，拿到前進莫斯科奧運的門票。儘管最終因與西方盟國陣線一致，抗議蘇聯入侵阿富汗而杯葛莫斯科奧運，馬來西亞足球隊並未成行，但已寫下馬國運動史輝煌的一頁。

灰姑娘傳奇一向是運動電影共通的公式，不被看好的球隊或是運動員突破逆境，拿下最終勝利，成為一般人日常生活的啟發。熱血、勵志正是運動電影必備的元素，除了個人的成就與救贖，最終還能凝聚社群與國家，這些元素在《輝煌年代》裡全都找得到。在奧運會場仍舊秉持業餘主義的年代裡，電影中的小人物，掙扎在日常生活與奧運夢之間，是你我都能投射的劇情。而夾雜著普通話、廣東、海南、閩南、英文、馬來多種語言的對白，是馬來西亞日常生活的常態；不同場景使用不同語言，也成了編劇與導演刻意安排的弦外之音。但可惜的是，包含我在內的大部分台灣觀眾卻只能依賴字幕，難以百分百融入其情境，這也是難以克服的遺憾。

馬來西亞族群問題一眼可見，馬來人、華人、印度人外表的差異清楚可辨，華人導演周青元刻意避開了重現歷史可能面臨的敏感問題，電影裡的角色設定跳脫了真實球隊的球員背景，不用任何真人姓名，重新將種族、人格特質排列組合與穿鑿附會，與強調忠於史實但卻處處可見斧鑿痕跡的《KANO》相比，這樣的策略給予電影更多敘事的彈性。反而是《KANO》為了增添甲子園冠軍賽的戲劇張力，安排了實際上最後一局並未上場的陳耕元吞下三振，這樣的安排讓兒孫為其抱屈；此外，《KANO》電影對白以日語和閩南語貫穿，這根本不該是爭議的爭議，都在當時電影上映時成為話題，這正反映了族群問題動輒得咎的敏感神經。

如同《KANO》一樣，族群問題總是難以跳脫「對號入座」與見縫插針的困境，史實裡，馬來西亞靠著華人球員黃才富攻進致勝球，在電影裡卻被改寫為馬來人，不難想像引發一些爭議，特別招致華人的不滿。馬來西亞的三大族群，馬來人與原住民合稱的巫裔占最多數，超過六成的人口，華人則占四分之一，剩下的是印度人。在大英帝國殖民時期下，各族群大抵依照族群界線分治，自給自足，往來有限。但在獨立之後，華人在馬來西亞不論是教育或是公職的管道處處受限，近年來，各族群之間的關係更是緊張許多。

如此氛圍下的《輝煌年代》，我們看到華人導演特別安排由馬來球員攻進致勝球的結局，或許這才是族群融合的可能。因為他是華人，如果他選擇忠於史實，沒有人能批評他，但正因為他是華人，所以放棄了「忠於史實」、放棄再現華人之光，更顯難能可貴，讓各族裔放下，更具說服力。

周青元導演在金馬奇幻影展的映後座談表示，以往馬來西亞電影多半是華人拍給華人看，馬來人拍給馬來人看，像《輝煌年代》那樣在一個放映廳裡見到各族群齊聚一堂的情景確實罕見，但各族群在電影中對著切中自己的哏響起屬於自己的笑聲，仍可見不同族群間的文化界線隱隱作用著。正因為華人選擇道德高位，「讓出」致勝球英雄給馬來人，更能凸顯片中主軸「贏，我們一起贏；輸，我們一起輸」的精神，儘管同一片土地上的人說著不同的語言，卻也可以唱著同一首加油歌。

台灣的中文片名取的巧妙，輝煌條紋旗正是馬來西亞國旗的別稱，唯有拋開華人、馬來、印度的族群本位，方才能成就屬於一個馬來西亞的輝煌年代。台灣更何嘗不是如此？

16 開幕式也要看黃金時段？
——被媒體宰制的奧林匹克精神

二〇一六年夏天，世人眼光投向巴西里約馬拉卡納體育場，再次迎接人類當代文明的重要景觀。

奧運雖以運動賽會為主體，但「現代奧運之父」古柏坦爵士（Pierre de Coubertin）的奧林匹克主義復興運動，涵蓋道德、哲學以及美學等等面向；奧運開幕式的藝術表演，正是此等精神的體現。

奧運開幕包含藝術表演、參賽選手繞場、主席致詞到點燃聖火等流程，大抵在一九二〇年的安特衛普奧運之後就已然成形，從一九三六年柏林奧運開幕式展現納粹德國不可一世的野心之後，近代奧運開幕式往往比運動競賽本身留下更深的印記，藝術表演則自一九八〇年莫斯科奧運開始推向大規模景觀，包含民族音樂、舞蹈、歷史敘說、人類文明貢獻等等都成為必包含的主題。

身在台灣，一九八〇年莫斯科奧運對我們而言彷彿不曾存在，但一九九二年巴塞隆納的神箭手，一九九六年亞特蘭大阿里顫抖的雙手、世紀交接雪梨的水火同源、重返雅典的歷史再現，你可能都還有印象；二〇〇八年北京擊缶而歌迎遠朋，讚嘆也好、嘲諷也罷，想必畢生難忘；倫敦則細數人類文明裡大英帝國從工業革命、莎士比亞、哈利·波特、詹姆斯·龐德到豆豆先生的軌跡。

延續近年由電影導演擘劃開幕式藝術表演的模式，二〇〇八年北京奧運張藝謀式的「數大」美學貫串全場，二〇一二年倫敦則是由丹尼·鮑伊（Danny Boyle）主導，里約則是交由《無法無天》（*City of God*）、《疑雲殺機》（*The Constant Gardener*）、《盲流感》（*Blindness*）的巴西名導佛南度·梅瑞爾斯（Fernando Meirelles）。深陷財政窘境的泥淖中擘劃奧運開幕式並非易事，梅瑞爾斯也已經表示，開幕式不會像北京或是倫敦一樣鋪張，大約只占總預算的一〇％，他將會把巴西人引以為傲的音樂、嘉年華元素融入其中。

奧運開幕式的主事者亟欲透過藝術表演展現他們想要你了解的故事，但若將開幕式置於整個大時代脈絡之下解讀，可能更具意義。

絢爛奪目的北京奧運，展現了全世界唯有中國共產黨國體制霸權下，方能達成的數大、霸氣、劃一的景觀，無疑挾帶了中國改革開放後大國崛起、萬邦來朝的意象；北京餘威下的倫敦，透過全球資訊網WWW之父提姆·柏納—李（Tim Berners-Lee）的精神「This is for everyone」以及全民醫療體系的創建等橋段，則選擇彰顯庶民意象，多了全民奧運、全民歷史的味道，但免不了些許日不落國終將面臨帝國遲暮的感懷。對於里約，我們可以期待些什麼呢？

二〇一四年世界盃巴西被德國以七：一痛宰之後，巴西就諸事不順，在在預示了里約奧運的困窘。財政問題無須多言，總統羅賽芙遭彈劾、茲卡病毒疑慮、水域運動場地惡劣水質、周邊重大工程延宕、選手村瑕疵、參賽選手一下飛機就被洗劫，以及恐攻惡夢，似乎都讓我們難以對里約奧運樂觀期待。但，除了這些之外，無所不在的美國與商業因素也隨時虎視眈眈企圖影響著里約奧運。

話說二〇〇八年北京的水立方裡上演著菲爾普斯（Michael Phelps）的八金傳奇，但如果仔細回想，或許還會記得游泳項目的決賽幾乎全集中在北京時間上午進行。這對於頂尖運動選手的生理時鐘而言十分不尋常，依國際競賽常態，絕大部分頂級賽事都是在當地時間下午或晚上進行。然而美國NBC挾其高額轉播權利金（接近全球總額的一半），對於奧運決策與流程有極大的影響力，於是乎，全美矚目的菲爾普斯八金傳奇就在北京時間的上午，也就是美國的黃金時段上演。

食髓知味的NBC，本屆賽會依舊精明算計，儘管美東與里約僅有一小時時差，但他們卻決定延遲一小時播出開幕式（美西則延遲四小時），因為NBC高層盤算著，週五上班日晚間八點會比七點開始播出獲得更高的收視率，尤其開幕式不像運動賽事結果具有相同的時效敏感性；除此之外，他們還企圖干預各國奧運選手進場以主辦國語言排序的傳統，因為若以葡萄牙文排序，美國隊（Estados Unidos）的E將會早早進場，美國觀眾可能隨之鳥獸散；但若以英語排序，United States的U近乎壓軸，當可把觀眾鎖住在開幕式的全程轉播中，所幸國際奧委會頂住壓力，並未讓NBC再為所欲為。

如果你以為國際奧委會堅守底線，不讓金錢污染奧運，那倒也想太多了，畢竟這是不斷衝撞與折衷妥協的過程；開幕式之後，銅臭味才更會鋪天蓋地而來。根據奧會規章所謂第四十條規則（Rule 40），如果選手本身簽訂的非奧運官方贊助商，在其廣告訊息或網路推文中使用了奧運、奧林匹克、二〇一六、里約、金牌、銀牌、銅牌、獎牌、挑戰、夏天（!!）等可能會聯想到奧運的詞彙，都算是違規，嚴重者，牽涉的運動員甚至可能被取消獎牌。

這等奧林匹克精神，古柏坦爵士一定引以為傲。

表2　規則40所規範的奧林匹克相關詞語

2016	2016
Rio/Rio de Janeiro	里約／里約熱內盧
Gold	金
Silver	銀
Bronze	銅
Medal	獎牌
Effort	努力
Performance	表現
Challenge	挑戰
Summer	夏天
Games	比賽
Sponsors	贊助商
Victory	勝利
Olympian	奧運選手

17 體育記者 vs. 鄉民
——從謝淑薇退賽談起

謝淑薇退賽里約奧運，一時紛擾，但隨著奧運主秀展開與落幕，已漸成為眾多「薇不足道」的故事線之一而已。

相關爭議孰是孰非，大家多有定見，回顧她的退賽事件，體育記者與鄉民之間意見的落差以及背後的傳播意涵，或許比起單純的「你挺誰」更值得深掘。

若把這場景提早個五年，謝淑薇退賽事件根本不會如此演變。如果真如謝淑薇以及許多網友所指責的，體育記者和各單項協會早就沆瀣一氣，那麼在傳統的傳播模式裡，謝淑薇的心聲在一道道的守門人把關下，早就讓這事見不得光。但在這社群媒體的時代，運動員與閱聽人之間不需要任何的中介，彼此間只不過是一個「讚」的距離而已。回顧謝淑薇退賽事件，奇妙的是，原本在國外很可能會是運動員爆走的網路「資訊意外」（information accident）的公關危機，到了台灣卻成了運動員直率、不懂修飾、拒絕被河蟹的正義舉措，之後再演變為記者vs.鄉民之間不可化解的歧見。

任何人在PO文前都必須經過審慎的思考，是識讀當代媒體的基本素養，當按下「發布」的那一刻，就沒有任何守門人幫你擋著，公眾人物尤其如此。猶記得英國歌手愛黛兒（Adele）在一次的訪問中提到，由於以往有過「醉文」的教訓，她現在任何推文都必須經過公關團隊「簽可」，以免任何無心之文都可能一發不可收拾。反觀謝淑薇七月二十日宣布退賽的那篇發文，原本該是份一錘定音、鏗鏘有力的聲明，但是該文前後卻共有十五個編輯後的版本，甚至出現「生殺大權」等不當用語，既然口口聲聲以頂尖職業運動員自居，那麼實不該有這麼業餘的媒體作為。

從王建民、曾雅妮到所有出征奧運的選手，台灣之光的生產機制一向驅使著台灣的媒體。但我們必須了解，大多數的專職體育記者並不是在大賽時才一窩蜂湧上（那些平時不耕耘體育的新聞台當然不在此列），而是這些選手在左訓寒窗、還未發光發熱前就擁有了革命情感，畢竟體育活動在台灣文化處於相對弱勢、體育記者在媒體的位階當然也屬邊緣。所以一般而言，體育記者擁抱頂尖選手、疼惜選手、甚至淡化負面新聞都來不及，怎麼可能傷害他們？這麼看來，體育記者對於謝淑薇的負面報導就顯得格外異常。

謝淑薇的光環始於二〇一三年溫網雙打冠軍，但畢竟是與中國選手彭帥的搭檔，當然減損台灣之光的純度。而且貴為兩項四大賽冠軍，凡事錙銖必較也顯得太小家子氣，尤其在拿

圖 17.1　謝淑薇曾與彭帥搭檔女雙賽事。

到溫布敦冠軍的豐厚獎金後，還硬嚷著政府喬出了個台啤的代言，都讓許多記者譁然，此次退賽的處理方式更成了犯眾怒的導火線。因此，謝淑薇的媒體再現中，成為一個難搞、有個性、斤斤計較的運動員，而她又非我們熟悉台灣運動員那樣的木訥、聽話與溫良恭儉讓，記者與她兩相交火自然炮火四濺。七月十二日那天的記者會，十足成了一場記者對她的責難大會，二十日她選擇用臉書單方發文的方式宣布退賽，避免再受記者詰問，也就不令人意外。

一位資深體育記者在其網誌裡寫道：「有關退賽事件和網壇的事情，知道的愈多愈痛苦，然後這些似乎不適宜書寫在公共論壇上，我想這是許多媒體或圈內人最大的無奈。」那麼我們身為閱聽人，似乎該問，是誰、是什麼原因讓這些資訊變得「不適宜」？是誰、是什麼原因讓記者的苦說不出，只能在自己的圈子內取暖，或是只能以化名在網路論壇中發聲？

寄居於台北市朱崙街體育署大樓裡的各單位，其實正是台灣運動資訊生產的微妙縮影，有體育署（政府）、各單項協會（非營利性社團法人），還有國內體育記者最常發稿的記者室。不論什麼路線的記者，都需要仰賴消息來源，如果這消息來源是長期穩定的、甚至還有求於他們的，那當然是再方便不過的。然而，體育署和各協會等科層機構正是一般人所難以接近的，記者又與他們共處一室，因此自然產生了記者為協會或政府御用的聯想。

然而距離近，不代表必然形成利益共同體，但政府、單項協會太多的作為令人厭惡，使得在謝淑薇退賽風波下，只要報導看似與兩者立場接近，公眾立刻將記者與政府、運動單項協會視為同路人，即便體育記者以其專業知識及長期追蹤的努力所撰寫出來的文章都會被全盤推翻。所以當許多體育記者朋友不解「為什麼還有這麼多鄉民挺謝？」其實這不解的背後，反映的正是閱聽人對於政府、單項協會以及新聞記者集體的不信任甚至反感。

公民記者逐漸崛起，資訊近用障礙漸除，人人成了生產與消費合一的「產消者」（prosumer）。個人部落格到運動寫作平台逐漸興起，與建制化（institutionalized）的媒體分庭抗禮，網路作家或公民記者代表的素人資訊生產者與建制化的媒體記者間時而競爭、時而合流，業餘與專業界線逐漸模糊。然而，在此潮流下，大型國際運動賽會如奧運，或是職業運動聯盟所建築的資訊高牆卻仍屹立不搖，採訪許可依舊是建制化媒體的特權，沒有所謂業餘者存在的空間，閱聽人仍舊只得仰賴記者供給訊息。採訪，是記者的工作卻也是特權，這群體育記者，飛過大半個地球，連續工作二十多天，把鄭怡靜的淚、許淑淨的喜傳遞給我們，這點是沒人可以抹煞的；但於此同時，也可能因為記者的自我設限，使得我們難以窺得一些爭議事件的全貌。

多虧了周星馳的《九品芝麻官》，一句「我是跟鄉民進來看熱鬧的」，讓PTT與網路論壇的使用者，常被賦以鄉民之名，等同於看熱鬧、不理性、瞎起鬨、不負責任的特質。有趣的是，網路世界裡的流動性（mobility）這字的英文，正好是「暴民」（mob）這字開頭的。當專業的記者碰上了流動的暴民，自然產生了「認真就輸了」的自我解嘲，但事實是，絕大多數的體育記者依舊認真、也仍舊在乎新聞下面的留言。體育記者當然是需要專業的，但是台灣媒體長期不重視體育新聞，過往累積太多可笑的錯誤，在奧運期間急就章的操作下，一些平日不關注體育的媒體跟風炒作，錯誤百出，使得「懷疑」已經是閱聽人消費媒體資訊時的預設態度，這是所有新聞從業者可悲的現實。

美國常稱「體育新聞是媒體的玩具部門」，但那應該是過去式了。當今運動產業龐大且錯綜複雜地影響著每個運動場域的角落，世界球后戴資穎因個人贊助商與協會贊助商的利益衝突又是一例。體育記者不該只是贏球時錦上添花、落敗時雪中送炭的啦啦隊，記者負責的對象不是國家、協會，而是人民。聽來八股，但卻是真誠的期待，只要與公眾利益有關，沒有東西是不適合書寫在公共論壇上的。

體育記者可以做得更多，公眾也應得更多。

18 熱血《點五步》

——香港棒球電影？有冇搞錯？

棒球電影在台灣並不稀奇，但是香港棒球電影，這可就新鮮了。《點五步》，就是一部這麼奇特的題材。片名看來奇怪，但其實就是「零點五步」、「半步」之意，也就是踏出的那頭半步，這意喻著一開始就決定了勝負的關鍵，而「點五步」的粵語發音恰好與香港「國罵」諧音。

一九八〇年代，是台灣少棒風潮開始退燒的年代，但卻是香港華人少棒的起源。《點五步》就是根據一九八〇年代香港第一支純華人少棒隊——沙燕隊，在全港比賽中擊敗日本人所組成的隊伍，最終奪得香港少棒聯盟公開賽冠軍的史實改編。但為了敘事需要，電影將主角們定位為熱血、青春的中學生，主要圍繞在兩位主角阿威與阿龍間的友情。怯懦的阿龍成長在阿威的庇蔭之下，但在阿威誤入歧途之後，為球隊挺身而出，接起王牌投手的任務，也逐漸肯定自我，最終在全港冠軍決賽，逆轉拿下了冠軍。儘管與《KANO》相同，都是敘說港台兩地殖民時期的棒球故事，但青春喜劇的惡作劇、青澀愛情、家庭變遷的橋段，倒更讓我想起慘綠青春的《九降風》。

從開場雨傘運動的金鐘到象徵香港精神的獅子山，就不難想像本片的弦外之音。與《十年》、《香港三部曲》等「後雨傘」電影精神一致，但作為一部運動電影，該有的元素《點五步》其實也都具備了：熱血校長為其教育理念登高一呼，把放牛班的問題學生湊成了雜牌軍、練習時還是用報紙揉成的紙團、第一場比賽被台中少棒隊狂電，到最後戲劇性的冠軍戰，應有盡有。

但什麼是香港的本土，港英的美好昔日好在哪裡？其實電影本身沒有太多著墨，可見的一九八〇年代符號或許就是當時流行音樂的卡帶、為中低收入戶建設的公共屋邨等等，除此之外，幾乎付之闕如。誠如香港學者李峻嶸所認為的，這部片所欲販賣的本土與懷舊其實是空洞的，但透過一些符號連結，以及片中刻意將球隊成立時間推遲至一九八四年（實際為一九八二年），以呼應《中英聯合聲明》的年分，也就是確認香港將於一九九七年回歸中國。將《中英聯合聲明》視為美好年代的分水嶺，而沙燕傳奇就成了美好年代的最後印記，自一九八四年踏出的那「點五步」，將香港引導至今日的境地。

本片在二〇一三年獲得香港電影發展基金的補助，但頭尾卻都以二〇一四年的雨傘運動為背景，導演兼編劇陳志發的企圖是很明顯的，借棒球喻香港的美好年代是牽強的，陳志發也自知這一點，片中不斷強調那是場沒有幾個香港人知道、被遺忘的比賽，而且香港人對於棒球有多麼陌生，從片中還需要一段小動畫介紹棒球的基本規則就可略見一二。

說《點五步》販賣空洞熱血的評論所在多有，但換個角度來思考，如果連棒球這麼與絕大多數香港人疏離的符號都能與港英、「美好昔日」、香港本土做連結，那麼不難想像反中、本土意識是何等強大滲入當前的香港社會的纖維裡了。

19 請頒給傅達仁一座終身成就獎

二〇一八年六月七日，傅達仁先生以自主決定的方式在人生舞台謝幕了。雖然與傅先生僅有數次訪談之緣，但他會有如此決定並不讓我意外。

第一次與傅先生見面，是四年前的一次訪談，由於之前聯繫傅先生甚久，他一直無法給我確切的訪談時間，我也開始不敢期待他會同意我的約訪。但在二〇一二年三月六日的下午，突然接到傅先生的來電，他說：「陳先生，你想要訪問我啊？我待會有空，要不你半小時之後過來，我在台視旁邊的伯朗咖啡等你，我給你半個小時應該夠吧？」我不敢怠慢，火速飆車回家，把早就準備好的訪談大綱印出來，再衝到台視，結果，這半小時一傢伙變成了三小時意猶未盡的聊天說地。

之後陸續幾次再與傅先生請教過往台灣運動媒體史的問題，他總是有問必答，想起過往的意氣風發，總喜歡大力地敲著桌子；然而在台視前行政部經理李涵實先生的告別式上再見到他，或許是老友過世，又顯蒼老許多。

傅達仁太多經典的語錄陪伴著一整個世代運動迷的成長，「火鍋」、「騎馬射箭」、「回馬槍」、「陽春全壘打」等等用語依舊在運動轉播中隨時可聽聞。這是前無古人、也難有來者的運動傳播影響力，更不知啟發了多少年輕人投入這一行。

傅達仁無疑是黨國媒體資本主義下的產物，三台掌握所有的資源，既為黨國喉舌又為黨國賺錢。運動與國族主義順理成章的結合，使得運動轉播的用語和風格不需過度嚴謹與呆板，「黨外運動」與「共匪」這鮮明的紅線他倒也謹守分際，不曾逾越。

倒是身為國軍遺族的他，年輕時的個性敢衝敢拚，不論台視內外都樹敵不少，但那樣的個性卻也為他贏得不少新聞戰。一九七二年慕尼黑奧運、一九八四年洛杉磯奧運的轉播，其實都非台視所有，但傅達仁卻以自己的行事風格，屢屢以游擊的方式在新聞戰中取勝。他改以《中華日報》採訪證前進慕尼黑、也在洛杉磯道奇球場觀眾席上報導，在轉播權觀念不若今日明確的當時，他就能搞得對手牙癢癢卻只能徒呼負負。

傅達仁於一九九八年四月底自台視退休，台視體育部隨後也於一九九八年七月劃下句點，正式宣告了三台主宰運動轉播的時代結束。在美國職棒道奇之聲史考利（Vin Scully）退休的這一年，傅達仁卻是用自己的生命，才又得到眾人的目光。

我們無疑地冷落了這塊土地上老一輩的運動媒體人。或許因為傅達仁先生政治立場與你相左，或許討厭他總愛提當年勇，或許覺得他的戰術與觀念已經過時，或許以今日資訊過剩、過速的標準來看，他當年播報已經不夠精準，但這些都不該成為抹滅他對台灣運動媒體貢獻的理由。

運動轉播就是運動歷史的旁白，他們的聲音就是我們的導覽，如同加拿大有佛斯特·休伊特（Foster Hewitt）、美國有霍華德·科賽爾（Howard Cosell），我們則有傅達仁。回顧國內運動發展的軌跡，傅達仁為我們導覽了紀政、三級棒球與瓊斯盃的輝煌年代，同時，他也為我們打開通往世界的那扇窗，他見證了慕尼黑奧運的震撼、幽默地訪問了阿里與比利，他更是台灣開始規律性轉播NBA的推手。

論台視播球的資歷，羅大任與盛竹如要比傅達仁更早開始播球的生涯，早期的少棒也多由盛竹如主播，而中視郭慕儀、華視楊楚光等前輩的貢獻也不容抹滅，但是論運動轉播的影響力，無人能與傅達仁相提並論。

傅達仁總是能找到不同的切入點，讓他比所處的時代更前進一些。他用生花妙語，帶給我們戒嚴時期裡難得的色彩。解嚴之後，在政論節目裡他寧鳴而死，不默而生，即使傅老也心知肚明那已經不再是屬於他的年代；即使今日，他依舊走在前面，爭取肉身最終自決的尊嚴。

如今，傅達仁選擇在瑞士告別大家，關於他精采的一生，我們都欠他一個謝謝。文化部的金鐘獎也好、體育署的精英獎也好，即使他已經離開我們，請頒給傅達仁一座特別貢獻或終身成就獎，那是他應得、也是我們至少可以做的。

自二〇一六年十二月公開宣布將以自主方式結束他自己的比賽開始，一路到二〇一八年六月，這段他人生的延長賽中，我們卻都未有襯得上他的表示。也許是來得晚了些，但就讓這座終身成就獎作為他人生最後一個打席的再見全壘打吧。他已經以自己的步伐繞過所有壘包，但且透過這座獎，讓我們再一次回想傅達仁如何成為我們生命中的一部分。

20 運動媒體還是夢想中的工作嗎？

這是一個最壞的時代，但（希望）也是一個最好的時代。

最近一段時日，身邊越來越多傳統媒體的運動記者離開了他們曾經摯愛的工作崗位，運動記者／主播，這是許許多多男孩和越來越多女孩長大後夢想中的工作，但曾幾何時，這樣一個以看比賽為業的工作，似乎不再那麼夢幻。

可以一天到晚看球，免費在球場自由進出，跟球員近距離接觸，錢再少我也幹啊！

這是許多對這行有憧憬的年輕朋友心中的OS，我們也都曾經以為，但是現實卻非如此美好。運動線的記者是一個工時極長的工作，不是只有看看NBA、中華職棒就可以交差了事。大型賽會必須遠渡重洋、支援你所不熟悉的冷門運動，連續工作十幾天沒人輪班更是常態；即便是平日，報導中華職棒必須全台出差趴趴走，球賽電視台凌晨賽事轉播更是常態。

再者，「看」一場比賽與在一場比賽中工作是截然不同的。看一場比賽是輕鬆、癱坐在沙發上吃著零食的，但報導或轉播一場比賽卻是賽前與賽後數小時的準備；精采的比賽人人愛看，遇到難看的比賽，你可以關上電視早早睡，但又臭又長的比賽，記者卻沒有逃避的可能。

傳統的媒體人多少帶有這麼一種偏見，報紙的看不起電視，電視的看不起網路，但正是這樣的偏見使得傳統媒體在這大媒體潮下自限其發展的視野與可能，數位科技浪潮一波波襲來，求快、求點閱率似乎成了他們認為唯一保命的一塊浮木，但這樣的媒體思維，充其量只是數位版的傳統媒體。

自從二〇一六年七月開始，美聯社宣布他們將開始以Automated Insights公司的人工智慧軟體「報導」沒有駐地記者所在的美國職棒小聯盟賽事，根據其運動產品部副主管貝瑞·貝蘭（Barry Bedlan）表示，他們為了確保新聞流通的正確性，以這套軟體搭配大聯盟先進媒體公司（MLB Advanced Media）所提供的比賽數據，在比賽打完的數分鐘內，就可以生產出橫跨1A到3A，十三個聯盟，一百四十二支球隊的比賽報導。無獨有偶，英國新聞協會（The Press Association）也在同年十月宣布將以「機器人」報導以足球為主的體育新聞、選舉結果與財經短訊。

所以運動記者這個你曾經夢想的工作，機器人已經快要搶走你的飯碗了，要跟它們比快、比精確，血肉之軀大概很難比得過。更何況還有更多真人版的素人專家也在「Bleacher Report」、「SB Nation」、「運動視界」等網站摩拳擦掌地扮演起運動記者的角色。

機器人或許能搶走運動新聞中場內的數據與戰況部分，但場外、關於人的故事卻是搶不走的（至少那一天還沒有到來）。關於衛斯特布魯克（Russell Westbrook）創下的單季大三元的紀錄，機器人就能寫，但是《今日美國》（*USA Today*）記者阿米克（Sam Amick）趁此大三元熱潮與原先紀錄保持者奧斯卡・羅伯森（Oscar Robertson）連結，所寫出的ＮＢＡ自由球員先驅與黑人民權運動的故事，就是帶有溫度而歷史縱深的文章。英美新聞傳統通常賦予運動新聞較大的個人特色與揮灑空間，因此，運動記者也常被賦予運動作家（sports writer）的名號。但在台灣，很可惜的，一些傳統媒體並沒有抓住轉型的契機，給予這些記者他們該有的空間。

於是乎，失望之餘卻依舊難以忘情，這群傳統運動記者們開始轉進不同的運動相關領域，有人投身教育工作、有人開始了網路創業的生涯，不用再受限於字數、分鐘數，「Vamos Sports」在此領域耕耘已有小成，近期又有「WOWSight」投入對於運動員故事的發掘。在比賽戰況交給機器人就可以的時代，運動記者能做、也該做的更多是在場外、而非場內。

因此，關於運動本身的知識只是起點，對於文字與影像的素養依舊會是任何形式媒體的必備條件，除此之外，敏銳的觀察力、人文關懷，乃至歷史與運動社會學式的思考，都是未來運動記者該具有的條件，否則一場比賽打完，球迷也就在他的行動裝置上看完了，球迷們對於戰況的掌握與記者同步，那憑什麼還需要幫忙回顧呢？

運動媒體當然還是熱愛運動的你我的夢幻工作，只是運動本身已經不是終點，而是延伸人與社會關係的起點。

21 不在螢幕裡的最重要

——全球化下的馬賽克媒體

那些不在球場裡的，永遠都是對的。

（Those absent from the stadium are always right.）

——維希留（Paul Virilio），法國文化研究學者

二〇一七台北世大運風光落幕，於國家地理頻道首播的《透視內幕：台北世大運》紀錄片算是對於本屆賽事的官方版本的定槌論述。然而，臉書上卻有朋友發現，片子尾聲，帶到看台的幾幕國旗怎麼霧霧的。我心想，應該不至於吧，於是回頭檢視我在數位錄影機錄下的畫面，青天白日還是青天白日，並沒有被霧霾給掩飾掉啊，經向友人詢問後才理解，原來MOD上所播出的，是東南亞版的訊號。

對於這樣的答案，我也不知該有怎麼樣的反應，是好在我們台灣版還是正常的呢？還是

原本寄望世大運作為台灣國際露出宣傳的手段，但在東南亞又被馬掉的無奈？

就運動賽事的媒體內容而言，這並非首例，猶記得二〇一一年台灣首度舉辦LPGA賽事時，負責轉播的民視就曾以兩路訊號的方式處理。對內，曾雅妮等台灣選手冠以ROC的青天白日旗；對外，則以國際慣例的TPE及會旗傳送。

身為台灣人，似乎已經對於這樣的景況見怪不怪，畢竟，台灣的國際地位這檔事我們心知肚明。但，如果跨國影視內容的流動，背後還有一隻黑手決定了你能看到什麼時，這不僅是代表台灣的旗幟被抹除而已，甚至還有其他價值觀的競逐與拉扯。

我最早有此疑惑，可以追溯到導演林克萊特（Richard Linklater）的經典《愛在》三部曲在電視播出的時候。身為這系列的鐵粉，對於三部曲的對白幾乎都能無礙地接下句子的我，在HBO重播之時也都如同瞻仰周星馳電影一般。但其中第二部《愛在日落巴黎時》（*Before Sunset*），男女主角在公園裡談到性事時，原創的版本是女主角茱莉・蝶兒問到伊森・霍克：「你覺得『屄』（pussy）這個字如何？」但在電視上我卻聽到一個陌生的聲音硬生生地切入、突兀地取代了茱莉・蝶兒的原音，並且莫名其妙地把「屄」這個字換成了「口交」（oral sex）。

到底「口交」和「屄」這兩個詞猥褻的程度差別在哪，已經超越我智商所能了解的範圍，而這看似無損這部經典電影的更動，我們可從許多方面來解讀。除了對原創作品的不尊重外（我大膽假設林克萊特本人並不知情），更有此更動之舉背後所隱含的道德與價值觀。到底是什麼原因讓「屄」換成了「口交」？而且是「誰」認為他可以做此更動？自此觸動了我對於台灣電視播出內容的警覺。

另一個讓我生氣的例子是，由英國喜劇演員奧立佛（John Oliver）主持的時事評論節目《上週今夜》（*Last Week Tonight*）。他以幽默卻犀利無比的言論毫不避諱地批判時事，許多網路上可找到的片段甚至是我上課的教材。

原本台灣的Cinemax只有播出延遲三年的首季節目，二〇一七年初，我卻驚喜地發現該台播出了延遲僅僅一週的最新節目。高興了不過幾週，原本期待觀賞本季第四集，也就是奧利佛與達賴喇嘛的對談，Cinemax卻無預警地並未播出該集，之後雖然零星再見著幾集，但最終，《上週今夜》還是從台灣的有線電視頻道中默默地消失了。這下我也理解了，達賴喇嘛與奧利佛，對於「某些人」而言，還是太「超過」了。

隨著台灣與歐美電視影集越趨同步，觀眾們可以同步在電視上看到《陰屍路》、《權力的遊戲》等風靡全世界的作品。我可以理解由於同步，其中過於殘暴或是裸露的畫面在普級時段必須加以處理。瑟曦（Cersei）全裸的恥辱之行（walk of shame），或是殭屍被爆頭的畫面，在今日台灣的標準中或許是超過了些（雖然我個人並不如此認定），但是在短短幾天當中，我就看到了《六人行》裡女同志接吻（第九季第十二集）的畫面被剪掉、《雙峰》

（第一季第五集）裡西藏的疆界被噴上了霧。這些還只是我「剛好」注意到的，誰知道被莫名剪掉或是噴霧的片段還有多少？

我們通常只以為媒介訊息因為血腥或猥褻，所以被剪掉或是馬賽克，但如果被剪或被馬這件事，反而是對言論自由下知的權利更加褻瀆呢？誰來決定什麼可以播、什麼不能播？何以我們讓跨國媒體取其播放區域中某些國家不合時宜甚至強迫症般的「道德標準」，連帶影響了台灣觀眾知的權利？更令人擔心的是，其中有多少是媒體人的自我審查，進而閹割了訊息流通的自由？恐同，對達賴喇嘛與青天白日旗等避之唯恐不及的作為，這些又與台灣的價值如何背道而馳？

大媒體潮之下，區域化甚至全球化的影視內容將會是未來的常態，但身為閱聽人，我們必須理解，你沒有看到的部分可能才是最重要的。也因此，在世新大學傳播學院老師們的努力下，極力推展媒體識讀的重要。我們必須了解媒體運作背後的斧鑿痕跡——這些甚至包含了對創作者的箝制。

OTT平台上，中資的愛奇藝因為《他們在畢業的前一天爆炸2》中關於太陽花學運題材而將其下架，而他們近來也積極布局運動賽事轉播。二〇一六年中職明星賽是其初試水溫之作，二〇一七年亞洲職棒冠軍爭霸賽，愛奇藝也參與轉播。那麼，如果東京巨蛋的看台上出現了青天白日旗，他們如何處理？或者，我們甚至可能根本不知道發生過什麼事。

運動轉播權

22 被遺忘的早慶戰
——台灣史上第一場棒球電視轉播

棒球作為一項由日本殖民時期遺留下來的文物，多少承繼了幾分「和製」色彩。說起和製棒球，除了《KANO》點燃的野球魂，以及台灣一直以日本為依歸的棒球文化之外，淹沒在歷史塵跡之中，還有一場被大家遺忘的第一場電視轉播的棒球賽。不！不是那場紅葉隊的比賽。你不知道，是因為那甚至不是場我們自己的比賽。

一九六三年的元旦假期，早稻田與慶應大學在棒球協會的邀請下，訪台進行六場海外早慶戰，當年度拿下東京六大學聯盟秋季冠軍的慶應大學陣容堅強，主力陣容全數來台，其中還包含後來效力於南海鷹隊的名投渡邊泰輔。一月二日的第二戰，台視進行了實況轉播。對一九六二年十月十日才開播的台視而言，勞師動眾的運動轉播並非他們所長，但開播隔天就轉播了中華隊與紐西蘭男籃隊的友誼賽，當月二十一、二十二日也轉播了中華隊與來訪美國固特異隊（Akron Goodyear Wingfoots）的兩場友誼賽，接下來的就是這場台灣史上首場電視轉播的棒球比賽——海外早慶戰。

根據省府新聞處的資料，當時全台灣電視機不過三千餘台，因此台視還在全台各地設置共四十九個收視站，以供全台球迷欣賞，台視自己估計全台約十萬人收看轉播，可謂台灣電視史「直播派對」的先河。特別的是，當時這場轉播是國台語交替播報，國語由廖雯英（後改名廖煥之）播報，並由林日英負責台語實況。但是稍早的三場籃球賽事卻未見雙語播報，顯見「外省籃球、本省棒球」已是當時普遍的認識。

一九六三年，儘管距離東台紅葉小將一棒響僅有五年半之遙，日本戰敗離台後棒球的血脈也依舊靠著民間力量延續著，但許多台灣人仍舊對此運動相對陌生，特別是針對掌控電視資源的外省人而言。因此，台視出版的《電視周刊》裡，還特別花了幾期介紹棒球規則、術語以及電視轉播的相關常識，就為了這場「海外早慶戰」的轉播醞釀。

我們先將場景拉回二戰結束，可以理解的，初來乍到的國民政府大力投入去殖民化的工作。一九四六年二月公布《取締日文圖書雜誌規則》、同年光復週年廢除報紙、雜誌日文版，一九五〇年四月開始取締日本雜誌和電影，乃至一九五一年公布《臺灣省日文書刊管制辦法》，以及七月明令禁止日語教學，皆是國民政府亟欲消除舊殖民者文化殘留的政策。然而台視成立之始，卻開始廣納日本資金，富士、東芝、日立、日本電氣等日本企業各出資一〇%，其餘大部分是由台灣省政府所屬六大行庫共同出資四九%，剩下一一%則讓當時親國民黨的資本家分攤。東芝、日立、日本電器三大股東投資皆以生產電視相關設備與器材折抵，惟富士電視台為軟體生產單位，因此當初協議以每天供應兩小時節目並從中抽取廣告佣金，雖然台視已擬好因應當時禁日片政策的策略（如配音、事前審查等），但此一計畫受到當時民意代表堅決反對，因此籌備階段即放棄播映日片的計畫。

循此邏輯，一個流行的說法是，二戰之後，國民政府將棒球也連帶算入帶有皇民色彩的運動，在去日本化的氛圍下遭放逐甚至打壓，籃球才是當時黨政軍長官關愛的運動。然而，當台視這個黨國宣傳機器在開播兩個多月即轉播一場後殖民況味濃厚的早慶戰，實在難以讓人完全信服此一說法。而且，在一九六二年十二月，早慶兩隊來台之前，台視就已播出過兩校比賽影片暖身，可以見得棒球在當時所承載的（後）殖民或是國族重量並未如我們後來想像的多，反倒是省籍與族群才是當時棒球的重要標記。之後，台灣第二場棒球比賽電視轉播又與早稻田有關，乃是一九六四年底轉播早稻田大學與合庫隊的友誼賽；中間隔了四年，才有那場開啟少棒風潮的紅葉與日本關西聯隊的第三場棒球轉播。

所以，或許我們可以說：棒球，對於六〇年代初期，面對內憂外患而焦頭爛額的國民黨國體制，其實根本邊緣到沒有餘力去管。甚至一九六九年金龍少棒首度代表台灣遠征美國威廉波特時，當時台視總經理周天翔還以一句「那不過是小孩子夏令營的遊戲」帶過，並不認為值得為此派遣記者赴美採訪，更談不上越洋轉播。直到七〇年代少棒風潮的可乘之機，賦予棒球國族光榮外衣，無線三台群起簇擁，外省人才漸漸被整合進入台灣的棒球論述中，也才開啟棒球作為台灣國球的序幕。

23 職棒二十五年，奇幻怪誕的中職轉播權大戲

二〇一四年三月底，空氣裡除了太陽花的味道之外，應該就是紅土與綠草的棒球了，但和過去十七年不同的是，許多人打開「電視」，卻看不到中華職棒的轉播。

緯來電視網與中華職棒，經歷過多少高峰與低谷，兩聯盟分裂、連年驚爆的假球案都沒有結束這段關係，職棒二十四年球季結束之後，一些蛛絲馬跡卻給人有種山雨欲來之感。而後，中華職棒的電視轉播權以六年超過二十億的價格賣給MP & Silva公司之後，這段關係更讓人覺得岌岌可危。果然，職棒二十五年開打前兩天，博斯運動網拿下涵蓋有線電視及IPTV全年兩百四十場賽事的轉播權。

十七年來，緯來體育台的製播成就有目共睹，塑造台灣運動觀賞文化更是居功厥偉，在面臨長期養成的收視習慣驟變下，普遍的球迷反應是「電視上為什麼看不到」、「為什麼要另外付錢去裝MOD」？甚至資深體育記者陳楷也說道：「博斯運動網算不算是『電視

台』，可能各方定義不同。」而博斯運動網到底是不是電視台？看似大哉問，事實上卻可能變成無關緊要的提問。

二〇一二年，英國電信BT以一年兩億四千六百萬英鎊標下英超自二〇一三年八月開始的三年轉播權；二〇一三年底，再以三年將近九億英鎊拿下歐冠與歐霸聯賽的英國獨家轉播權。事實上，二〇一二年投標之時，BT Sports還沒有個影子，如今卻已經是英國運動轉播的重鎮。一九九五年八月，和信集團以三年十五億的「天價」買下中華職棒轉播權的時候，緯來體育台可是連個影子都沒有。一九九七年開始長達十七年的婚姻暫告中止。似曾相識？對於英國電信與和信集團來說，所投入的金錢要遠高於單純帳面上運動轉播的價值的，還包含了平台擴張與有線電視上架的算盤。原本只有在MOD平台上的博斯運動家族，一躍變成中華職棒的最大轉播者，所打的算盤就是在有線系統上架，以擴大其市場。

台灣長期以五百五十元收視有線電視一百台的吃到飽消費型態，事實上正是阻礙台灣影視產業向前進的幫凶。不論其頻道內容品質為何，只要先卡位成功，幾乎可以確保其基本收益，新頻道上架之困難，更無法達到新陳代謝的效果。看似便宜的月費，其實卻綁架著全民，不論畫質、節目品質良窳，你我都得吃下去，哪怕我們通常看的頻道就是那麼幾台。更有甚者，一些業者手中空握有節目播送權，卻苦無頻道露出，只能握在手上乾瞪眼。

以體育頻道而言，台灣的足球迷都知道，博斯與愛爾達體育台在IPTV的平台上已經耕耘多年，轉進MOD早已是這些小眾足球迷心知肚明的選擇，就像在英國BT Sports拿下未來歐冠的轉播權之後，原先的ITV與Sky Sports勢必面臨觀眾與訂戶流失的命運，這就是資本主義下商業電視競爭的遊戲規則。所以，當在質疑為什麼看中華職棒「要另外付錢」時，你是有選擇的，而你所繳的每個月五百五十元更不是不用錢；在問為什麼「電視上看不到中華職棒」時，我更必須要反問的是，什麼是電視？從無線電視、有線電視、衛星電視、IPTV，甚至手機、平板與電腦差異在哪？說穿了，只不過是傳送訊號的管道不同罷了，內容才應該是關鍵，這在數位匯流的大媒體潮趨勢下，更加如此。

二〇一三年十月，FOX集團包裹式地與德甲簽訂橫跨美洲、亞洲與歐洲的轉播權協議，不但涵蓋超過八十個國家，在其合約中更表明，所有線上現存與新媒體電視服務、行動通訊皆包含在內，也就是說，在這八十個國家裡，不管其媒體平台為何，FOX集團通包了。這樣的合約內容有其劃時代的意義，一來排除了任何形式的潛在競爭者，再者，即便未來出現新的傳播平台，依舊涵蓋在此全包式的合約中。所以屆時你收看的載具是什麼，成為毫不相干的問題了。

說好的「電視」轉播，中職還是給你了，但近年棒球轉播卻是空前的競爭，傳統有線電視平台上，你就有國內各級棒球聯賽、日本職棒，以及美國職棒大聯盟，而中華職棒在當時做出了大膽的抉擇，空出了有線電視的領土。至於這是新時代的黎明，還是終結的開始？端看你我的選擇。

有線電視市場合法化這二十多年來，建立起台灣獨特的媒體生態，有線電視滲透率極高，造成商業無線台不過是總共一百個頻道間的四台而已，付費頻道的概念早被稀釋。以國外常見的運動轉播生態來說，無線電視台轉播頂級的運動賽事（例如季後賽、國家隊重大賽事等）、付費的有線或是衛星電視轉播球季賽或是小眾市場，再進一步則是計次付費的拳王爭霸戰等。這樣的分級付費機制，在台灣的媒體市場卻被轉化，變成大鍋炒成的一盤大雜燴。

當MP & Silva以六年超過二十億簽下中華職棒的時候，所有人無不興高采烈，而這家新崛起的外資運動與媒體中介商，進入台灣這個小池塘，一下子就濺起漫天水花。這筆合約一來價錢十分令人驚喜，另一方面甚至讓人做起了走出台灣、進軍世界的幻夢。MP & Silva近年來積極布局運動轉播權與媒體經紀的版圖，亞洲市場更是他們積極運作的市場，仁川亞運轉播權就掌握在其手中。該公司在中介二〇一三年WBC與二〇一三至一四賽季的英超轉播權時進入台灣市場，在英超轉播授權時，就已經建立與博斯運動網的關係。插足中華職棒至今，是否真如他們付出這筆錢時所預期的效果，這恐怕是一個必須釐清的關鍵問題。

MP & Silva當初之所以開出那樣的價錢，是看到WBC狂潮餘波與曼尼旋風下的中華職棒，而不是下半季低谷甚至平均水準的中華職棒。對於博斯運動網來說，在開幕戰前夕臨危標下職棒二十五年的轉播權，原本只隱身在MOD安靜而穩定的一角，卻一躍成為動見觀瞻的要角，想的是藉此擴大MOD的市占率，以收取更多的收視費，更可以是進軍有線電視平台的跳板。然而，這一切算盤，必須有一項前提成立才會發生，那就是中華職棒是獨特不可取代，而且消費者忠誠度與需求是夠強烈的。

中華職棒這樣的轉播權合約，可能是新時代的黎明，卻也可能是終結的開始，這是一場賭注。新媒體、數位匯流的確是未來趨勢，但台灣媒體產業卻彷彿一團黏滯的麵糊一般。

●

兩個月過去了，晚上的北海道與早上的巴爾的摩和紐約距離我們好像更近，甚至空氣中都還多了些倉促上架、還沒全爆開爆米花的味道。職棒二十五年，對於一般球迷來說，頂多只是在華視頻道一個禮拜發生一次的事件而已。

或許，我們不得不承認，中華職棒並非不可取代，球迷也沒那麼死忠，台灣媒體市場與閱聽眾很殘酷地黏滯於有線電視系統上，對於大部分選擇傳統有線電視作為與世界聯繫管道的台灣人來說，中華職棒成為一個混沌不明的真實，好像還在，卻又很難以名狀到底發生了啥事。

所以，一棵樹倒在人跡罕至的深山裡，那麼，它是不是真的倒了？

這是傳播理論中，探討客觀真實與媒介真實最基本的例子。所以回顧二〇一四年球季上半季，中信兄弟創下了五月歷史上最多敗場數、希克大展K功、鄧志偉成為新生代巨炮、郭嚴文打了再見安打卻怒甩頭盔的奇異場景，都似有似無地在我們腦海裡？所以這些事情真的發生過嗎？你會問：「可是我家客廳的電視都沒有啊？我怎麼知道是真的？」

在各種真實的落差間，我們多半討論的是，世界無限但媒介內容有限下，框架與守門人的片段真實，但在今年的中華職棒裡，我們經驗的，卻是樹倒了而無人聞問的窘境。

說穿了，職棒二十五年只是未曾發生的存在。

而這樣曖昧的（未曾）存在，卻在後來衍生成一齣令人瞠目結舌的中職鄉土劇。

從洋人代理商MP& Silva信誓旦旦砸下六年二十億的價碼開始，為這齣戲寫下令人咋舌的序幕。職棒二十五年的大戲開幕前兩天，博斯運動網買下了開拍權，搭好了戲棚，為此，先是請出了資深男角錢定遠領銜，之後還挖來了以反韓愛國著稱的徐展元共撐這齣大戲。誰知道戲棚子只能搭在位處交通不便的新興郊區，觀眾就是怎麼都到不了，而市區的地主們聯合抵制，戲棚子怎麼也進不了市區。儘管號召鄉民起義，無奈突然間，投資戲班子的洋人眼看不妙，抓到個不能說的把柄，三更半夜全部家當隨便款款就火速夜奔跑路，留下一臉錯愕的戲班子；沒過幾天，連戲棚子都被人給拆了。

其中最鮮明的角色，莫過於為了中職人生而辭演電競小子的展元。原本以為要領銜六年、全心投入摯愛的鄉土大戲，甚至懷抱帶著這戲進軍國際舞台的夢想，但不過演了幾集就被編劇賜死。藝界人生像是變了心的女友一般，回不去了。（不過既然是鄉土劇，這角色再復活也就見怪不怪。）

當然，上述是博斯觀點的劇碼，對於中華職棒而言，新會長上任後打著破舊立新、布局新媒體，甚至放眼國際的目標，現在看來都是個笑話。殺了二十幾年的豬公，當然想要立馬上太空，但主事者又怎麼可以天真地以為挾著MP& Silva的外資，火箭發射器就能馬上搭好？在外國人撒手不管，中職的臉被打成豬頭之後，繼續殺豬公也只是剛好。

原本就已經轉播中華職棒的愛爾達體育台，如今全面接手MOD平台，但若從影視平台的角度來看，這樣的發展儘管令人錯愕卻是合理的發展。由於博斯運動網在有線電視的推展上一直過不了系統業者這一關，限縮在MOD平台，跟原本就在該平台上轉播中華職棒的愛爾達共存，無異於小市場中相互割喉的零和遊戲；就算MOD的市占率在歷經職棒二十五年與世界盃足球賽後有所成長，但畢竟仍是有線電視市場的四分之一而已。

此次事件中，最讓人不解的是，面對二房東MP & Silva的驟然夜逃，中華職棒卻讓人看不出有任何憤怒之感，反而將怒氣衝著房客博斯而來，想必這合約裡真的給人家抓到可以逃脫的把柄了；倒是愛爾達與MOD繼世界盃的轉播爭議後又成了要角，兩次戰役中也都占了上風。

對於中華職棒而言，新媒體（CPBLTV）是既定的發展方向，中華電信的版圖與影響力在一個月內經歷兩場勝仗後也隨之擴張。別忘了CPBLTV的伺服器與頻寬等基礎建設必須仰賴中華電信，這與愛爾達以兩千萬元這麼低的帳面價格拿到轉播權，相信不無關係。

截至目前我們看到這樣的趨勢，也就是有線電視與MOD之間仍是楚河漢界、涇渭分明，能夠兩平台通吃的關鍵頻道真是屈指可數，台灣有線電視頻道代理制度的黑幕依舊籠罩著影視產業的發展。MP& Silva的策略夥伴beIN Sports（半島電視台旗下的運動頻道家族），儘管手握大量足球賽事轉播權，在台灣也陷入執照審核與上架的障礙，很可能也是夜逃的另一個導火線。

從球迷的立場來看，中華職棒當初與老伙伴緯來體育台似乎陷入了意氣之爭，套用《教父》經典的台詞，兩者間的歧異看來是personal的耍任性，而非business的合理思維。解約事件爆發之後，緯來一開始表示希望由聯盟「主動」來談，也就是認定如今被打臉的聯盟該採取低姿態。

事實上，沒有中華職棒的緯來很明顯地反映在收視率上，收視率正是頻道內容業者與系統商議價的基礎，成立爆米花聯盟、拿下SBL超級籃球聯賽的轉播權都是緯來不得不為的權宜之計，這也是為什麼緯來最終還是先遞出了橄欖枝；畢竟，短期而言，中華職棒與緯來都心知肚明，彼此正是最適合的另一半，但就像分手的情侶一樣，先低下頭是需要很多勇氣的。

台灣運動與媒體產業規模小歸小，但是卻不能自外於世界體系之外。MP & Silva 攪亂一池春水後餘波盪漾，事實上正是我們相關產業可以自忖的一把尺，我們是否準備好迎接在這世界體系下的運動與媒體產業新版圖？

如果六年二十億就可以把我們搞得雞飛狗跳，那麼未來更大的石頭砸在我們這小池塘裡時該如何因應？

24 世界盃轉播大戰

——愛爾達、年代在吵什麼？

如同中華職棒的轉播權鬧劇，二〇一四年巴西世界盃轉播同樣陷入法律戰，打得跟場內的比賽一樣火熱，甚至驚動國際足總FIFA發文介入，愛爾達收回對年代的轉播訊號，等於年代在這場場外足球賽被發紅牌退場，TVBS接下有線電視轉播權。相關的爭議看得大家霧煞煞，特別是，有線電視就有線電視，跟網路IPTV的MOD平台上的愛爾達扯上關係？

首先，要說明的是，有線（如凱擘）、無線（家中直接裝天線）、衛星（如Dish）與IPTV（如中華電信MOD）的分類，是定義在「訊號傳輸管道」上，也就是說，無線電視透過地面放送站傳遞訊號、有線電視透過同軸電纜、衛星電視透過衛星發送、天線（碟盤）接收、IPTV則透過寬頻網路（DSL）。有線電視當中，又可分為類比與數位，而台灣目前則處於類比與數位有線電視共存的過渡狀態，二〇一四年時，數位化的普及率不過剛超過五成而已。

愛爾達、年代，乃至於轉播中華職棒的博斯皆屬頻道「內容供應者」，至於要透過什麼訊號傳輸管道上架、收多少錢，理論上，就是資本主義自由市場下與系統業者間依據供需法則的商業行為了，甚至連愛爾達也可以在有線電視上架。但重點是，那是「理論上」；「實際上」，愛爾達著眼於共主中華電信的MOD市占率，當然不會去壯有線電視的聲勢，更何況台灣總有錯縱複雜的政商關係，牽涉其中的決策過程。

但若以消費者的立場來說，這些術語根本不重要，畢竟，大家當時心中的疑惑是：之前政府不是一直鼓勵大家升級數位嗎？怎麼搞成反而是乖乖聽話升級數位的民眾看不到、或是需要降格改以透過類比訊號才能看畫面糊到不行的世界盃了呢？現在更乾脆，跟中華職棒一樣，世界盃也要消失在有線電視上了。

根據報載的合約顯示，拿下二〇一四年世界盃全台灣、全平台轉播權的愛爾達，將其中直播衛星、類比有線與無線平台「轉包」給年代，但是具有與MOD直接競爭關係的數位有線電視則不在授權範圍內。不管數位有線或是類比有線，說穿了，與MOD當然都有競爭關係，不只凱擘，中嘉或其他獨立系統業者只要透過數位機上盒傳送年代的世足賽事，都會踩到愛爾達設下的紅線，之所以針對凱擘，除了他們是系統業者的龍頭，可以殺雞儆猴之外，事實上，雙方在二〇一二年倫敦奧運轉播上就已經結下梁子。

凱擘在倫敦奧運前，不當宣傳獨家高畫質ＨＤ轉播奧運，就與愛爾達發生過齟齬，而且握有台灣奧運轉播權的愛爾達，為了配合政府所謂「數位電視元年」的口號，拱手交出了轉播權與無線五台共享，在政府主導與多方介入、和諧為先的氛圍下，使得愛爾達挨了一記悶棍，對觀眾而言，最無奈的是，各家無線台的ＨＤ頻道雖然從當時就是政府積極扶植的對象，但至今仍未成氣候。

引爆有線與ＭＯＤ陣營兩造爭執點，也就是年代與凱擘領到紅牌的嚴重犯規，在於凱擘將原本從年代收來的類比訊號升頻成了數位訊號。雖然說理論上數位有線可以提供較高的清晰度，但如果來源是標準畫質ＳＤ的內容，那麼數位有線有僅能將畫質略微提升，再怎麼樣也不可能提升成真正的ＨＤ高畫質。所以在此競爭中，愛爾達原生ＨＤ的轉播畫質當然樂勝。

按理說，愛爾達不需這麼介意透過凱擘系統播出的年代世界盃轉播。然而，除了畫質這麼明顯的差異之外，還有一個癥結點是，有線的畫質雖然遠不如愛爾達，但凱擘數位有線系統強打的「錄影功能」卻會侵害到ＭＯＤ世足隨選觀賞的吸引力，特別是巴西世界盃非常不友善的比賽時間。這就是為何ＭＯＤ將數位有線視為競爭者的原因了，儘管ＭＯＤ目前部分機型具有錄影功能，但該公司對開放此功能十分消極是不爭的事實，那是因為一旦用戶端掌控了錄影功能，勢必影響ＭＯＤ亟欲保護自身掌控內容流通的權力，也就侵蝕了他們販售影音商品的潛在獲益。

傳統有線電視業者面對中華電信MOD步步進逼，目前還憑藉著早期傳統有線電視建立起的收視習慣，以及政商關係角力的保護而占優勢。但是，有心投入運動轉播的業者必須理解，低品質、急就章式的運動轉播單靠在有線電視市場上架而占有優勢的日子已經不多了。姑且不論年代與凱擘的違約是有心或無心之過，可以確定的是，在此法院判決後，原本欲以假處分策略拖過世界盃期間的年代是面子、裡子雙輸；雖然在上訴之後，逃過了原本一審違反智慧財產權的刑事有罪判決，但民事部分依舊與愛爾達纏訟中。

25 這真是「頂級」的十二強賽事嗎？

隨著中華隊止步十二強賽，二〇一五年的棒球熱戛然而止，與荷蘭、加拿大、古巴、波多黎各場場經典，收視率迭創新高，但是從賽程規劃、票務等等細節來看，不禁讓人質疑，這真是「頂級」（premier）的國際棒球賽事嗎？

中華隊無法進入八強，著實令人失望與意外，不但打亂了棒協票房與緯來收視率的如意算盤，也讓整個賽程與售票隨之大亂，再加上天母球場火災攪局，使得八強賽事對戰時間與地點遲至十五日深夜才公布，而根據售票系統官方粉絲團，八強賽門票網路預售時間為：

午場賽事自 11/16 01:30 起至 11/16 05:00

晚場賽事自 11/16 01:30 起至 11/16 10:00

預售剩餘門票將於賽前三小時現場開賣，門票售出恕不退換。

是的，你沒看錯，要買預售票，請熬夜！當然，沒有中華隊的八強賽，在星期一下午的加拿大對墨西哥、美國對荷蘭能賣出幾張票可想而知，現場即使有觀眾也是球隊相關人員與球探，而真正想進場的球迷當然可以很輕易地在現場買到票，但是這不該是售票該有的態度，一副「中華隊的票，你們怎樣都會買，沒有中華隊就隨便賣」的心態，對於球迷與賽事都欠缺一分尊重。

八強複賽門票最高票價開到兩千元，令人卻步，棒協想抓中華隊八強戰的一場滿場，用來彌補其他場次空蕩場面的心態雖可理解，卻犧牲了培養真正「棒」球迷而非「贏」球迷的契機，使得沒有中華隊的場子就冷到不行。結果論來說，這是一場棒協輸掉的豪賭，也讓外隊、外媒遲遲得不到賽程的情況下，只能對衍生的住宿、交通與轉播問題頻頻搖頭。

綜觀這次比賽安排，媒體主導賽程的痕跡太過明顯，不只是台灣，同時還受到日本TBS與韓國SBS的掣肘，八強賽程公布的延遲，顯然就是為了顧及日韓市場。運動與媒體共生，這一切無可厚非，但是這一團混亂其實是可以避免的，問題的癥結在於：分組預賽結束後，為何隔天就要趕著打八強賽？以預賽最後一日晚間九、十點才能打完所有比賽的預估值而言，要在短短幾小時內完成賽程協調公布、售票等工作，實在是艱鉅的任務。

綜觀大會賽程，十一月十七日星期二安排的是補賽日，做為雨天備案，這可以理解；十八日星期三則做為四強前往日本的移動日，而賽事將於二十一日星期六結束。既然如此，為何不將八強賽等後續賽程推後一日，如此一來，預賽到八強之間可有一天間隔，不但可以醞釀賽事能量，也可以更完備地後勤準備？甚至將四場八強賽分作兩天兩地的晚間舉行，都比週一日場的犧牲打還好的多。而星期六打兩場準決賽（或是週五、週六各一場）、星期天進行最後高潮冠軍賽不也很完美？

當然，這麼大規模的賽事，從組織、籌劃與安排都是極度繁複的工作，並非要否定任何參與其中、付出辛勞的朋友的意思，上述也僅是我這個局外人以現有資訊與常理所提出的疑問，除了隱藏在這些賽事不周全的眉眉角角之外，更大的問題或許是在這十二強賽事緣起到執行的脈絡下，台灣棒壇在世界棒壘總會（WBSC）與大聯盟（MLB）在爭奪國際棒壇領導者的局裡，到底角色為何？

早在二〇一四年棒協宣布承辦十二強賽事，祕書長林宗成就透露，國際棒壘總會擔心大聯盟不再續辦WBC，加上棒球重返奧運仍是未定之數，深怕國際舞台欠缺一項棒球的旗艦型的大賽，因此才有十二強賽事的誕生。直到二〇一五年七月，大聯盟也才終於鬆口續辦二〇一七年的WBC，並順帶否決了大聯盟四十人名單內球員參加十二強賽的可能，此舉就已經表明大聯盟才是國際棒壇真正的老大。

在這棒球世界體系夾縫之中，台灣沒有大到押寶一邊的權力，但似乎也選定了盟友，進而獲取發展資源。台灣從大聯盟主導的WBC賽事中，除了比賽獎金靠自己掙來的之外，總收益分紅比例是遠低於日韓的餅乾屑；反觀台灣卻幾乎年年舉辦世界棒壘總會賽事，連續三屆的U12、二〇一四年首屆的U21、二〇一三年的U18、加上首屆十二強都在台灣舉行，與世界棒壘總會的關係無須多言。雖然我們也在二〇一三年主辦大聯盟主導的WBC分組預賽，但是二〇一七年，韓國挾著新巨蛋球場來勢洶洶，在場地不如人的現實，加上此次賽會的種種瑕疵，台灣能否再獲主辦權，不容樂觀。

26 電視中（差點）被消失的里約奧運

里約奧運倒數不到一百天，舉目望去，世界各國無不藉著倒數一百天的時機做足宣傳，其中最受矚目的莫過於英國奧會藉此機會展示由名設計師史黛拉・麥卡尼（Stella McCartney）操刀的英國國家隊各式服裝，跳水金童湯姆・戴利（Tom Daley）、倫敦奧運七項全能金牌潔西卡・恩尼斯—希爾（Jessica Ennis-Hill）都站台展示新戰袍。

反觀在台灣卻難以感受到里約奧運就在街角的氛圍。新聞台裡，僅民視有健全的體育新聞編制，並有一節三十分鐘的體育新聞專屬時段，其他各家都是記者臨時支援的性質，也就不用對其偶見的體育新聞的量與質有太多非分的期待。即使民視或是兩家體育台的新聞而言，多以自身轉播的賽事作為新聞編排的依歸，而非以賽事本身重要性來處理，一方面受限畫面授權，自家轉播的賽事自然較易取得相關畫面，另一方面也凸顯當前台灣電視體育新聞存在的目的仍以宣傳為主，新聞價值為輔。

圖26.1　里約奧運羽球比賽，「羽球一姊」戴資穎奮力拚戰。

了解此一前提之後，或許就不難理解為何里約奧運各家電視台依舊靜悄悄了。緯來將奧運倒數一百天的新聞放在最後一段，FOX則以一則新聞帶過，兩者都只是左營國訓中心的記者會與選手訪問，僅有已握奧運轉播權的愛爾達一直以來對於奧運相關訊息會有較大篇幅報導。

近年，國際奧委會主張由無線電視台轉播奧運的立場逐漸鬆動。以往台灣都由無線台組成的電視學會出面斡旋奧運轉播權的型態也有所改變，MOD的愛爾達電視台繼二〇一二年率先取得倫敦奧運之後，二〇一五年底，再取得里約奧運台灣轉播權總代理。之所以有此轉變，乃是因為在台灣無線頻道每每將奧運視為燙手山芋，根本無心主動出擊。二〇〇八年北京奧運零時差的優勢以及對於棒球高度期待，使得無線台仍可「勉為其難」地肩負起轉播的任務，但是在欠缺長期耕耘的狀況下，其品質令人難以卒睹。在觀眾負評不斷的驅使下，NCC內容處甚至還在賽會結束後召集各家業者進行檢討。

二〇一二年倫敦奧運，沒了棒球，加上七小時的時差，讓無線台更為意興闌珊。眼見奧運轉播就要告別無線頻道，直到倫敦奧運開幕前一百天，政府丟不起無線與有線頻道同時不見奧運轉播的面子，恩威並施地「協調」愛爾達轉授權給無線台，並藉著「數位元年」的口號順理成章補助無線電視台的轉播費用，同時也讓無線台的數位HD頻道得以二十四小時轉播奧運賽事，避免數位元年空有HD頻道卻無HD內容的窘境。

里約奧運的狀況似乎又要歷史重演，更糟的是，至少上屆奧運在倒數一百天時，無線台已經加入作業，如今相同的時程卻靜悄悄。令人擔心的是，老三台依舊沒有專業編制的體育記者與主播，里約奧運同樣沒有棒球，時差是更為艱困、日夜顛倒的十一小時，大部分賽事都集中在台灣的凌晨與早上。倒數一百天，但這安靜到令人不安的氛圍，讓人明顯感受到無線電視台以拖待變，等待政府關愛的眼神與實質的奧援，但是已經「九局下半」的舊政府顯然無心戀戰，那麼新政府五二〇上任後，要用什麼樣的理由介入奧運轉播？「數位五年」嗎？

回顧倫敦奧運轉播，凱擘有線電視系統未經授權而強打獨家HD高畫質，惹惱了愛爾達；無線電視台搭著奧運及數位元年大旗的便車取得其HD頻道在有線系統上架的機會，但隨著奧運一結束，既然無線台必載的效力僅及其無線主頻，鳥盡弓藏，無線三台的HD台便也就消失在有線系統，直到最近才紛紛以原址升頻的方式重現。

台灣無線頻道對於奧運轉播的冷感舉世罕見，已經邊緣化的老三台只能挾奧運當令旗，等待政府再當金主。民視在奧運期間早有大聯盟轉播填著，其實並不用急；反觀愛爾達已經備妥十個以上的奧運專用頻道。問題是，我們是不是已經準備好了由付費平台全包奧運轉播？若是如此，台灣將領先世界全面棄守奧運在無線台轉播所代表的運動文化公民權的防線，屆時想必又要面對排山倒海的觀眾申訴；如果這是政府無法接受的窘況，那麼或許由公視單獨承接不啻為救急的方式，不然就只能讓不思長進的無線台再吃定一次了。

●

所以，不用怕看不到里約奧運了，民視後來以救世主之姿如是說。

事實上，家裡是MOD的收視戶本來就沒有在擔心，愛爾達將以十四個高畫質頻道完整轉播，但在台灣無線和有線頻道沒轉播就是看不到的神邏輯之下，民視的殺出，宛如救世主，讓許多人鬆了一口氣。

在里約奧運倒數一百天時，我就曾經撰文擔心此次的電視轉播，將可能由政府埋單，半買半相送地讓無線電視台再加入奧運轉播，在老三台無意也無力的現實之下，民視成了最大贏家。

根據相關報導，體育署將從運彩基金裡搬出六千萬補助此次奧運轉播，姑且不論是否真為六千萬這個數字，但民視顯然在這個案子中，從愛爾達與體育署之間，得到非常理想的條件。畢竟與里約奧運相同的時段裡，他們已有美國職棒大聯盟的轉播，沒有必要再額外支出一筆費用。除非，他們在做無本生意。

如果無線五台中真有一台夠資格轉播奧運，那當然是民視。之所以我願意相信他們，是因為在過往幾年中，民視累積了足夠的專業運動媒體製播人才，以及業界人人稱羨的強大業務團隊所獲致此次的成果，而非改朝換代後的政治酬庸。如同四年前倫敦奧運翻版，政府官僚依舊丟不起無線台沒有奧運轉播的面子，民視抓住了這個把柄，以極低成本換取可能的高收益，或至少是「服務觀眾」、「為台灣健兒加油」形象上的加分，養兵千日的體育記者與主播們派上用場，時勢下發揮其極致的商業電視台邏輯，成為贏家，其他各台只能徒呼負負，怨不得誰。

但必須質疑的是，政府每逢奧運扮演撒財童子，這點總是被無線台吃定，尤其是「撐得越久，領得越多」的荒謬現實不能再持續。如果如外傳這筆補助金真是民視整碗捧去，那麼二〇一五年早早拿下轉播權總代理的愛爾達情何以堪呢？

對了，說到愛爾達，為什麼你們每次都是受害者啊？

從倫敦奧運、巴西世界盃足球賽到里約奧運的轉播，我們所看到的都是愛爾達早早布局完成，但從倫敦奧運時與凱擘系統業者的爭議、「數位元年」的大旗下含淚授權給無線五台，巴西世界盃爆發與年代的類比、數位轉播爭議，還是這次里約奧運被民視占了便宜，不管劇本怎麼寫，他們結局的形象總是含淚吞下委屈的小媳婦。為什麼？

愛爾達已然是興櫃掛牌的公司，必須要對自身營收負責，所以我們不妨檢視他們的營運策略。以奧運乃至運動轉播建立品牌形象，在國外有許許多多成功的例子，這也是愛爾達的策略，所以當初以三億五千萬的價錢拿下里約奧運轉播權，他們不是「佛心」或是「服務觀眾」來的，當然是有所盤算的：

> 預估里約奧運廣告至少較倫敦奧運成長三成，也就是七千八百萬元起跳，由於這次授權採非獨家，新媒體至少增加二至三家，不排除陸媒，至於電視也不限無線，在通路增多，法人預估光授權收入至少增加一億元。

這是《蘋果日報》在愛爾達宣布取得里約奧運台灣轉播總代理記者會的報導，也就是說，愛爾達從未想過以獨家的方式轉播里約奧運，付出的三億五千萬之中，他們早就盤算著轉授權，讓無線和有線的大哥大姐們能幫他們分擔一些，甚至「陸配」、網媒小弟都能「共襄盛舉」，但無奈算盤失靈，只有民視挾著體育署願意「共赴國難」。

回頭來看三億五千萬（台幣!!）這數字，或許很難讓人有具體概念，我們不妨先來看看這些例子：

日本的無線電視台聯盟（Japan Consortium）以四億七千兩百萬美金取得二〇一四索契冬季奧運以及里約夏季奧運兩屆賽事轉播權。

NBC以十二億三千萬（當然是美金）獲得里約奧運轉播權。

韓國的民營商業無線台SBS則是早在二〇〇六年就以七千兩百五十萬美金拿下二〇一〇至二〇一六四屆的冬夏季奧運轉播權。

上面這些根本就是天文數字吧！日美當然就別說了，韓國看似便宜，但那卻是早在十年前就簽訂的長約，人家的遠見與長期投資，在此時獲得回報。如果說這些太遙遠，香港夠近了吧！香港TVB是以兩千萬美金獲得里約奧運轉播權，換算成台幣就是六億五千萬左右。香港耶！！這一個奧運史上只有三面獎牌、只瘋足球跟賽馬的地方，還花了近愛爾達兩倍的價錢，這樣愛爾達真的賺到了吧！

但我們再看看前兩屆夏季奧運台灣轉播權利金的狀況：

北京奧運（零時差、又有棒球）：兩億四千萬。

倫敦奧運（七小時時差、無棒球）：一億五千萬。

如今里約日夜顛倒的十一小時時差、同樣沒有棒球，歐美眾多球星因茲卡疑慮而決定不前往與賽而星光黯淡，縱有號稱台灣史上最大規模奧運代表團，以及三金二銀一銅的期待，但，三億五千萬，值嗎？

愛爾達在一年前訂下轉播合約其實一點都不早（美國NBC已經簽到二〇三二年去了），問題是台灣的運動媒體市場實在太過奇特，無力的無線電視台、把持一切的系統業者以及頻道代理制度、棒球獨大等等，都是麻煩的地方。但政府過度介入，才是台灣奧運轉播權這場歹戲的元凶。

我們必須理解，奧運等等國際賽事早已是披著國族外衣、不折不扣的商品，但也因為這國族外衣，奸巧地讓各國政府都覺得自己「該做些什麼」，甚至自動進一步把轉播也攬為己任，許多國家以公共電視台轉播奧運即是出於此「使命」。放眼當今大型國際賽事轉播權利金，是一個已經被吹到嚇死人的大泡泡，儘管擔心它會爆炸，但所有中介商和媒體都還死命地吹，像台灣轉播倫敦奧運那樣的負成長是舉世罕見的特例。而當今這些大型賽會的轉播權正由少數運動中介商所把持，以奧運來說，歐洲的Sportfive、亞洲的電通就成了各自區域的獨占代理，所以如同所有銷售通路的商業模式一樣，國際奧委會、電通、愛爾達都打著賺下線的算盤，任何打著「服務觀眾」之名的大旗大可收起，「佛心」留給大愛頻道就好，商業頻道就免了吧。

愛爾達的失算、民視的見縫插針，都是因為政府這個陰晴不定的裁判所造成的。所有運動迷都同意，一場比賽最好的裁判就是讓人感覺不到存在的裁判，最讓人無力的是過度又無章法的哨音，勝者竊喜，敗者又只好不甘地吞下去，因為這樣的介入，打亂了原本單純的資本主義市場供需法則。政府在這件事情上只該有兩種立場：要就涉入到底，出錢讓公視以文化公民權之名進行轉播；不然就完全放手，一切回歸市場機制。

對於電視台而言，這屆算盤打對或撥錯了，都已漸成定局，早早布局下屆東京奧運吧，時段又好，萬一棒球又打進去了，那大概不是四億、五億可以滿足電通胃口的。如果真是如此，至少在商言商，通路商層層剝削的現實我們無力改變，一個願打、一個願挨，比誰算盤打得精。

如果我們因為政府不介入就真的看不到東京奧運，那就表示台灣真的不值得享受運動所帶給我們的美好，也罷。

27 WBC轉播劇場再起

——有線系統壟斷，阻斷了大媒體潮

台灣近年陷入新舊轉播權改朝換代的戰國時期，中華職棒、奧運、世界盃足球賽幾乎每逢必亂，第四屆的世界棒球經典賽WBC同樣難逃開劇場的宿命。

從二〇一二年倫敦奧運（愛爾達vs.凱擘）、二〇一四年世界盃足球賽（年代vs.愛爾達）、二〇一六年里約奧運（愛爾達vs.政府）、二〇一四年中華職棒轉播權（博斯vs. MP & Silva）到現在的WBC，轉播爭議如影隨形，看似充滿各式新舊媒體交替、外資本土的爭議，但其實癥結都還是卡在有線電視系統的壟斷。

二〇一七年WBC賽事除了日本與美國之外的全球轉播權，都是由因為在二〇一四年與中華職棒產生轉播權爭議、而讓本地球迷認識的MP & Silva公司代理銷售，Eleven Sports在二〇一六年十二月時就已經宣布取得台灣的所有平台轉播權，但讓大家張望的是，當時的Eleven Sports還是個純OTT的網路媒體，拿下所有平台轉播權之後，後續可能的發展就包括轉授權給其他無線與有線頻道，或是自己揮軍有線電視。

台灣是Eleven Sports自比利時、波蘭、盧森堡與新加坡之後的第五個市場，是MP & Silva創辦人之一拉德里扎尼（Andrea Radrizzani）利用其投資公司Aser、以個人名義創辦的專業運動頻道，如同名稱「十一」所揭示的，該頻道最初主攻的是包括英超、英冠、義甲、巴甲、歐洲與南美洲區世界盃會外賽等足球賽事。除此之外，他們也因地制宜，在台灣取得NBA、有許多台灣選手加盟的中國CBA籃球，如今取得WBC與Lamigo新球季的轉播權。Eleven Sports所採取的策略是先以OTT的型態進入台灣市場，除了自行販售網站的通行證之外，也與國內其他OTT平台如中華影視及利視（LiTV）合作搭售以增加用戶數量，再爭取於有線電視上架，在未上架時，也以轉授權的方式來暖身，如二〇一六年歐洲國家盃就是以此方式與MOD平台的愛爾達足球台合作，期待增加知名度。

可以理解，Eleven Sports拿下WBC就是為了打響第一炮，這是任何新頻道誕生都會採取的策略。以韓國為例，原本各有線電視頻道必須有特定的節目屬性（例如電影、音樂、運動等等），但二〇〇九年之後，韓國修訂了包括《報紙法》、《電視廣播法》、《IPTV法》等三法，允許所謂「綜編頻道」的出現，也就是有線與衛星的綜合類頻道。韓國影視產業規模更加擴大，其中JTBC挾著來自《中央日報》的豐沛資金，以東洋電視台精神繼承者自居，一口氣投入四千兩百二十億韓元（約一百二十六億新台幣），在二〇一一年底開播，同時特別鎖定運動轉播作為其開疆闢土的重點節目類型，其中著名的賽事包括二〇一四年巴西世界盃足球賽亞洲區會外賽，以及二〇一三年的WBC的獨家轉播權。

這兩項大膽的投資在收益方面損益各半，足球方面的確為JTBC帶來極高的收視率，但WBC中，由於韓國隊在分組預賽中就遭淘汰，無法複製二〇〇九年打進決賽的精采表現，使得投資六百五十萬美金在該項賽事的JTBC，效益大打折扣。

由此可見，韓國的運動市場與台灣相似，國際賽事裡國家代表隊的表現幾乎決定了收視表現，上屆WBC中華隊八強與日本之戰，就為緯來體育台創下平均接近二〇%的超高收視率；同樣地，儘管在二〇一三年WBC中JTBC付出慘痛代價，但是二〇一五年WBSC的十二強賽，韓國隊拿下冠軍就為轉播的SBS帶來可觀的收視率。準決賽驚天逆轉擊敗世仇日本的比賽中，第九局李大浩逆轉安打時的瞬間收視率高達二三・二%（全場平均一三・一%），最後與美國的冠軍賽，全場平均達到二〇・七%，瞬間最高收視率為二五・七%。

所以二〇一七年的WBC，對Eleven Sports來說也是如此，如果中華隊能至少複製前一屆的成績，那絕對是超響的第一炮。但問題是，緯來體育台在前三屆的轉播是過去二十年多少棒球國際賽事的累積，才能使他們以有線電視台之姿，在收視率上遠遠超越無線的公視，但Eleven Sports目前談妥的有線電視系統，僅有中嘉，以及台數科及台灣寬頻通訊的零星地方系統，至於收視戶最多的台灣大／凱擘系統，至今仍未有確切消息，如此一來，確實讓

Eleven Sports處於極不利的出發位置。

其實Eleven Sports開播之後一路走來，記取了之前beIN Sports胎死腹中、博斯在中職轉播時錯估形勢的前車之鑑，上架前的準備工作可以說是充分到位，但是最後一步卻操之過急了。

對於系統業者而言，有了公視，自然就不會有球迷抱怨看不到WBC，也就少了上架的誘因。讓公視獲得WBC轉播權這事在二月二十一日Eleven Sports開台記者會時就曝光，正是Eleven Sports當初策略上最大失算，讓自己喪失與系統業者之間談判的最大籌碼，因此後來必須聲明與公視的轉播協議暫緩，亡羊補牢，希望時猶未晚。而這樣發展下去，Lamigo可能成為最無辜的間接受害者，畢竟他們與FOX產生嫌隙之後，已經將轉播權簽給Eleven Sports，如果爭議持續未解，那麼他們將成為四支中職球隊中，電視曝光度最低的球隊。

Eleven Sports從OTT進軍有線頻道，其實是逆勢所為，絕大多數的例子是傳統媒體亟欲搭上OTT列車，但台灣有線電視依舊為王而且頻道代理與系統商依舊把持的情況下，這是Eleven Sports為了拓展不得不為的一步。反觀東亞各國，新媒體大都走自己OTT的路，中國的樂視與日本的DAZN都已掀起滔天巨浪，樂視的土豪手筆無須多言，DAZN在二〇一六年以十年兩千一百億日圓買下日本職業足球J League三級賽事的所有轉播權，讓日本一向

老神在在的無線與衛星電視產業的也感受到震撼。韓國OTT的領導品牌pooq以十二強賽打響知名度，SK通訊的「玉米鬚」平台（oksusu，옥수수）開播主打運動賽事轉播，一口氣已經擴增到三十六個運動頻道。

OTT看來生氣勃勃，但目前都還是燒錢的階段，樂視股價至今只剩下最高點的五分之一，中間甚至經歷停牌風波；DAZN重押J League的成效也將逐漸明朗，新加入戰局的Eleven Sports，也持續面臨著既有秩序的試煉。

身為一個運動迷，當然樂見更多的選擇，尤其比起世界各國，台灣的有線或衛星運動頻道的規模真的不算大，未來這內容為王的時代，無線、有線、IPTV、衛星、OTT等等什麼樣的平台其實都不再重要，對於一般消費者而言，只要看得到，管他平台大不大，但台灣有線系統近乎壟斷的生態，依舊抵擋著這波浪潮，箝制著媒體前進的步伐。此番WBC的轉播劇場，正是凸顯這新舊媒體彼此之間欲拒還迎的曖昧，體現台灣媒體業者進退維谷的困境。

28　MOD大戰後的運動轉播何去何從？

轉播權大戰未歇，台灣影視產業的平台之爭，也在二〇一七年七月展開，MOD的平台與「台灣互動電視」（簡稱台互）領軍的頻道代理商之戰，經過兩個星期終於暫告一段落，七月十五日起，MOD豪華套餐的訂戶又可重新看到七月一日前的頻道。經過半個月的折騰，雙方看似回到原點，但是根據中華電信董事長鄭優發給員工的信件，我們可以發現，頻道代理業者低頭，同意中華電信收取二〇%上架費，同時未來也會依收視率分潤，七月底前不參與套餐利益分配等條件，因此才得以重返MOD平台。

經此戰後，部分頻道業者面臨著「打平了這場戰役，但未來卻可能打輸整場戰爭」的遠景，因為關鍵的「依收視率分潤」就表示，過往靠著團體戰，即便沒什麼人看卻依舊收得到錢的情況，未來將不復見。而這將對台灣的運動頻道將會造成什麼樣的衝擊？

在此之前，我們先來看看日本的運動付費電視。

以日本衛星電視服務商SkyPerfect TV（スカパー！）為例，在日本職棒各球團擁有主場賽事轉播權而且單獨議約的情況下，日本棒球迷如果不想錯過任何一場二〇一七年球季的日本職棒比賽，那麼必須收集滿十一個付費頻道（見表3），由於其中有些是家族頻道的套裝稍有優惠，如果一個一個購買，球迷每個月必須付出高達九千四百零四円（約台幣兩千五百元）。但是スカパー！公司為球迷設計了跨頻道的職業棒球套餐，只要月付三千九百八十円（約台幣一千一百元），就可以購入這樣的商品。同樣的，スカパー！也為足球迷設計從兩千九百八十円到六千一百四十円不等的套餐組合，包括歐冠、歐霸、英超、西甲、德甲、義甲等六大聯賽的各式排列組合。頻道經營者與平台提供者スカパー！之間再行議價與拆帳。

所以，最簡單的一個問題，對觀眾而言，我明明只愛運動類的節目，為何要把韓劇、卡通、股市解盤也一起賣給我？說穿了，觀眾要的，就是一個以閱聽人需求為中心、多樣化的收視選擇，如此卑微的願望而已。

反觀台灣的MOD，雖然號稱有四種套餐（優質、精選、精選B以及近乎全包的豪華餐），但是卻沒有任何針對節目類型進行分裝的產品，而多是依照其背後的頻道代理商來劃分。從有線電視到IPTV上的MOD，「吃到飽」的邏輯都主宰著台灣的影視產業，這樣的消費習慣，消費者當然必須負起一些責任，我們必須開始養成主動篩選的能力，而非被動接受被打包在一起的頻道。但前提是，身為平台提供者，也必須提供合理的多元選擇。業者不能只說「我們都有提供單頻的訂閱與取消的服務」這樣一筆帶過，如果單頻的價格與現行非依節目類型訂製的套餐落差過大，那麼所謂的選擇，其實等於是不存在的。

七月中MOD大戰落塵暫歇，但這其實才是另一場真正戰役的序曲而已，在依照收視率來分潤的機制施行之後，台灣的IPTV電視市場是否需要一百八十三個頻道？其中光是運動頻道而言，就高達二十個（凱擘有線電視系統則只有十個）。你不用是業界高層或是傳播學者，都可以知道這樣的數字是非常不合理的，而這二十個MOD的運動頻道中，博斯家族就占了九個（包含其所代理的SI運動畫刊頻道），而代理博斯上架的正是此波與中華電信開戰的台互，可以想見，在實行新制之後，對於博斯的衝擊會十分巨大。

對於博斯運動頻道而言，以高爾夫球轉播起家的他們，在二〇〇八年MOD平台剛成立之時，投入了IPTV這個次要戰場。當初在有線電視的運動頻道「不願」也「不能」出現在MOD上，但中華電信則希望在新平台上有多一些的頻道，以吸引有線電視的客戶轉進。以運動轉播來說，由於IPTV平台不若無線與有線電視那麼普及，其平台的轉播權利金就較為低廉，這就是博斯的機會了。簡而言之，在MOD創立初期需要內容與有線電視競爭，博斯則以較低成本切入了運動頻道市場，屬於小眾利基市場的高爾夫台、網球台和轉播過義甲、德甲與法甲的足球一、二台就此出現，這同時也符合中華電信初期的頻道海策略，雙方互蒙其利下，在初期就建立了「革命情感」。

時空變遷，如今ＭＯＤ上已經是頻道爆炸的狀態，而博斯依舊占據了九個頻道，但是其節目重播率過高是不爭的事實。過往魅力台是瑜珈及伸展運動的節目類型不斷重播，最近在此新制下也開始播出女網賽事直播，以降低頻道的重播率；以足球台而言，七月二十四日至七月三十日這一週僅有四場美國職業足球大聯盟ＭＬＳ的直播，也就是一週一百六十八小時中只有八小時的新節目，這當然難以符合觀眾以及平台營運的中華電信的期待。

ＭＯＤ與博斯，乃至台互代理頻道家族盤據ＭＯＤ，其實是歷史的產物，但時至今日，是到了舊生態必須改變的時候。未來，頻道數目不再是獲得利潤的依據，有什麼樣的內容、吸引多少觀眾將決定內容供應的頻道商的營收，而且ＭＯＤ可以百分之百掌握所有觀眾的收視動態，比起傳統有線電視仍須仰賴AGB Nielsen公司的抽樣，ＭＯＤ的收視數字就是自母體而來，是絕對精準的。

這場戰役之後，包括博斯在內的頻道商，勢必開始要進行重整，內容必須更有競爭力，將頻道化零為整；另一方面，提供ＭＯＤ平台的中華電信也必須提供更有彈性的頻道與套餐搭配與選購，如此才是消費者權益受到真正保障之時，也是電視產業面對ＯＴＴ以及數位新媒體浪潮挑戰下的生存之道。

表3　2017年日本職棒轉播表

中央聯盟			太平洋聯盟		
球隊	主要轉播付費頻道	單頻費用	球隊	主要轉播付費頻道	單頻費用
廣島	J Sports 1*	2469円	北海道日本火腿	GOARA Sports	1296円
巨人	日テレジータス	972円	福岡軟銀	FOX Sports & Entertainment	1026円
橫濱	TBSチャンネル2**	1080円**	千葉羅德	TBSニュースバード	401円
阪神	スカイA / GOARA Sports	1080円 1296円	琦玉西武	フジテレビTWO***	1080円
養樂多	フジテレビONE***	1080円***	東北樂天	J Sports 2*	2469円
中日	J Sports 2*	2469円	歐力士	J Sports 3*	2469円

*J Sports 1-4為日本運動四個頻道的套裝

** TBSチャンネル1-2為兩頻道套裝

*** フジテレビ家族頻道任兩個1080円

29 台灣運動媒體的新篇章？

——沒有有線電視的世界盃

台灣這足球沙漠，往往每四年才能讓人些許感受到足球的魅力，二〇一八俄羅斯世界盃足球賽也是如此。然而，這年的世界盃轉播，卻是一個台灣運動媒體史上的新領域——一個沒有有線電視參與轉播的世界盃。

無線台的華視，將從十六強淘汰賽起加入戰局，但在分組賽，僅有IPTV平台的中華電信MOD上的愛爾達體育家族獨家轉播。

近年來，以奧運與世界盃足球賽等超大型賽會（mega events），作為其殺手內容的愛爾達，早早在二〇一六年十月就取得了世界盃台灣轉播權，連續三屆參與盛會。然而，跟前兩屆和有線電視共享轉播權不同，此次愛爾達似乎是鐵了心，堅守其獨家的地位。

以媒體經營的角度來看，愛爾達雖在財務上獨立，卻難杜絕其與中華電信關係匪淺的事實。中華電信藉愛爾達取得奧運及世界盃等兩項超大型賽會，一直是其MOD提高市占率的重要策略。然而，除了較冷門的冬季奧運之外，過往夏季奧運與世界盃足球賽還未曾有過獨家轉播的經驗；以往最後不論是愛爾達主動尋求、或是被動地因政治力介入，最終都得與無線、有線頻道共享轉播權。

在上述的現實底下，愛爾達難以凸顯其在這兩項超大型賽會轉播的主導地位。直到俄羅斯世界盃，或許是有線頻道報價不如愛爾達期待、或許是著眼獨家帶來的效益，這次愛爾達在分組預賽的獨家，正是檢驗台灣運動轉播市場的試金石。

儘管愛爾達連續三屆轉播世界盃，也自二〇一一年起在週間凌晨這地獄般的時段轉播歐冠，但我們不必將商業競爭策略過度佛心化了。畢竟，「愛足球」也只是其市場策略的一環。但我倒樂意見到此次世界盃的分組預賽轉播，在正式開踢之後，愛爾達能抵住壓力，不再給予無線、有線頻道的政商利益團體挾其所謂「有線電視收視戶民意」為令箭，干擾了市場的運作。這樣一來，可以就此檢證台灣的世界盃足球熱度，究竟能轉化為多少的MOD裝機率的成長，以及愛爾達體育台多少收視率的提升。

如果結果是台灣因為無線及有線頻道的裹足，使得台灣的世足熱度未若以往，那也是我們在自由市場下足球沙漠的殘酷真相。如果熱潮依舊，甚至能因為在俄羅斯主辦，給予台灣較友善的觀戰時間，創造更高的熱度，加上運彩推波助瀾，能為愛爾達及中華電信創造出營收榮景，那麼說不定——只是說不定——能第八七次帶動台灣的「足球元年」。

台灣的有線電視消費者，太習慣於有線電視的收視習慣，忽略了每個月付出五百五也是「花錢」的事實。就運動轉播商品化而言，愛爾達的獨家轉播，其實沒有剝奪任何人的收視權利，如果你覺得世界盃值得你換上一套全新的收視平台，那就花這樣的錢；甚至成為一個像我同時擁有有線電視、MOD雙平台的傻子。

從另一種觀點來看，如果政府認為世界盃是台灣成為世界公民中，重要文化公民權的一環，那麼該當全力介入，由公共電視集團轉播，保障所有民眾的收視權利。如果認為世界盃的顯著性尚未至此，那就放手交由市場機制處理，最糟糕的就是涉入一半，成為商業電視台綁架的對象，毫無章法地由公部門挹注營利為目的商業電視台。

時隔十六年，此次華視以其公廣集團成員之姿參與世界盃轉播，多少仍帶有一些政府介入的色彩，但這公廣集團始終讓人霧裡看花。華視在公私之間始終妾身未明，而MOD高層出身華視，當然也都讓人無法不多加聯想，期間還傳出華視轉播世界盃是由董事長陳郁秀越過總經理親自下令的決策。這些依舊是台灣運動轉播自黨國時期就難脫政治力的現實，甚至是華視由十六強開始播起，多少都是台灣折衷主義「做半套」的體現。

運動賽會轉播與政商的糾葛不只在於華視的定位問題，有線的年代電視，在上屆世界盃賽會因數位、類比有線的合約爭議，於預賽階段戛然而止，令人錯愕，反倒讓後繼的TVBS撿了個便宜。二〇一二年倫敦奧運，也引發愛爾達與凱擘系統的爭議，這些超大型賽會的轉播，當中都有過多的政商糾葛的斧鑿痕跡，運動轉播回歸商業轉播的單純遊戲規則也一直是個難圓的願望。

回顧台灣轉播世界盃足球賽的歷史，一九七八年首度由台視當日錄影轉播季軍戰與冠軍戰，該屆還引發了台視與華視之間首波的足球轉播爭奪戰。由於技術限制，當時負責全球轉播的歐洲廣播聯盟（European Broadcast Union）訊號格式與台灣不同，取得轉播權的台視還派出盛竹如前往香港，親自帶回轉格式後的帶子，才能在當晚黃金時段播出。但華視卻另覓管道，硬是搶先在季軍賽當日下午就將該屆世界盃截至當天比賽的精華播出，著實讓台視吃了一記悶棍。

而一九八二年，華視在政戰體系出身的總經理、同時身兼足協理事長的吳寶華領導下，首度現場直播西班牙世界盃，自此一路獨家轉播到一九九八年；反倒是史上離台灣最近的二〇〇二年日韓世界盃，是在當時香港高層主導下的有線電視年代電視台獲得轉播權，耕耘二十載的華視反而成為配角，預賽選播場次，十六強賽之後才全面加入，但該屆世界盃的主流詮釋權卻已由年代電視台定錨。

二〇〇二年的日韓世界盃，成為無線與有線在運動賽會轉播的重大分水嶺；自此之後，老無線三台在運動轉播無足輕重，奧運急就章、世足缺席；二〇一八年，是否會成為有線系統與MOD的轉捩點？或是愛爾達與中華電信開啟OTT新媒體運動轉播版圖的重要一役？

不過，上述這些提問，在版眾「跪求連結」和「××盒子」、「○○盒子」侵權氾濫下，可能反成無關緊要的討論。運動媒體、甚至台灣整體影視產業的前途，都面臨侵權的苦戰。根據網科公司Sandvine的估計，由於盜播氾濫，全球運動媒體產業一年蒙受將近八億四千萬美金的損失。影視與運動產業雙雙體質健全的英美日等國，或許尚可承受這樣的損失，但台灣卻禁不起這對影視與運動產業的雙重打擊。

所以請容我在此做個八股卻又不得不為的呼籲：請不要再讓非法的來源，扼殺了台灣運動媒體的一線生機。

運動見真情

30 愛／恨小熊的百年孤寂與終結

一九一四年四月二十三日，距離破土後僅僅一個多月的時間，芝加哥北邊「華麗一哩」（The Magnificent Mile）不遠處的艾迪森大道上，一個美國文化的瑰寶在此誕生。當時企圖與美國聯盟、國家聯盟形成鼎立之勢的聯邦聯盟在此落腳，兩年後，聯邦聯盟收攤，原本的威曼球場更名為新主人口香糖大亨的名字，瑞格利球場（Wrigley Field）。接下來的，就是一段孤寂卻美麗的歷史。

這些年來，瑞格利球場磚牆上的常春藤依舊，從泛黃轉為翠綠之時，就等於宣告棒球季的來臨；主場獲勝後，畫上W的白旗依舊飄揚在芝加哥的天空中；小熊隊巨炮瑞佐（Anthony Rizzo）與一九三二年世界大賽中，貝比．魯斯揮出傳奇性「預告全壘打」（called shot）時是相同打擊區；外野座位至今依舊是不對號入座的板凳席；孫子可以坐在當年爺爺曾經坐過的椅子上。直到二〇一四年，瑞格利球場依舊沒有一個電子大螢幕可以幫你重播剛剛游擊手拜亞茲（Javier Baez）精采的撲接；因為如此，你才更懂得珍惜每一個永恆的瞬間。這裡當然更沒有電腦動畫「教」你何時該為主隊鼓譟，或是硬生生把你的臉圈起來，逼著你玩尷尬的「Kiss Cam」，在這裡，它不會讓你忘記「棒球」才該是主角；這樣一個時空膠囊，使得它在以當代建築聞名的芝加哥，依舊是美國建築師評選中最高排名的芝加哥建築（第三十一名），也在所有運動場館裡排名居首。

瑞格利球場屹立著，盡本分地努力抵擋時代的洪流，但一九八八年八月八日，它還是得心不甘情不願地以水銀燈妝點它年邁的容顏；那醜陋的大螢幕，也終將在不久的將來掛在左外野。現代與懷舊的爭鬥，永遠在瑞格利上演，但球場外表再怎麼摩登，一百多年來，這個以友善街坊為家的棒球隊，依舊是長不大的小熊，依舊不知冠軍為何物。

小熊隊上一次在世界大賽封王已經是一九〇八年的事了，原本同病相憐的波士頓紅襪隊不但在二〇〇四年打破長達八十六年的貝比．魯斯魔咒，之後還一口氣追加了另外兩座冠軍盃，連同城南端的死敵白襪隊都打破「黑襪事件」的詛咒，在暌違八十八年後於二〇〇五年封王。紅襪隊把二十世紀最偉大的棒球選手交易給了死對頭洋基，白襪則是在一九一九年世界大賽打假球，這兩支球隊惹怒棒球之神也只是剛好罷了，但小熊隊何其無辜，充其量不過是不讓一個酒吧老闆的臭山羊進場而已嘛，罪應不致此啊？但百年的孤寂，以及說了一百多次的那句「明年再來」，已是芝加哥小熊迷身分認同的一部分。

二〇〇二年八月一日，我到瑞格利球場觀賞小熊隊與教士隊的比賽。衝著要拿到限量索沙（Sammy Sosa）黃色小鴨紀念品的我，頂著三十四度的大太陽，中午之前就在右外野入口處等著進場，如願搶到第一排、離索沙最近的距離。一邊看著打擊練習，隔壁的一對中年兄妹一邊開始和我聊天，從索沙的全壘打聊到台灣的少棒，聊著聊著看到他們手上拿著一個袋子，裡面裝著黑灰色的東西，我隨口問道那是什麼，他們卻一副神祕的樣子，還要我保守祕密才肯跟我說：「這是我們母親，她的遺願就是希望能把骨灰灑在瑞格利球場，當小熊隊終於拿到冠軍時，她也可以見證那一輩子等不到的一刻。」

等到瑞格利球場全場起立歡唱著名的第七局棒球歌時，兩兄妹對著空中一灑，就這樣，他們的母親長眠於瑞格利球場的長春藤與綠草中，就在他們灑下骨灰之後，九一一事件後有任何風吹草動都如同驚弓之鳥的球場安全人員趕忙跑來我們這帶，到處詢問有沒有看到奇怪的東西。我看著他們，微笑地回答：「我什麼都沒看到……」

更玄的是，大幅落後的小熊隊，先是在八局下半一支貝爾宏（Mark Bellhorn）的三分炮追成只差一分，九局下半兩出局之後，打擊不振的游擊手岡薩雷茲（Alex Gonzalez）面對國家聯盟史上最多救援成功的終結者霍夫曼（Trevor Hoffman），硬是敲出一支逆轉的再見二壘安打，而落點就在我們眼前，正好就是中右外野他們灑下骨灰的地方。只見兄妹相擁，兩人的眼角已經泛出淚光……

「棒球是永恆的，正因為它沒有時間。」（Baseball is timeless because it is time-less.）時間，彷彿消失在瑞格利球場；小熊隊的百年孤寂，卻幻化成美麗的永恆。

瑞格利球場百年紀念之際，謹以此文獻給每個心中擁有一片瑞格利球場的人。

●

就是這麼淒美的悲劇故事，讓我捨不得它就此畫下句點，即便犯了眾怒。

二〇一六年的小熊，有完整的先發投手、一群年輕又有才華的野手、古巴火球終結者壓陣，加上玩球成精的總教練，更別說百年孤寂的淒美故事，很難不讓人支持他們。但此時我卻想起波士頓紅襪隊在二〇〇四年終結了長達八十六年的貝比・魯斯詛咒之後，一位美國作家如是說：

> 看到紅襪隊奪冠，就好像你苦追一輩子的女生突然答應跟你在一起了，你反而不知道該如何回應，因為她再也不是你以為你所愛的女生了。

所以，電影《愛情全壘打》（*Fever Pitch*）當年為了因應紅襪奪冠而特別更改劇本，對我而言，紅襪的靈光（aura）也隨著電影男女主角吉米・法隆與茱兒・芭莉摩跳進場中的happy ending而告消逝。二〇〇四年之前的紅襪隊像是齣潦倒文人筆下的壯闊悲劇，但在二〇〇四年奪冠後，不但脫離悲情的幽靈，尤其之後九年間還又追加兩座冠軍盃。他們現在就跟其他戲班子沒啥兩樣，只不過是在一座比較古老的芬威劇場而已。比起死對頭洋基近年只有二〇〇九年一冠，現在，誰比較悲情？

相較於驚心動魄的芬威劇場，小熊的瑞格利劇場雖然有戴著耳機的巴特曼不小心亂入軋了一腳，但是一個世紀以來，在這友善街區上演的戲碼，大抵不脫樂天知命阿公、阿嬤主演的溫情鄉土劇，一貫溫柔地、淡淡地在你耳邊絮語著「明年再來」。幾個世代以來，小熊隊球迷的認同就是建立在「令人愛憐的輸家」（loveable loser）之上，如果在接下來幾天，他們真的擊敗了克里夫蘭，追到了此生摯愛，從此過著幸福快樂的日子，那還是小熊隊嗎？

跟一九〇八年一樣狂歡吧！是季後賽期間瑞格利球場常見的標語，但除非你真的活了那麼久，或是你從阿公、阿嬤或阿祖那邊聽來了家傳故事，否則那也只是過度的想像與浪漫。永遠長不大的小熊，是一個如此引人入勝的故事，但這就像一罈醞釀了一百零八年的醇酒，你真捨得一飲而盡嗎？尤其那樣的醞釀，是世代的傳承，是真實生活不完美的映照。事實上，家人共有的低落與悲傷是一種難以向外人道，而無法取代的親密。跨世代傳承的小熊百年孤寂，在北芝加哥的家庭中所在多有，但對於大部分的我們來說，那只是一個在大聯盟以及全球化媒體強力放送的溫情故事，我們並不是輕啜一盞醞釀一百零八年的醇酒，而是吃下了一碗只泡了三分鐘的速食麵。

「救贖」是運動所帶給我們面對這不完美世界恩賜之一，不只北芝加哥，克里夫蘭這座城市的棒球隊也希望能終結一九四八年以來的等待，與二〇一六年六月封王的NBA騎士隊一同為這座「生鏽帶」（Rusty Belt）上的「大湖邊錯誤」（Mistake by the Lake）城市帶來雙喜臨門。六十八年其實也真夠久了，但是放在一百零八年旁邊，就完全被比了下去，加上隊名與隊徽又極度政治不正確，使得風向並不吹向克里夫蘭。最終，一百零八個神奇的數字終於歸零，小熊隊在鏖戰七場後，從一勝三敗的劣勢逆轉奪下世界冠軍，但那就像是一本廉價小說的happy ending，不是個完美的故事。

狂喜只是瞬間，悲劇卻是永恆。

31 不過就是一場球賽，它有可能療癒真實的傷痛嗎？

棒球，對我們來說，它讓九一一事件稍微好過一點。

——布瑞兒・薩拉齊尼

布瑞兒是九一一事件中，遭挾持而撞上世貿中心南棟的聯航一七五班機飛行員的女兒，在悲劇發生不久後，也是當年世界大賽期間，她突然接到洋基球星基特親自致電問候，洋基球團更邀請她與家人前往洋基球場與球員相見，讓她在遭逢喪父之痛後稍展笑顏。

二〇〇五年卡崔娜颶風肆虐紐奧良之後，二〇〇八年NBA特別將明星賽移至紐奧良主辦，並讓NBA球星們協助災區災民重建；二〇一〇年，紐奧良聖徒隊隊史首奪超級盃，四分衛布里斯（Drew Brees）特別將獎盃獻給這座颶風蹂躪過後的城市；二〇一三年日本職棒樂天金鷲勇奪日本一，象徵著三一一震災後不滅的東北魂；波士頓馬拉松爆炸案後，老爹歐提茲（David Ortiz）一席「這是我們的城市」的演說與他每一支季後賽的全壘打一樣振奮人心，紅襪隊的世界冠軍，也幫助這受傷的城市傷口慢慢結痂。

紅襪之於波士頓，就像九一一事件後，洋基之於紐約，卡崔娜颶風後，聖徒之於紐奧良，三一一震災後，樂天金鷲之於東北，大和撫子之於全日本；甚至是飽經戰火蹂躪的伊拉克，其男子足球隊在二〇〇七年亞洲盃神奇的奪冠歷程，都扮演著凝聚人心、集體療癒的效果。而即使一次世界大戰已是一百年前的往事，但每逢紀念日期間，足球界仍配戴罌粟花表示著對先烈的追悼，各球場並以熄燈、燃燭的方式表達紀念。

一定有人說：「棒球或運動有可能這麼重要嗎？不過就是場比賽，它可能讓真實世界的創痛獲得療癒嗎？」

的確，面對如此劇變時，一場比賽的輸贏實在是顯得瑣碎而微不足道。即便是世界冠軍，樓依舊塌損，人依舊殊途，但每個人處理傷痛的方式都是不同的，你永遠不知道什麼事物可能剛好觸動了心境的轉折。

HBO的影集《末日餘生》（*The Leftovers*），處理類似的題材。它預設的背景更為極端：全世界有二%的人口莫名消失，沒有理由，沒有蹤跡，倖存於世的我們會怎樣面對這突發的一切？是試圖尋求超理性的答案？是自我放逐？還是自我沉溺於無盡、難以名狀的哀傷？

在澎湖空難、高雄氣爆的不幸中，向外，我們不斷朝向結構性的究責，試圖理解天災、人禍，到底出了什麼錯，名為願逝者安息，其實更是存者療傷所需的結案程序；向內，我們也不斷為了至親在錯誤的時刻，到了錯誤的地點而扼腕、遺憾。無數的「如果」蔓延在腦海，我們希望冥冥之中是有些許意義的，畢竟，如果都是隨機、無可解釋、無意義而無可改變的，叫我們如何自處？這樣的「天注定」雖然看似被動與悲觀，但如同要感謝的人太多所以謝天一般，因為「不知道要怪誰，就怪天吧！」反而是理解後超脫的豁達。

但，運動在療癒的過程中為何可以承載如此的重量？運動比賽帶來的情感凝聚，將投射的地方球隊、國家代表隊的情感體現為「想像的共同體」，但其功能還不僅止於此。現代國家中，運動場域乃是現今所能集結最多人民的空間；球場裡，生命共同體不再只是想像而已，而是鄰座真切的存在。九一一事件後的美國運動場域，被賦予另一層的意義，除了休閒娛樂，它更是表彰軍、警與緊急救難人員的場域。這些「英雄」，不再只是在官廳裡接受形式性的接見，而是與市民直接的情感交融。

運動世界中的輸贏往往與世界的變化一樣無常，但不確定的真實中，我們都試圖去尋找一些對別人而言可能微不足道的感動。九十分鐘的足球或是三小時的棒球，是慰藉也好，逃避也罷，運動世界裡都提供了這樣的可能。

如果，你願意給它一個機會的話。

32 誰說你再也不能回家？

二〇一五年四月，隨著杜克大學在美國大學男籃封王，與美國大學運動沒什麼淵源的台灣媒體聚焦於K教頭第五座的冠軍盃，落敗的威斯康辛大學很自然地退居幕後。成王敗寇的鐵律在運動場上亦如是，熟悉過往少棒光輝歲月的我們，在細數紅葉、金龍與巨人間，總是很自然地遺落了七虎。

威斯康辛，是個外人看來很俗、冬天又冷到爆的農牧州，市場裡總有多到難以叫出名號的乳酪和香腸，好死不死又出過傑佛瑞・丹墨（Jeffrey Dahmer）這個連續殺人魔、麥卡錫（Joseph McCarthy）這號箝制言論自由、製造「紅色恐怖」氛圍的黑手；連大部分的NBA球迷都只知道湖人時期的天勾賈霸，而不知他曾是密爾瓦基公鹿隊的一員；好不容易出了個大聯盟的MVP，偏偏又是靠禁藥拿來的。儘管有這麼多可以讓美國脫口秀虧到不行的哏，但是威斯康辛大學的吉祥物卻是隻看起來跩到不行的獾。

二〇〇一年的我，初來乍到麥迪遜（Madison）這個大學城，曾有前輩很貼切地把她稱為「夢到她湖」（Lake Mendota）畔的「陌地生」，儘管真是人生地不熟的，但是運動很快地就成了我和美國人打成一片的橋梁。

一聽到我來自台灣，總是很自然地以少棒來當開場白，順便提醒我要忍受釀酒人這支爛隊；驚訝地聽到我對綠灣包裝工的熱愛之後，馬上就把我當成自家人，甚至弄到一般人想都不敢想的門票，帶著我在零下十五度的酷寒中，坐在藍波球場（Lambeau Field）的鋁板凳上朝聖，喝著瞬間降溫的「熱」巧克力，為法佛（Brett Favre）加油吶喊；同學們更不忘提醒我好好利用博士生的特權，申請籃球、美式足球校隊特惠的季票；我的博士論文更是跟著一個高中棒球校隊南征北討了兩年。

每年秋冬時節的週末，就是留給美式足球校隊和包裝工隊；博．萊恩（Bo Ryan）也正好在我初到美國這年接掌男籃隊的總教練。有那麼兩年，科爾中心（Kohl Center）二一五區G排的六號座位，就是除了宿舍椅子之外我最熟悉的一個座位；畢業後回到了台灣，客廳的正前方貼上了美式足球校隊的蘭德爾營（Camp Randall）球場大海報，彷彿我從未離開那兒。

大概就是二〇一四年的三月開始吧，開啟了威斯康辛運動迷悲情的一年。威斯康辛大學男籃打入睽違十四年的最後四強賽，一路拉鋸的比賽，最後五點七秒由肯塔基大學的哈里森（Aaron Harrison）投進逆轉的三分球；一開季令人驚喜的釀酒人，曾經在國聯中區的寶座上坐了一百五十九天，但是下半季的崩盤，卻連季後賽都沒得打；包裝工隊在NFL國家聯會冠軍戰中，一路領先卻莫名其妙地被西雅圖海鷹隊給逆轉，輸了一場早該贏的比賽，與超級盃擦身而過；美式足球校隊在十大聯盟（Big Ten）聯盟冠軍賽中，被俄亥俄州大以五十九比零血洗；男子冰球校隊一整年竟然只贏了史上最慘的四場比賽，二〇〇六年全美冠軍的光榮早已是斑駁的回憶；公鹿隊在全NBA墊底就算了，選進令人期待的帕克（Jabari Parker），卻在打了兩個月之後就整季報銷；二〇一五年的男籃雖然完成甜蜜復仇，在四強賽中宿命般地擊敗了肯塔基大學的不敗金身，但留著藍血的魔鬼硬是在捧起獎盃之前攔下了我們。

威斯康辛一定是被詛咒了吧！否則怎麼可以悲情成這樣？然而，對於命運不公的咆哮之後，漸能體會，因為球隊與地方早已融為一體，挫敗後細水長流的親密要遠超過勝利後的短暫狂歡激情。

台灣的國家代表隊固然能牽動著海內外台灣人的心，二〇〇三年的十一月，透過熱情網友的網路串流，讓我和室友隔海與兩千三百萬人共同經歷「又是高志綱！」的命運共同體。國族是我們欣賞運動唯一熟悉的角度，一旦被外國人問到家鄉城市的球隊時，總讓人啞口，要試著去解釋為什麼台灣的城市與運動是八竿子打不到的兩回事。「屬地主義」在英文裡根本難以找到完美對應的名詞，因為對他們而言，運動本來就是屬於一塊土地的人民的，不需要再多用一個概念贅述。

「你再也不能回家」（You Can't Go Home Again），湯瑪斯・沃爾夫（Thomas Wolfe）如是說。但事實上是，透過運動，我們從來沒有離開過家。但願有朝一日，我們在台灣也能透過運動，體會到那永不嫌醜的家。

33 回不去的陳峰民與台灣棒球的世代正義

細數台灣職棒不忍回首的過去，假球無疑是球迷心中永遠的痛，太多太多的背叛，讓人難以直視，但是當中卻有個名字總令人扼腕——陳峰民。陳峰民當初涉入假球事件，儘管在二〇一一年獲判無罪定讞，但仍不見容於台灣職棒界。陳峰民並非首例，二〇〇七年「黑鯨事件」的球員，包括鄭昌明、紀俊麟等也都獲判無罪，卻同樣被放逐於職棒之外；而為陳峰民平反的聲音之所以於近日浮現，時間點與曹錦輝重回美國大聯盟體系有關。

命運何其玄妙，這兩個人同樣是一九九九年的亞洲棒球錦標賽悲情的代表人物，十幾年後，這兩人又因假球而被放在一起討論（這屆國手後來涉入職棒假球案的還有陳致遠、鄭昌明、謝佳賢等）。對於陳峰民的第一個印象，正是當年台韓大戰，由老將郭源治先發，一路鏖戰到第十一局，被打出再見安打後，確定無緣二〇〇〇年雪梨奧運，當時蹲捕的陳峰民為許銘傑配了一個直球而被打成再見安打，自責配球失當，含著淚水走回休息室大喊了一聲

「×」！前一天晚上，曹錦輝則是在九局下半被日本隊的平馬淳打出再見安打。

史稱「黑襪事件」的一九一九年世界大賽假球案，涉案的八名白襪隊球員終身禁賽，一直是假球事件的警世教材，但是試圖為涉案球員翻案的書籍、小說、電影也不計其數。由小說《無鞋喬》（*Shoeless Joe*）改編的電影《夢幻成真》（*Field of Dreams*）應該是最著名的。電影中透過凱文．科斯納所飾演的愛荷華州農民的角色，娓娓道來傑克森（Joe Jackson）在當年世界大賽打出了所有球員當中最高的三成八五打擊率，這樣出色的表現怎麼還可能打假球？甚至浪漫地描繪無鞋喬過世之後無法瞑目，依舊魂縈夢牽著棒球場那塊永遠無法涉足的夢幻田野。

放水球的特性是，永遠只有當事人知道自己是不是全力出賽，以黑襪事件為鑑，涉案的八名球員們就算是拿錢不辦事，法庭上也因關鍵的自白書戲劇性地不翼而飛，最終獲判無罪，但是當時的大聯盟主席藍迪斯法官卻堅持最高標準，將這八名選手終身禁賽。涉案的三壘手威佛（Buck Weaver）堅稱其清白，終其一生為平反而努力，卻不獲大聯盟正視，與傑克森同樣是這八人出局裡最令人同情的角色。

相形之下，當年白襪隊的捕手卻有截然不同的命運。夏克（Ray Schalk）因為堅不配合打假球，全力求勝，並且指出兩位先發投手希考特（Eddie Cicotte）與威廉斯（Lefty Williams）不聽從他配球，他的品格以及在捕手位置上的優異守備功力，使得他後來在資深委員會的推薦下，入選棒球名人堂而永垂不朽。

自從一九一九年以來，假球幾乎與大聯盟絕緣，直到八〇年代後期，史上的安打王羅斯（Pete Rose）擔任紅人隊總教練時，涉嫌簽賭棒球，觸犯天條而迄今被大聯盟屏除於名人堂之外。儘管羅斯宣稱他只賭自己球隊贏球，絕對沒在比賽中放水，聲援他重返棒壇的聲浪也從未平歇，但他仍被囚禁於自稱的「沒有牢房的監獄」中。這兩年，匹茲堡海盜隊的投手洛克（Jeff Locke）和邁阿密馬林魚隊的投手柯薩特（Jarred Cosart）也都涉入假球疑雲，但大聯盟調查後也都還給他們清白。而曹錦輝在台灣的不起訴處分，反而成了重返大聯盟之路的入場券。

傑克森、威佛、曹錦輝和陳峰民究竟有沒有放水，只有他們自己心知肚明；從媒體再現的片段真實來看，陳峰民的處境的確令人同情。法庭上無罪，球場上卻是無期徒刑，看似殘酷，卻是台灣棒球亟欲浴火重生而不得不為的。

運動之所以重要，因為它是社會的一面鏡子，大聯盟的禁藥世代，永遠分化著美國人的道德觀，台灣的假球世代同樣映射著我們每個人道德與正義的底線。

34 初戀的後勁

——王建民，台灣依舊期盼著你

年底的台灣大學教師們，總是埋首於科技部的研究計畫寫作這個集體儀式，一連串的工作追著跑，總算讓我踉踉蹌蹌地送走了我生命中最難熬的二〇一八這一年。

這段時間以來，王建民卻都是我網路同溫層不曾停歇的存在，朋友中總是一則又一則關於《後勁：王建民》的映後心得。我早在金馬影展就已經買好了票，卻因為突發的事情讓我無法到場，儘管上了院線已經一個多月，卻總有一個又一個的藉口讓我逃脫。我一次又一次地錯過王建民，不只是電影院中，竟連棒球場上也能錯過，原本手癢想要報名但卻無暇參與的新聞盃中，王建民不但驚喜現身，還上場投了球，首場的對手就是FOX體育台。看著球評也是好友的楊政典，不斷炫耀著他如何打「到」了王建民（用兩分力投出來）的球，更讓我只能乾扼腕。

忽然間，臉書上跳出的訊息中，告知我一月十三日，國賓長春會有最後一場《後勁：王建民》導演陳惟揚出席的映後座談。這樣的召喚，讓我覺得，是該去的時候了吧。

買完了票，晃了一圈，回來時驚見售票處螢幕上高掛上「客滿」的字樣，儘管是個三十六人的小廳，但心想還是不禁想：「哇！這票房竟也帶著後勁。」

如同太多太多的影評與觀後感，王建民，無疑是二〇〇〇年代台灣集體記憶的縮影，每個人都能細數當年的點點滴滴。

隨著片子進入王建民生涯高峰與低谷的起伏，到了中段，導演帶著大家回憶起當初「建仔」投一休四，瘋狂蒐集著報紙海報的日子。突然，螢幕上蹦出讓我又驚又喜的一幕：「初戀總是最美——王建民，台灣依舊期盼著你」大大的一行字。那是我在二〇一五年時，寫在王建民被勇士隊3A釋出而加入獨立聯盟有感的鳴人堂文章，那篇文章中，我是這樣說的：

狄馬喬，你到哪去了？
（Where have you gone, Joe DiMaggio）
全國都期盼著你
（A nation turns its lonely eyes to you）
——賽門與葛芬柯（Simon and Garfunkel），〈羅賓森太太〉（*Mrs. Robinson*）

圖34.1　王建民是2000年代台灣集體記憶的縮影，每個人都能細數當年的點點滴滴。

五十年前的賽門與葛芬柯這樣唱著，緬懷棒球場上英雄的消逝。

距離我們最近一次看到王建民在大聯盟球場出賽，已經是兩年前的事了。美國時間六月十九日，亞特蘭大勇士隊將他釋出，在3A留下二勝六敗，防禦率六・一〇的成績。現在流浪到獨立聯盟，儘管重返大聯盟之路仍未絕望，眾家媒體也抱持一貫正向思考的口吻，但我們不得不面對，現年已經三十五歲的王建民，大聯盟這條路或許只剩條門縫了。

也真夠巧，同樣在六月十九日，二〇〇六年，台灣時間星期一的凌晨三點四十分左右，還醒著的台灣人，無不同時大喊一聲「×」！由於前些比賽洋基隊的牛棚已經燃燒殆盡，力撐到九局下半的王建民，被國民隊強打齊默曼（Ryan Zimmerman）打出再見全壘打。大聯盟輝煌的六十二勝，卻比不上這一敗，在休息室怒摔手套的王建民，成為我對他八年大聯盟生涯中最深的印記。

這幾年，陳偉殷表現不俗，卻總無法像王建民一般再為全國掀起如此投一休四的集體節奏，沒有報紙的包頁大海報，收視率也無法超越。對我而言，看陳偉殷比賽，三振率高，節奏明快，反而比王建民強力伸卡球仰賴隊友守備幫忙要舒服些。比賽內容如此，場外的「大樹事件」更讓王建民好男人的形象崩壞。即使這樣，陳偉殷給人的感覺卻總是莫名地差了那麼一點。紐約的光環、洋基隊的條紋球衣與眾家傳奇球星圍繞加持，當然都不是巴爾的摩這城市和金鶯這球隊可以比擬，全盛時期的勝場數也比不上王建民。這些理性因素我都理解，但終於在朋友的神回中讓我找到答案了：「啊王建民就是我們台灣人的初戀啊！」中肯！可不是嗎？儘管多半的結果都不是甜美的，但初戀就是一輩子的，不管曾經鬧彆扭、吵架甚至移情別戀了，他是我們永恆的情感烙印。就算之前有陳金鋒、曹錦輝，但那只像是午後咖啡館驚鴻一瞥的邂逅而已，台灣和王建民才是真正的戀愛。王建民之後，「台灣之光」滿街都是，但正港的「台灣之光」永遠只有一個，王建民的不完美，讓同樣不完美的我們更能擁抱他。國族認同建構中，總少不了一些絢爛奪目的功績與神話，就像他連兩年的十九勝一般，但是如同文化人類學家赫茲費爾德（Michael Herzfeld）所言，文化中不足為外人道、甚至難以啟齒的記憶，也就是這種「文化親密性」，反而是認同凝聚的重要特質，得以確立內部成員的認同。就算有那場對國民隊比賽的失利、婚姻上的出軌、乃至後來的廉頗老矣的遲暮掙扎，他終究是我們在客廳、在早餐店裡親密的永恆初戀。

如同初戀一般，總有個莫再提的傷心地，休士頓，正是這初戀壞事的城市。二〇〇八年六月十五號，那場不吉利的十三比零的比賽。六局上半，如果王建民把犧牲觸擊點好，也就不用害死隊友還自己去跑壘，也就不會在繞過三壘時該死地扭傷腳，或許也就不會有後來的肩傷，或許這段初戀後半段的故事就不一樣了。或許……

二〇一三年八月二十四日，宿命般地，穿著藍鳥隊制服的王建民重返休士頓，這次的他雖然已經不用上場打擊，但是先發三局失四分退場，也就是至今他在大聯盟最後的身影。

王建民，到哪裡去了？
全國依舊期盼著你……

●

當時落筆的我，著實沒想到還有續集，藍鳥隊非但不是王建民最後一支大聯盟隊伍，他的生涯硬是再追加了二〇一六年的皇家隊，六十二勝的紀錄則加上了擔任中繼投手卻擁有完美六勝零敗的超強運成績，大聯盟生涯來到了吉利的六十八勝。更沒想到的是，讓原先這篇文章竟然還能有個完美的驚嘆號，取代了原先懸而未決的刪節號。

紀錄片到了尾聲，王建民重返大聯盟，看著他三振了雙城隊的強棒沙諾（Miguel Sano）的那顆完美後勁的伸卡球軌跡，我這才驚覺：「等等，這場比賽是我轉播的呀！」回家之後，試圖翻找著這段記憶的蛛絲馬跡，深怕自己初老的腦袋連這檔事都能弄擰了，「還好、還好，沒事、沒事」，看著FOX體育台當週的班表，上面還特別提到「因應王建民攻上大聯盟，週三選播凌晨四點的皇家賽事，並修正本週ＭＬＢ轉播賽事。」我和田鴻魁主播搭檔的台灣時間四月十號的比賽，也從原先預定的小熊與響尾蛇之戰，變成了見證歷史的雙城與皇家的那場比賽。

圖34.2　王建民加盟皇家後，大聯盟生涯來到了吉利的68勝。

回想我的生命軌跡，有太多與王建民交錯的時刻。二〇〇五年，兩個分別是初上大聯盟慢慢站穩腳步的菜鳥，和初拿到博士學位而忐忑尋找教職的菜鳥。當來到世新大學求職時，對著當時的師生們發表我的研究，有老師問到我的專長「運動傳播」在台灣有什麼發展的時候，我半開玩笑地順口答到：「就是要研究王建民啊！」也不知是否因為這三個字的魅力，讓我得到了第一份教職，一個「台灣之光」讓我著實成了「沾台灣之光的光」。

一個人的生命中，總有太多潛藏著的印記，回憶似水，你永遠不知道它會在哪個角落裡滲出、蔓延而浸潤。所謂後勁，大概就是如此吧！

35 我的陳金鋒時代

一九九八年的曼谷，朴贊浩投出的球直接被送到球場外的停車場；二〇〇一年的天母，面對中村隼人的振臂一呼；二〇〇四年的雅典，上原浩治那個沒掉下來的指叉球；二〇〇七年的台中，達比修看著飛向中右外野的完美弧線，都已經是烙印在我們身上、無須贅言的片段。而這些投手的名字，隨著一支支的全壘打，就成了我們記憶陳金鋒的方式。你總會憶起那時的你，在哪裡。

對我而言，那個名字是西伊（Bobby Seay），那支安打是支一壘安打。

二〇〇五年的美國國慶日，就在我完成口試，打包行李，準備告別美國、返回台灣的夏日，亂七八糟的房間裡充滿一箱箱待運的紙箱，卻還是打開電腦的 MLB TV，聽著史考利（Vin Scully）爺爺的轉播。七局上半，沒有人出局、滿壘，道奇隊零比三落後。輪到投手的打擊，原本道奇隊總教練崔西（Jim Tracy）已經換上左打的韓國打者崔熙燮準備代打，但洛磯隊順勢換上左投西伊，崔熙燮連打擊的機會都沒有，就被換上右打的陳金鋒來反制，纏鬥到第七個球，一個偏低的速球被他直接打回投手丘。是一支帶有兩分打點的安打！終於。站在一壘上的他，沒有棒打中村隼人的怒吼，但臉上微微顫抖激動著的神情，卻是我從未見過的陳金鋒，這支安打，真的等了太久、太久了。

從二〇〇二年到二〇〇五年，崔西彷彿成了全台灣棒球迷的頭號公敵，台灣的球迷始終抱怨著他不願意給陳金鋒更多的機會。大概命中就是跟叫傑森的犯沖吧，同為外野手的渥斯（Jayson Werth）、葛拉博斯基（Jason Grabowski）、瑞普柯（Jason Repko）上場的機會就是比陳金鋒多的多。在那支「終於」的安打之前，他從二〇〇二到二〇〇四年，只有兩場大聯盟先發的機會，累積了十四個打數（另有三次四壞球），沒有打出任何安打。就在打出生涯首安之後，隔天為自己掙來難得的先發機會，首打席也再揮出安打，但之後又恢復板凳與跑龍套的角色。二〇〇五年七月二十日，代打面對曾經在一九九二年隨著教士隊小聯盟球隊來台訪問的沃雷爾（Tim Worrell），吞下了三振，這也是陳金鋒大聯盟生涯的最後身影。二〇〇五年季中，王建民穿上了洋基隊的條紋球衣，季末，陳金鋒未再獲道奇隊續約，彷彿與王建民已完成了交接。

一九九九年，陳金鋒踏上征途。那時的我，跟許多年輕球迷一樣，把進入運動媒體視為夢幻工作，一心踏上我的追夢之路，因緣際會成為緯來體育新聞翻譯外電的工讀生。在網路

圖35.1　陳金鋒始終未獲重用，使得道奇隊總教練崔西成為台灣全民公敵。

訊息還不是那麼發達與即時的年代，我和當時的長官文大培與主播廖士堯便想著如何追蹤報導陳金鋒的表現，好不容易找到《今日美國》是極少數刊載小聯盟1A的媒體網站，只能盯著陽春到不行的純文字網站一直按重新整理，只為了一張在晚間體育新聞秀出的陳金鋒戰報。後來，他那賽季在1A的聖伯納迪諾狂奔隊打出了道奇隊體系的小聯盟史上首次三十轟三十盜的紀錄，彷彿我也一點一滴地見證了這段歷史。二〇〇二年九月十四日，他終於成為第一位升上大聯盟的台灣人。

台灣人在大聯盟的首轟是郭泓志打出來的，甚至曹錦輝都搶先陳金鋒一步，打出台灣選手在大聯盟的第一支安打。身為這個世代台灣最具代表性的打者，讓這些紀錄被兩個投手拿去，看似情何以堪，卻完美地反襯出那些年的陳金鋒在個人生涯與國家隊之間抉擇的偉大。

或許在某個平行宇宙裡，沒有「又是高志綱」的二〇〇三年亞錦賽，也就沒有雅典奧運可打，儘管就沒有了那支從上原浩治手上敲出的全壘打，但或許他在那個夏天就站穩道奇隊的外野，現在還在大聯盟領著千萬年薪的可能就是陳金鋒而不是渥斯。但，那就不會是這個神樣的陳金鋒。

看著他代言的汽車廣告、告別賽的宣傳影片，我總是邊看邊罵：「應該可以拍得更好吧！拜託！陳金鋒耶！」因為這些影片配不上我的陳金鋒。

但，又有什麼可以呢？

圖35.2　陳金鋒在引退賽向球迷告別，結束球員生涯。

36 歷史的繼承者們

——青春與老年之戰

二〇一七年的冬天，來得特別晚；這個新年，運動場上也彷彿一個時空凍結的雪景球，遲遲不願更換下一個場景。

年初的墨爾本，費德勒與納達爾就像重現十年前一場場經典對戰一樣，但三十五歲的費德勒依舊證明無人能敵；加起來七十一歲的大威與小威，睽違八年，第九次在大滿貫賽中爭冠。這名符其實的賀歲片揭開序幕之後，似乎正預告體壇銀髮族的一年。

日本足壇活化石三浦知良，與日本職業足球聯盟第二級J2的橫濱FC續約，年過五十的他，不禁讓人驚覺，原來，足球真是三浦知良的天命。在曼徹斯特，伊布拉辛莫維奇（Zlatan Ibrahimović）以三十五歲又一百二十五天的「高齡」，踢進單季英超聯賽賽季的第十五顆進球，改寫英超紀錄。更不用說，當時三十九歲的新英格蘭愛國者隊四分衛布雷迪（Tom Brady），創下超級盃史上最大逆轉，生涯第五座超級盃冠軍戒入袋，二〇一九年再加上第六冠，奠定其史上最偉大（GOAT, greatest of all time）的地位。別忘了，三十九歲的「阿公」，芝加哥小熊隊捕手羅斯（David Ross），才在二〇一六年世界大賽中，成為史上最老在世界大賽第七戰轟出全壘打的選手。

我們為什麼愛運動？年輕時，是迫不及待長大的渴望；到了一定年紀之後，卻是對於青春的眷戀。

人類歌詠青春是無庸置疑的，初登社交場合的閨女（debutante）是眾家男士覬覦的獵物；球員卡市場上，新人卡（rookie card）的交易價格總是最高的，一年年選秀注入的新血，就是運動文化一年年堆疊、不斷更新的驅力；一些來自中南美洲的棒球或是足球員，不惜假冒身分，低報年齡，就是為了爭取來自職業球團較高的簽約金，因為年輕才是本錢。

莎拉波娃因禁藥而遭禁賽，伊娃諾維奇（Ana Ivanovic）嫁做人婦而退休之後，布夏德（Eugenie Bouchard）趁勢填補網壇玉女空缺。搖滾樂界的二七俱樂部雖然是英年早逝的惋惜，但珍妮絲・賈普林（Janis Joplin）、吉米・罕醉克斯（Jimi Hendrix）、吉姆・莫里森（Jim Morrison）、柯特・寇本（Kurt Cobain）、艾美・懷絲（Amy Winehouse）卻是青春永恆的肖像，活出生命毫無保留的極致，無怪乎「誰」合唱團（The Who）在〈我的世代〉（*My Generation*）一曲中高唱「我希望我在年老前死去」（I hope I die before I get old）；畢竟老了、慢了、累贅了。《楢山節考》拋棄無生產力的老人於深山，正是最殘酷的終極寓言；校園裡送往迎來一屆屆的大學生，我也只能穿著「I am too old to die young」的T恤自嘲自己的初老。

其實在這波老人潮之前，也早就有些老而彌堅的運動員，力抗歲月的痕跡。一九九〇年世界盃，三十八歲的喀麥隆米拉「叔叔」（Roger Milla）旋風席捲全球；九〇年代諾蘭・萊恩（Nolan Ryan）以四十六歲之姿，依舊能投出一百五十六公里以上的快速球；老「酋長」派瑞許（Robert Parish）、天勾賈霸也都以四十歲高齡馳騁ＮＢＡ沙場；甚至黑人聯盟傳奇佩吉（Satchel Paige）在一九四八年，也是他四十二歲時，才在種族藩籬倒下後的大聯盟初登板。然而，這些例子或許較接近異數，是生涯落幕前的迴光返照。但是從二〇一七年初看來，這群「老頭」、「老嫗」前仆後繼地改寫我們對於老的定義，或許，在我們眼前的終於不再只是迴光返照的一瞥，而是如同史丹佛大學教授哈里森（Robert Pogue Harrison）所稱，一個返老還童的時代（The Age of Juvenescence）。

之所以是返老還童的時代，顯而易見的是醫學與科技的進步，二十一世紀的運動員，在龐大的全球資本機器驅動以及國族主義狂敲邊鼓之下，正是不斷突破的營養保健、訓練方法、醫療技術最前端的受益者，以往年過三十甚至更早的運動員，就已經面臨著走下坡、退休的考驗，但是請先別急著感嘆二〇一七年的澳網結束後，未來可能看不到費德勒與納達爾再次在大滿貫決賽對戰的華麗身影，其實未來，根本還未來。

世代間的遞嬗與交會是必然的，運動場的世代對抗，是公平的比賽，服膺一致的規則，一切在球場上分勝負，勝王敗寇，如此單純。在這裡，老人掙來屬於他們的尊敬，青春儘管暫且落敗，但心服口服，心知肚明屬於他們的未來依舊會來。但是在真實社會裡，我們卻看到老年設下的層層障礙，未曾給予青春一個公平的機會。近年來，台灣面臨的重大歧見，從政治立場、統獨、多元成家、薪資結構、年金改革等等議題，這些看似截然不同議題喧囂的背後，卻共通地隱埋著世代的對立，青春迫不及待趕走老年，老年卻戀棧欲留。

一個社會能帶給年輕人的最大祝福，是把他們變成歷史的繼承人。

哈里森如是說。繼承人可以透過創造性更新讓社會歷史遺產回春，但是在不公平的對戰中，年輕人不再是歷史的繼承人，而將年老視為對立，成為自外於歷史的孤兒，我們的社會將失去自我再生的能力。

37 國慶之夜，台北田徑場見證台灣足球的新頁

國慶夜的台北田徑場，比賽之後人潮久久不散，在場數千名見證歷史的球迷盡情為台灣男足隊嘶吼吶喊，這一切，太不真實。

二〇一九年亞洲盃會外賽，我們擊敗了在一個月前才以零比五慘敗的巴林，最後五分鐘不可思議的大逆轉，是一輩子值得珍藏的回憶。當裁判吹響比賽結束的哨音，我抱著身旁的太太，忍住幾乎奪眶而出的淚水。散場時，與球評鄭先萌緩步走出球場，聽他娓娓道來這場比賽似乎永難道盡的感想。我知道一直為台灣足球努力的他，感受一定比我更加強烈；等這一勝，這麼不可思議的一勝，實在太久了。

「希望十年後，大家回首這個夜晚，會了解到這是一切的起點，這裡有太多的可能。」台灣男子足球隊總教練懷特（Gary White）在賽後如是說。

若說這是一切的起點，可能抹煞了先前諸多前輩對足球沙漠台灣的耕耘與付出，但在台

北田徑場的夜晚，絕對是值得在台灣運動史留下一頁篇章——這一晚，我們用勝利獻上國慶賀禮，也向台灣足球的夏維耶時代畫下完美句點。

儘管任何事情的歸因絕非單一個人之功，這幾年的台灣足球也有著許多令人尊敬的選手，但這個世代的足球迷，基本上稱為「夏維耶世代」大概不為過。從他加入國家隊之後的首場比賽，也就是二〇一一年七月主場擊敗馬來西亞的巴西世界盃會外賽以降，新世代的台灣足球迷開始現身。如今這群球迷以奇蹟般的勝利為他的國家隊生涯，以及他所帶來的時代畫下完美句點。句點的後面，自然希望是一個新篇章的開始，而非真正的結束。

臉書上在昨天的足球勝利文洗板之後，有棒球作家感嘆著：「忽覺台灣棒球迷在減少，沒有贏球沒有球迷，足球增加，有進球有球迷。」下面留言也引來一些棒球迷同聲感慨，但我必須說，此言對於台灣足球迷有失公允。

台灣的足球迷其實是最能忍受寂寞的一群人，如果他們生在全世界其他角落，都只會是再主流、再平凡不過的一群人，但在台灣，不管他們願不願意，卻顯得特立獨行。

他們用自己的方式愛足球，有人從電動玩具裡發現並招募了夏維耶後還不斷尋找「新台灣人」；有人虧錢辦足球雜誌；有人編、寫、通路一手自力通包地出版媲美國外水準的比賽刊物；有人用獨到的風格與所學為國家隊進行對手情蒐與戰情分析；有人從台中搭著夜車北上播足球；有「潮男」、「潮女」們（潮溼的潮）座北朝南地在沒有屋頂的北看台大聲地唱著加油歌；有「不務正業」的交通警察和各行各業的人們不斷鞭策著足協，不為別的，就為了讓台灣不再自外於這屬於全球的美麗遊戲。

二〇一一年那場對馬來西亞的主場賽事雖獲勝，但卻因較少客場進球而遭淘汰，之後，台灣足球迷幾無國際賽可看。歷經一番沉潛與醞釀，二〇一五年好不容易擊敗汶萊而進到俄羅斯世界盃會外賽第二輪，但期間一分未取而盪到谷底的世界排名第一百九十一名。如今，這群球迷才得以見證谷底反彈的巴林奇蹟；這一勝，他們等了太久。

儘管台灣的足球迷心裡多少都清楚，在他們的一生中可能都等不到台灣打進世界盃的一天，但他們依舊在，堅持著這微乎其微的夢想，他們不是一日球迷，而是一生球迷。如今，前進亞洲盃會內賽成了逐漸顯像的可能，儘管十一月前進土庫曼的客場征途依舊險阻，但至少給了這群球迷作夢的權利。

對巴林這場比賽的英雄們，正是這塊土地上人民的縮影。在外來和尚英國教頭懷特的領導下，夏維耶（比利時出生的台法混血）助攻台灣隊長陳柏良（旅中踢球久到有了濃濃的大陸腔）攻下追平的一球；致勝球由陳浩瑋（阿美族原住民）助攻台灣女婿朱恩樂（土耳其出生）。有殷亞吉（西班牙出生）鞏固後防，有土生土長的霸氣門將潘文傑，在傷停時間精采撲救為台灣守下勝利，加上其他克盡本分的台灣囝仔，成就了這場史詩般的勝利。

同時間，我們看到了人口只有三十三萬的冰島打入世界盃，繼二〇一六年歐洲盃再寫傳奇，氣勢萬鈞的維京擊掌即將響徹全世界；美國一路跌跌撞撞，最終痛失世界盃，讓當初以兩億美金代價買下二〇一八年世界盃轉播權的FOX電視台即將迎接來一場大災難；巴拿馬、埃及晉級後的狂喜，我們也彷彿感受到。

曾幾何時，台灣竟也能透過足球，像世界上其他國家一樣，在同步進行的足球國際比賽日中，感覺到我們似乎是這世界的一分子了。儘管還只是在世界盃被淘汰後的亞洲盃會外賽，但在這樣一場比賽的氛圍中，透過場上的十一人，「我們」這個圖像逐漸清晰，儘管乘載著歷史的重量，讓我們對於這塊土地的名稱、旗幟等符號莫衷一是，但不管來自何方，認同這塊土地的人們，就是「我們」。

而這一年的國慶日，我們都以某種形式，在台北田徑場。

運動與都市

38 如果你是台北天龍隊的球迷

Lamigo桃猿隊自二〇一四年職棒新賽季打出「全猿主場」的口號，成功的球場氣氛也成為職棒各隊仿效的操作，屬地主義也一直是球迷們心中高喊的概念。這樣的策略卻戳中中華職棒發展的一個痛處：都快三十年了，落實屬地主義的主場卻仍是理想。試想，如果台北真的是一支球隊的「家」，就叫它台北「天龍」隊吧，它可以代表多少身分認同的符號於一身？愛它或恨它，就是運動文化凝聚認同的體現，紐約洋基與東京巨人不正是各國最大都會的代表符號，也正是讓大家最愛也最恨的球隊？

運動競賽本身具有認同投射的符號，特別是非敵即友的簡單二分法，讓它輕易地與各層次的認同結合，大至國家民族，小至班級與社區皆然。以歐美都市化與資本主義化的發展，再加上地方媒體的簇擁，使得地方認同與球隊間的結合水到渠成，此時若再加上一些帶有地方色彩的球隊暱稱，那就更加完美地成就一個命運共同體（雖然「桃」「猿」兩字的結合是

圖38.1　Lamigo桃猿隊自2014年打出「全猿主場」的口號，成功的球場氣氛成為職棒各隊仿效的操作。

硬了點，但意思到了）。

以陳偉殷效力的巴爾的摩金鶯隊來說，其暱稱「金鶯」與當初英國殖民時期巴爾的摩男爵紋章上色彩有關，這種當地特有種的鳥就叫做巴爾的摩金鶯，那這城市的球隊不叫這名字要叫啥呢？黑與橘也就順理成章成為球隊的代表色。明尼蘇達雙城，簡單道出密西西比河畔明尼亞波里與聖保羅雙子城的地緣關係。美國獨立革命起源的新英格蘭地區當然要叫愛國者；紐約「尼克」隊（Knicks），事實上是著名作家華盛頓．歐文（Washington Irving）當初出版《紐約外史》（*A History of New York*）一書時所用筆名（Knickerbocker）的簡稱，此書影響深遠，而「尼克」一名就進而轉化成紐約客的另一個代稱。因此，就如同費城費城人隊一般，紐約的籃球隊其實也就是紐約客隊。另外，雖然已被抽離了他們的老家，但搬家前的湖人乃以萬湖之州明尼蘇達為家，紐奧良更曾是爵士完美的落腳地。

台灣面積小，但那不是欠缺以運動作為都市或區域認同載具的理由。即便是同一個城市中，布宜諾斯艾利斯的波卡青年隊與河床隊的對抗，就分別代表著工人與上層階級的鬥爭；蘇格蘭格拉斯哥的凱爾特人與流浪者隊就象徵著天主教愛爾蘭移民與新教教徒間的仇恨；芝加哥的白襪與小熊球迷，除了分據芝城南北之外，也代表著階級分野；同位於北倫敦的兵工廠與熱刺更是不共戴天。就以台北來說，天母與大稻埕居民屬性自然不同，運動作為認同的投射，當然有其空間。

上述這些例子，都是出現在十九世紀晚期，歐美市民社會崛興與現代化見機之時；日本在二戰前，職業棒球巨人與阪神就已成為關東與關西情結的象徵；一九八〇年代，熱愛運動、軍人出身的韓國總統全斗煥全力發展職棒，當時的韓國雖然經濟已起飛，但市民社會仍在其專制統治下備受壓抑，但也正因為這樣的政經體制，在曾任國防部長的KBO首任會長徐鍾喆強力主導下，指定企業財閥認養球隊並落腳特定區域，以中央政治力半強勢地建立起都市與職業棒球隊的認同連結。

反觀台灣，一九九〇年中華職棒開打，戒嚴時期的社會結構與肅穆氛圍逐漸鬆動，經濟勃興，市民社會於此時萌芽，按理說是職業運動屬地主義發展的黃金時機。更何況台灣棒球發展脈絡中，也曾有過濃厚的屬地氛圍，「南美和、北華興」是許多球迷津津樂道的回憶；嘉義、台中、花東也都具有濃厚的棒球底蘊，但中華職棒聯盟卻以馬戲團式的巡迴全台作為其經營的模式。儘管統一獅率先認養台南成為其主場，陸續也有不同球隊嘗試落腳特定都市，台灣大聯盟更是完全落實屬地主義，但身處兩聯盟分裂的黑暗時期，使其無從發揮實質影響力。職棒多年失「根」，就算真的曾經有個家，也很難回去了，更何況台灣地方媒體的傳統十分薄弱，缺少了推波助瀾與認同設定的效果。

不管是日本職棒中央與太平洋聯盟，或是美國各項職業運動的分區（組），「六」似乎是個魔術數字。儘管台灣經濟規模不比美日，但六隊或許是台灣職棒中長期可以期待的規模，也正符合現今六都之勢。但過去二十年間，台灣市民社會的認同，體現於政治、選舉上；運動場上的認同，則完全以國族為依歸，想要重新締結運動與都市的紐帶，難度高了許多。桃猿建立完全主場的企圖，是值得稱許的一步，但這套屬地主義的機制，在台灣已經先天不良，加上有的球團頻扯後腿導致後天跟著失調。這樣一來，主場，還回得去嗎？

39 大巨蛋的屁股怎麼擦？

位於台北市中心的大巨蛋，究竟是一顆皇冠上的珍寶？交通的震撼蛋？還是一直蓋不完、沒人聞問的臭蛋？

台北市長柯文哲在其首任市長任期的競選活動之時，就一直認為大巨蛋會是一個擦屁股的工程，特別是對未來周邊交通輸運感到憂心；當時郝市府發言人張其強與連勝文團隊則同聲回應，大型運動場館在市中心的例子所在多有，而且周邊商場的群聚，可以延長散場時間，而疏散人潮，未來並不會如柯文哲所唱衰。張其強更表示：「以二〇〇六年美國職棒規劃中的五座室內球場來說，其中有四座是設於市中心或商業區，因此，大型室內運動中心或室內球場設在市中心交通便利地點，以方便民眾前來觀賞，已是趨勢。」

聽來似乎是滿樂觀的嘛？可是很抱歉，市府給的是已經過時八年的答案，而最新的答案應該是：「二〇一四年美國職棒規劃中的唯一一座新球場，是勇士隊位於亞特蘭大北郊的太陽信託公園（SunTrust Park）；位在市區，曾是一九九六年亞特蘭大奧運主場館的透納球場，在使用短短二十年後就將退役。」

更何況，市府答案裡的純巨蛋棒球場，在北美已經是過時的產物，大聯盟三十支球隊的現役球場中，僅剩下坦帕灣是封閉式巨蛋球場，而且還一再成為運動類節目嘲諷的對象，這類的巨蛋像是明尼蘇達、休士頓、西雅圖都已走入歷史。

美國棒球場的建築風格進入後現代的復古懷舊期，象徵自然的開放式球場才是王道，就算有屋頂，也是開閉式，在天氣許可下都是打開的。當然，台灣之所以需要巨蛋，乃是因為多雨的氣候所致的需求。儘管一直夢想台北可以有個開閉式的球場，以台北一〇一為背景，將可以媲美聖路易布許球場以大拱門為襯布的世界級景觀，然而開閉式的屋頂將可能增加數億的建造成本，因此「將就」封閉式巨蛋，雖然可惜，勉強能理解。

再者，相關爭議與回應中，還必須釐清的是，一個城市的主運動場館是否興建在市中心，那是必須仰賴都市性格來決定，就算所有美國城市都把球場蓋在市中心，也不代表台北就適用。更何況「美國大聯盟一半的球場在市中心」這樣的宣稱並不精確，市府提出所謂的市中心球場名單，許多充其量只能稱為市區邊緣，與台北大巨蛋位居信義與忠孝兩大中心商業區要衝的現實並不相同。更重要的是，美國都會「市中心」的地理與文化特性，與台北並不同質。

美國在一九五〇年代之後，重大基礎建設完備與汽車普及等因素，加速了郊區化的腳步，大量中產階級移居郊區，因此美國英文裡的 inner city 一詞，字面上雖為中性的都市內城區，實則隱含市中心「搬不出去的這些人」所居住的貧民區的意思。以巴爾的摩的坎登球場為例，所在的內港區（Inner Harbor）是市中心原本頹敗的港口倉儲區，一九九二年球場落成之後，成功帶動周邊的都市更新與再造，使得巴爾的摩中心商業區重現風華，也成為藉由運動場館進行都市再造的典範。之後底特律的運動園區，舊金山的 AT&T 球場，也都依此模式興建，也就是希望藉由運動園區的興建，促成都市再造與老舊市區更新。然而，都市再造後的巴爾的摩市中心周遭依舊有交通疏運的問題，金鶯隊與美式足球烏鴉隊的主場 M&T Bank 球場，兩者緊鄰，而且共用停車場，周邊輕軌電車運量有限，也使得兩者無法同時進行賽事。這就和你不會看到運動場蓋在巴黎香榭大道、倫敦牛津街或是香港皇后大道中，都是一樣的道理。

而東京巨蛋，位於北東京的文京區，周邊有三條地鐵線疏運人潮，但賽事或活動結束後樂園、春日、水道橋等站依舊是水泄不通，趕不上「終電」的可能更是東京人的共同噩夢。在文京區的巨蛋尚且如此，如果巨蛋生在新宿，更不可能負擔同時散出的四、五萬人潮。當然，人潮遲早會被疏散，畢竟跨年晚會的百萬人潮都能「疏散」了，但重點是疏散的效率。在市府回應的策略中提及，周遭商圈可以延長散場時間，分散同一時間離場的人潮，但這是毫不實際的幻想。大型運動賽事或是演唱會，絕大部分都是晚間進行，以棒球賽而言，十點散場後，還有多少商場或是周邊店家能讓歸心似箭的觀眾駐足？更何況大巨蛋周邊只有一條原本就最繁忙的板南線，就算人潮漫開步行至前後站，疏散效果亦有限。

說了這麼多，其實如果大巨蛋真的面臨疏散人潮的問題，倒也是甜蜜的負荷，可是，四萬人的場子，中華職棒敢不敢肖想？還是只能期待四年一次的世界棒球經典賽（還不是想辦大聯盟就給你辦哩）？還是只能靠五月天？小蛋都裝不滿的台北，怎麼裝滿這顆大蛋？那又是另一個要擦的屁股了。

圖 39.1　台北大巨蛋，究竟是一顆皇冠上的珍寶？還是一直蓋不完、沒人聞問的臭蛋？

40 該拿蚊子館換大型賽會的餅乾屑嗎？

二〇一四年國際奧會年會於摩納哥召開，國內焦點大部分放在棒壘球重返奧運的希望上，但事實上，其中一項決議可能影響奧運與類似大型賽會更為深遠，那就是未來可由不同的國家、地區聯合申辦奧運，同一個國家內也可由不同城市聯合申辦。

之所以通過如此決議，是奧會體察到了時代趨勢，不但可使主辦國（城市）資源使用效率提升，也降低過度投資的風險，此舉回應了來自世界各國公民社會對於大型賽會戒慎恐懼的聲音。以往主辦國（城市）多藉著主辦大型賽會作為公共建設的觸媒，以及增加知名度與促進觀光收益為主要訴求，如果舉辦大型賽會真是經濟、觀光、運動的特效藥，那麼各國自然趨之若鶩。然而，我們看到越來越多國家卻步，開始反思為了一個為期僅僅兩週到一個月的大型賽會所砸下的重本，是否物有所值？更甚者，是否反倒變成不可承受之重？

雅典奧運的沉重負擔，成為希臘財務崩盤不可規避的共犯；巴西接連主辦世界盃足球與奧運，國內反彈聲浪持續；挪威奧斯陸也退出了二〇二二冬季奧運爭辦的行列，使得該屆賽事將只剩北京和哈薩克的阿拉木圖競爭；二〇一八年亞運原本的主辦國越南，因為財政問題已經放棄，改由印尼接手。除了財務問題之外，摩洛哥原本是二〇一五年初非洲國家盃足球賽的主辦國，但是憂心大規模球迷移動帶來伊波拉病毒威脅，寧願接受非洲足協懲罰而放棄主辦，幾經折衝，最終由赤道幾內亞臨危受命。二〇二〇年歐洲國家盃足球賽，更將「遍地開花」，史無前例地分散在歐洲十三個城市共同舉行。

如果說文藝復興時代留給人類的建築遺產是教堂的話，那麼我們這個時代留給後世的很可能就是運動場館了。但是留下來的究竟是光輝燦爛的文化遺產，還是資源錯置的警世遺址？

以日本與韓國為例，為了主辦二〇〇二年的世界盃足球賽，日本一口氣有八個新的體育場落成，韓國更是興建十個全新的體育場。世界盃結束之後，這些國際級的場地分別讓日本和韓國的職業足球隊進駐，世界級的場地孕育世界級的賽事，日、韓兩國的足球在亞洲自此站穩領先者的地位。然而，二〇一〇南非世界盃結束後，十座場館有九座使用率低迷而虧損。即便是足球底蘊深厚的巴西，為世界盃而在瑪瑙斯（Manaus）建造四萬人容量的新球場，仍讓人難以樂觀。該地身處亞馬遜雨林區，陸路交通十分不便，該球場只進行了四場分組預賽，而瑪瑙斯僅有一支在巴西聯賽第四級別（Série D）的球隊，因此不難想見，後世界盃的巴西，恐將增加一座「亞馬遜」等級的蚊子館。京奧風光謝幕後，一千萬人的城市，還是難讓八萬人的鳥巢有讓人滿意的使用率。

接著再看看台灣吧，場館使用率無須贅言，你一定知道二〇〇九年台北主辦了聽奧、高雄主辦了世界運動會，但是你知道二〇一三年的聽奧與世運各自在哪舉行嗎？（為了節省你Google的時間，答案分別是保加利亞的索菲亞與哥倫比亞的卡里），如果你不知道上述問題的答案，又怎麼指望一般外國人真的藉由聽奧和世運聽過、進而認識台灣？問題癥結還在於，台灣礙於與中國的政治現實，即便是爭取到了二〇一七世大運的主辦權，但也是對岸說OK了才給你辦的，而且我們也只能陷在爭辦次級賽會的泥淖中。

我對所有投身爭取、籌備、舉辦聽奧、世運和世大運而付出的所有夥伴都致上無比敬意，你們的努力絕對不該被忽略與抹煞。但面對現實，奧運、世界盃足球賽等頂級賽事的效應況且如此令人憂慮，更別說次級賽事帶來更為有限的餅乾屑了。

就讓世大運與巨蛋成為台灣大型賽會的終結與最後場館吧！

41 台日運動聯盟狂想曲？

——從沖繩組第五隊談起

自從二〇一五年開始，中華職棒一直喊出擴編的訊息，但始終未能成形。不過這段期間，大魯閣企業一直努力以在沖繩為主場組職棒球隊並加盟中華職棒，看似無厘頭的狂想，但我們不妨試著想像一下，Why not?

早在中華職棒成立之前的一九八〇年代，當時的棒協理事長嚴孝章先生就曾經提出台灣組隊加盟日本職棒的構想，但是隨著他的辭世也就沒有後續消息。二〇一〇年，籃壇傳出台啤向中國CBA遞交加盟書的消息，但事涉敏感，很快就被壓了下來。中華職棒及棒壇希望進軍中國也不是一天、兩天的事了，然而中國問題的複雜性，以及容易被聯想為「被統一」、「被同化」，使得台灣運動與中國共組聯盟的可行性大幅降低。事實上，如果真能實現，我倒認為，非但不會被「同化」，藉由運動場上象徵的對立與競爭，這些球隊反而能成為體現台灣認同的載具，藉由一場又一場台灣與中國球隊的競賽，更能激發台灣與中國認同的界線。

另一方面，跨國加盟職業聯賽的例子所在多有，我們熟悉的北美職業運動NBA與MLB當中，多倫多都成為加拿大代表，冰球NHL與大聯盟足球MLS中加拿大球隊組成比例更高；威爾斯雖然在一九九二年成立威爾斯超級足球聯賽，但是史旺西與卡地夫等六支球隊至今仍在英格蘭足球體系下踢球；位於紐西蘭的威靈頓鳳凰隊，則是加盟澳洲足協領導的A League下唯一的紐西蘭球隊，這不僅是跨國、甚至還是跨洲的整合（澳洲隸屬亞洲足協、紐西蘭隸屬大洋洲足協）。如果我們擔心與他國共組職業聯賽，成為少數甚至唯一的成員而有被吸納與同化的危機感，倒也不必，畢竟威靈頓鳳凰隊員多數是紐西蘭人，也是紐西蘭國家隊的骨幹；全加拿大都是多倫多藍鳥和暴龍的球迷。儘管加拿大一直都有著「美國化」的疑慮，但比起包含電視節目、流行音樂等等流行文化的面向，運動場域反倒是加拿大國族認同所繫。

既然台灣的運動都是建立在國族主義之上，那麼為什麼不把多年一次的大賽場景轉化成每週一次的國族見證？除此之外，更可藉此確立屬地主義的施行、活化現有的場館，更為運動員提供理想的生涯出路。雖然棒球是台、日兩國最成熟的職業運動，但不可否認的，日本職棒（特別是中央聯盟）的本位主義，是兩國棒球合盟極大的鴻溝；我倒認為目前的大環境下，足球與籃球說不定是台日運動聯盟構想啟動的好時機。

日本足球J League第三級別的J3自二〇一四年開踢，如果台灣能以一到兩隊加盟，從J3打起，台北田徑場與高雄國家體育場都是現成的場地。就算不能一步升級，一年三十多場的賽事對於我國足球實力與球員出路都是好事，就極力在東南亞擴展的J League而言，也是美事一樁。如果真有實現的一天，我絕對買季票的啊！至於籃球，SBL的發展困境大家看在眼裡，無須贅言，二〇一三年，日本籃球陷入Bj League與NBL的路線之爭，國際籃總甚至祭出將日本各級國家隊禁賽的鐵腕，要求兩聯盟整併。值此時機，如果能把日本國內人氣遠在棒球與足球之後的籃球拉入與台灣職籃結合，擴大兩國籃球市場，這是很美的願景，不是嗎？不過我們錯過了那時機，倒是寶島夢想家加入了東南亞的ABL，雖然方位不同，但都是運動區域化的具體展現。

美國與加拿大間的自由貿易協定與全世界最長的非軍事化邊界，無疑是兩國職業運動整合無礙的重要背景因素。種種現實因素當然卡著台日運動聯盟的狂想，但台、日總比台灣與中國之間的問題要單純的多，球員旅行飛行時間絕對是可以接受的。出入境、工作權、稅務、收入分配，甚至國內各股勢力的整合等技術問題當然需要克服，但如果大方向是對的，在政府倡議運動職業化的此時，或許這是個可以跳脫既有框架及台灣有限市場下「不那麼狂想」的狂想。

42 德國足球三城記之一

——柏林、奧林匹亞運動場與歷史印記

二〇一六年二月，德國女將柯珀（Angelique Kerber）驚奇地打敗小威廉絲（Serena Williams）拿下澳網女單冠軍，成為繼一九九九年葛拉芙在法網封后之後，另一位德國籍的大滿貫賽女單冠軍選手。同時在波蘭舉行的歐洲男子手球錦標賽，德國一路驚險過關，拿下自二〇〇四年以來首座歐洲冠軍。

儘管這兩項國際大賽點燃德國運動國族魂，發生之時我也剛好在德國見證著，但不可否認的是，德國運動的靈魂仍舊寄宿於足球之中。二〇一四年世界盃勝利的狂喜猶存，德甲在世界足壇如日中天，在海外的影響力與日俱增。在這短短的兩個星期中，我先後造訪柏林、漢堡與多特蒙德，希望在接下來的系列中帶領大家體驗三個都市透過足球映射出三種運動文化與都市空間的樣貌。

柏林是個充滿歷史沉重的老都市，但它也同時是一個充滿無限可能的新城市。一九八九年東西德統一、柏林圍牆倒塌後，東西柏林界線拆解，全世界沒有一個大都會可以得到一個如此重生、再造、大破大立的機會，特別是市中心的波茨坦廣場一帶，已然是全新的都市空間。在這過程中，哪些該破、哪些該立？納粹、冷戰的沉重歷史遺跡，又是如何透過足球，轉化成這迷人都市性格的一部分？

和其他歐洲的首都盡產豪門球隊大異其趣，柏林赫塔（Hertha BSC）儘管貴為一國之都的球隊，卻從來不是支豪門，連體大的德國交換生在得知我要去看他們的比賽時都跟我說：「那是很有趣的選擇，即使在德國都沒有什麼人支持他們。」事實也的確如此，可以容納超過七萬人的球場，當天卻只吸引三萬出頭的球迷觀戰。但我回答他說：「我是衝著球場而去的。」

一月二十三日，德甲下半季開踢，頂著零度的氣溫和細雪，我到了赫塔的主場——奧林匹亞運動場，這正是一九三六年希特勒主政下柏林奧運的場地，也是我首度造訪這個在運動社會學課程裡必然會提及的歷史事件發生地。

場外，那也是展現納粹德國科技實力的舞台，柏林奧運成了人類電視史上首度現場實

圖42.1　奧林匹亞運動場是1936年希特勒主政下柏林奧運的場地。圖片由作者提供。

況轉播的事件；女導演蘭妮・萊芬斯坦（Leni Riefenstahl）將該屆奧運剪輯成《奧林匹亞二部》，成為紀錄片史的里程碑。場內，德國金牌與總獎牌數雖然皆居首位，但美國黑人田徑選手傑西・歐文斯（Jesse Owens）個人獨拿四面金牌，讓高唱雅利安民族至上的希特勒臉上無光。

八十年過去了，屬於納粹德國的遺跡多被淡化，相較於希特勒的碉堡僅有一塊告示牌，孤零零地立在住宅區與柏林商場之間提醒著世人，奧林匹亞運動場大概是柏林市區中納粹鬼魅最醒目的存在。儘管在一九七四和二〇〇六年經歷兩次大整建，但球場圍牆上的牌子告訴著我：位子的左側，正是希特勒當年見證納粹德國崛起的觀禮台的位子；右側的缺口，正是昔日的聖火台。

奧林匹亞運動場在柏林這個處處充滿沉重歷史的都市中並非獨一無二，兩德統一之初，也曾引發保留與否的爭辯，有人認為該拆除這納粹的印記，有人認為該讓它像羅馬競技場一般在歲月中自然頹圮。最後改建派獲勝了，奧林匹亞運動場也才成為二〇〇六年世界盃決賽，席丹對馬特拉齊（Marco Materazzi）「頭槌」的世紀回憶的背景，也才是二〇一五年巴塞隆納捧起歐冠獎盃的所在。

柏林的足球不是只有赫塔，不是只有奧林匹亞運動場。搭乘城市快鐵（S-Bahn），往東邊坐個二十一站，就到了柏林聯隊（1. FC Union Berlin）的主場老森林人球場（Stadion An der Alten Försterei）。目前處於德乙的柏林聯隊，同個週末正慶祝著他們成軍五十週年，還邀請到了前一天也才踢完下半季開幕戰的德甲勁旅多特蒙德造訪。面對爆滿兩萬兩千名狂熱球迷，多特蒙德給足面子，除了前一天出賽的先發選手休息之外，包含香川真司、杜爾姆（Erik Durm）在內的許多知名選手也都出賽，比起前一天赫塔與來訪的奧格斯堡踢了個無聊的零比零之後，這場比賽的氣氛可是嗨翻了。

名球評石明謹先生曾經撰文：

> 一個偉大的城市必有一支偉大的球隊。

這句話或許並不適用於柏林，一來柏林赫塔好像沒那麼偉大，二來柏林聯隊這「第二支球隊」雖然從未升上德甲，卻仍有一群死忠球迷。

相較於許多城市誓不兩立的同城死敵，柏林現存這兩支主要球隊之間其實友善得多。柏林聯隊真正的死對頭，是冷戰時期祕密警察史塔西（Stasi）支持的東德聯賽霸主柏林發電機隊（BFC Dynamos）。在發電機隊淡出歷史之後，赫塔寄宿於奧林匹亞運動場，柏林聯隊幽幽地守護著屬於東柏林的認同，柏林的足球輾轉遞嬗，不再顯眼。

納粹倒了、冷戰結束了，但是它們都已透過足球，在柏林留下不可抹滅的歷史印記。

43 德國足球三城記之二
——紅燈區裡的左派足球夢

漢堡素有北方威尼斯之稱，也是烏韋・提姆（Uwe Timm）筆下咖哩香腸誕生之地。這個德國最大港口呈現出的多樣風情，與柏林的沉重感截然不同，港口自然吸引許多外來的繽紛色彩，特別是英國社區在此地也有很大的影響力。漢堡諺語說道：「當倫敦開始下雨，漢堡人也撐起了傘。」而成名之前的披頭四，更是在此地酒吧駐唱而開始走紅。約翰・藍儂曾說，他雖然是利物浦出生，卻是在漢堡長大的。

漢堡最主要的足球隊以及運動俱樂部就是以這都市為名的球隊漢堡ＳＶ（Hamburger SV），這支球隊早在一八八七年就成立，而且直到二〇一八至一九賽季，才首度自德國的頂級聯賽降級，也為其贏得了「恐龍」的外號。儘管漢堡隊知名度高，球迷眾多，在一九七〇至八〇年代曾經叱吒一時，一九八三年還拿下歐洲冠軍，但這個城市讓我最感興趣的，卻是另一支在德國乙級聯賽的球隊——聖保利（FC St. Pauli）。

聖保利球場位於漢堡著名的夜生活與紅燈區繩索街（Reeperbahn）一帶，在這罪惡淵藪之中，聖保利發展出屬於自己獨特的足球文化，迥異於漢堡隊中產階級色彩。聖保利足球隊成立於一九一〇年，官方的隊徽雖然就是結合漢堡邦的標誌，但是球迷們卻擁抱骷髏頭的海盜旗幟。由於其獨特的地理位置，其球迷組成也十分特別，包括性工作者、左派思想家、哲學家、碼頭工人、水手、龐克搖滾樂手等。

一九八〇年代，歐洲極右派足球流氓蹂躪各國，於此同時，聖保利逆勢建立起鮮明的左派風格，從此舉世聞名。他們在立隊宗旨中明白揭示自己的社會責任，並以球隊所在地的特色為傲，強調相互包容與尊重是球隊的基石，並永遠肩負著社會責任。循此，聖保利成為第一支禁止右派種族主義標語進場的德國球隊，反種族歧視、反性別歧視、反恐同等等都是他們的訴求。大門之上，與隊旗、漢堡邦旗並立的就是象徵同志運動的彩虹旗，隊長臂章也是彩虹顏色，球場其中一個入口寫著 Football has no gender（足球沒有性別），他們也是全德國女性球迷比例最高的球隊。

二〇一五年開始，聖保利官方商店裡賣著「歡迎難民」（Refugees Welcome）的圍巾，以示對難民的支持。二〇〇六年德國世界盃開踢前一週，西藏（圖博）、直布羅陀、格陵蘭、桑吉巴、北塞浦路斯等未被國際足總承認的地區球隊，再加上聖保利當地社區區民所組成的「聖保利共和國隊」，就在主場米蘭陀球場（Millerntor-Stadion）開踢了「獨立另類狂

圖43.1　聖保利成為第一支禁止右派種族主義標語進場的德國球隊，球場其中一個入口寫著Football has no gender（足球沒有性別）。圖片由作者提供。

野世界盃」(FIFI Wild Cup，不是世界盃FIFA World Cup喔！)。

聖保利立隊宗旨中表明，堅持建立一個獨立於戰績之外的真正運動文化，而這樣的文化認同正是球隊及其支持者所尊重與宣揚的。這就是為什麼這樣一支球隊，場上沒什麼輝煌的歷史，但是卻造就了死忠的球迷。聖保利近幾年多半在德乙，兩度短暫升到德甲，但都以墊底收場而降回德乙。二〇〇一至〇二年賽季，也是他們短暫升上德甲的一年，一整年的聯賽不過贏了四場比賽，但其中一場正是大爆冷門擊敗當年國際足總洲際盃(俱樂部世界盃的前身)的冠軍豪門拜仁慕尼黑隊。這場勝利讓他們一直爽到現在，球場邊的大塗鴉記載這歷史性的一刻，Weltpokalsiegerbesieger(擊敗洲際盃冠軍的人)的T恤熱賣至今。聖保利就是一支這麼有趣的球隊，將近三萬人的球場，其中超過了一半(約一萬七千位)是充滿熱情活力的站位。他們正是德乙最具人氣的球隊，幾乎場場滿座，可惜這次造訪剛好是德乙冬季休兵期，無緣親睹盛況。

二〇一四至一五年賽季，聖保利以些微的一分差，保住了德乙的位置，但隔年卻一路上升到第四，還曾擊敗了當年德乙榜首萊比錫，重回德甲幾乎伸手可及。但對於聖保利球迷而言，並不在意是否身在德甲(反正前兩次也都是一年短暫的觀光行程而已)，畢竟，他們所象徵的意義已經遠超越了戰績，說不定，悲慘的戰績還更添幾分左派宿命的悲劇色彩。

但當我到這支球隊所在地朝聖之時，不免有所疑問：這樣一支以左派自詡的「職業」球

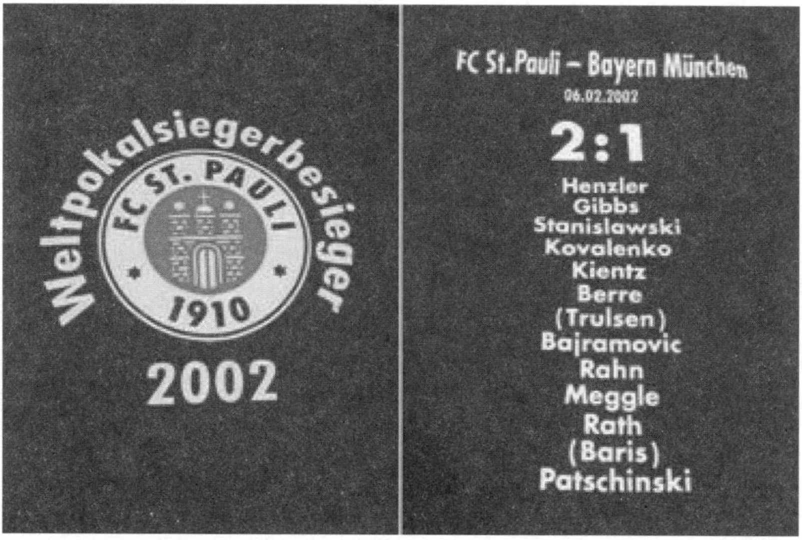

圖43.2　Weltpokalsiegerbesieger（擊敗洲際盃冠軍的人）的T恤熱賣至今。圖片由作者提供。

圖43.3　聖保利官方商店裡賣著「歡迎難民」（Refugees Welcome）的圍巾，以示對難民的支持。圖片由作者提供。

隊，如何在資本主義的運動產業中自處？畢竟聖保利年平均交易額可以達到三千一百萬歐元，淨收益約在五十萬到一百萬歐元之間，這可是一點也不社會主義。聖保利是個符號，是種生活風格，但球場邊的官方商店還有負責開發商品的行銷與銷售部門大剌剌地提醒著我，聖保利終究是支職業足球隊，是門生意，甚至是個潮牌。而我，再批判卻也還是不爭氣地買了T恤、圍巾等商品。

聖保利是否只剩挾左派之名的一個符號？某種程度上當然如此，但至少新任主席Oke Göttlich在訪問時所回答的都還是十分中聽的，說到賺錢是為了推行球隊所信奉的左派價值以及社區回饋。

我們沒有逃離資本主義的可能，但至少聖保利賣給我們這樣的夢想。

44 德國足球三城記之三

——多特蒙德的後工業足球夢

如果要給德國選一個足球首都，可能大部分的球迷都會把這榮耀給慕尼黑。但是二〇一五年十月，這個問題可能有了新解——只要一出多特蒙德火車站，抬頭一望，你就知道這個答案了。

這座耗資將近四千萬歐元興建的德國國家足球博物館，並沒有如同其他重要的博物館，座落在柏林的博物館島上，也不是在德甲最輝煌的慕尼黑，而是在多特蒙德——這座魯爾河畔，北萊茵—西伐利亞邦的後工業城市。

說到多特蒙德，世界上絕大多數的人耳聞這座城市，都是因為它的足球隊，西格納因都納球場（Signal Iduna Park）更是所有足球迷心中的聖殿。這座球場可容納超過八萬人，其中南面的看台完全採取站位，兩萬五千人全場站立吶喊、跳上跳下，聲勢驚人而且創意十足，無疑是多特蒙德隊最堅實的「第十二人」，因而獲封「黃牆」的外號。

多特蒙德擁有全世界最死忠的球迷之一，近年來，在前任教頭克洛普（Jürgen Klopp）執教的七年間重返榮耀，兩度奪下德甲冠軍，與拜仁慕尼黑可謂德國最頂尖的兩支球隊，二〇一二至一三賽季更並肩踢入歐冠決賽，但終究不敵死敵拜仁。他們的比賽爆滿已是常態，早在我計畫造訪的那一天起，就擔心買不到票，索性購買德國旅行社的套裝行程。比賽當天，多特蒙德下起傾盆大雨，對戰的對手是剛從德乙升上來、名聲並不顯赫的因格史塔德（FC Ingolstadt 04），但是完全不影響球迷們的熱情，比賽前兩小時，球場就已經人聲鼎沸，也照例是八萬一千三百五十九人的滿座。

多特蒙德是所有足球迷此生必到的體驗，其球隊球風流暢好看，黃牆球迷驚人聲勢絕對名不虛傳。絢爛嶄新的德國國家足球博物館，保留了德國足球史所有光輝的時刻與歷史文物，二〇一四年世界盃冠軍的3D多媒體秀，讓即使不懂德文的球迷都能熱血沸騰（雖然是踩在巴西和阿根廷的痛苦上建立起的光榮）。在我停留三天的行程中，參觀博物館加上多特蒙德隊的比賽，相信會是許多遊客的標準行程。但是，這些都無法完全掩飾後工業的多特蒙德的都市轉型掙扎。

多特蒙德原本是魯爾工業區裡重要的工業城，鋼鐵、煤礦與釀酒工業是其立城基礎，但在後工業浪潮下，也必須做出轉型。在足球博物館落成之前，多特蒙德就已經將城裡的地標聯合釀酒廠轉型為「多特蒙德U」。外觀維持著釀酒廠的樣貌，但內部轉化成一座極簡風格的多功能建築，裡面有當代藝術展示中心、多特蒙德文化局、多特蒙德應用科大，頂樓還有景觀餐廳，這是許多都市轉型的共同策略，就像台灣的華山、松菸、駁二。

德國國家足球博物館是多特蒙德轉型的另一項重大計畫，整個文物陳列與體驗絕對是世界頂級的運動博物館。但問題是，當初多特蒙德市政府不顧公民團體的反對，執意與德國足協簽下「不平等條約」，未來願景是否如同這座博物館一樣絢爛，仍有待觀察。

根據《南德早報》的報導，多特蒙德這座已經欠債二十五億歐元的城市，為了轉型，接受德國足協近乎勒索的條件。德國足協只需支付博物館五分之一的興建費用，多特蒙德不但免費提供火車站前的精華土地，剩下的八成興建費用還要由多特蒙德市、北萊茵－西伐利亞邦政府以及贊助廠商支付，未來市府每年還要支付約三十萬歐元的營運費用。這個條件是其他德國城市所敬謝不敏的，連鄰近的觀光大城科隆都悍然拒絕，但多特蒙德市府只能樂觀地認為，每年如果能吸引二十七萬觀光客，加上票價是德國境內頂級的十七歐元，這樣多特蒙德就可從中獲利。

近年來，都市企業主義（urban entrepreneurialism）主導了都市發展的決策思維，各個都市都被置於競爭平台上，必須與國內、區域內甚至全球的都市爭搶有限的資源。後工業都市的轉型，幾乎都一致地轉向服務業與觀光業，於是乎重工廠遺跡轉型為文創地標，各式博物館如雨後春筍冒出。多特蒙德在德國國家足球博物館身上豪賭，但是博物館開幕之時，德

圖44.1　德國國家足球博物館的球迷壁畫（中間當然是梅克爾），右邊則是世界盃的預言傳奇「章魚哥」保羅的故事。圖片由作者提供。

國足總卻正深陷申辦二〇〇六世界盃時的賄賂疑雲，如此組織對於地方政府吃乾抹淨的不平等條約，讓許多公民團體與媒體不敢樂觀，為多特蒙德的後工業足球夢蒙上陰影。

45 沙漠裡的冰球夢

——職業運動在拉斯維加斯的一場豪賭

台灣人對冰球極其陌生，在我十幾年前擔任體育台外電編譯時，還接過觀眾來電，表示疑惑：「你們播的冰球新聞十分精采，讓我也想多了解這項運動，但為什麼總是都不播出第四節的片段呢？」（其實冰球比賽以三節各二十分鐘進行）。

回顧近兩年來，也只有世界冰球錦標賽U18第三級賽事在台北小巨蛋舉行，因為中國與台灣選手爆發衝突而略獲關注。許多人直覺，冰球本該是冰天雪地的運動，與亞熱帶的台灣該是八竿子打不著關係吧？這麼想當然沒錯，但其實自二〇一七年秋天以來，不管場內外，全世界最炙手可熱的一支冰球隊叫做拉斯維加斯黃金騎士隊（Vegas Golden Knights），那確實是個不可思議的故事。

黃金騎士隊是一支剛成軍的擴編球隊（expansion team），成為NHL第三十一支球隊。北美職業運動的擴編，是一項從無到有的過程，所有的隊員須必須經過擴編選秀的程序而來，也就是現存的三十支球隊可保障九至十一名不等的球員，剩下的可供黃金騎士隊挑選。

儘管這樣的條件已較之前各次擴編條件優渥，但可想而知，不被原球隊保護的選手多半不是太老、太貴，不然就是原本戰力外而藉此出清的選手，因此，擴編球隊都必須經歷過一陣子的成長痛苦期。如同過往各項職業聯盟擴編的歷史一般，所有球迷對這些新球隊的第一年都不會抱著太高的期望。

擴編球隊的第一年，儘管戰績可能不盡理想，但新鮮感帶來的入場觀眾數一向不會是太大問題——黃金騎士隊平均每場比賽進場觀眾數甚至超過球場容量的一萬七千五百名。此外，場上表現更令人驚嘆，二〇一七至一八球季一開始，他們竟然就贏了九場比賽中的八場，但是眾多球評認為這樣火熱的勢頭不可能延續下去，尤其是全隊最具知名度、三度拿下史坦利盃冠軍的前匹茲堡企鵝隊門將福路瑞（Marc-Andre Fleury）打了四場之後就受傷缺陣兩個月，連替補門將蘇班（Malcolm Subban）後來也受傷了一個月。可是，自球季大概剛好進行到一半，也就是各區排名開始反映真正的實力的時候，打開ＮＨＬ西區排名，赫見黃金騎士隊獨居鰲頭，之後更是一路拿下西區冠軍，直到史坦利盃決賽才敗給了華盛頓首都隊，成為運動史上最不可思議的擴編球隊。

拉斯維加斯，人口約六十萬人，全美第二十八大城，一直是北美四大運動聯盟既覬覦卻又不敢冒進的一座城市。長期以來，僅有棒球小聯盟的五十一區隊在此進駐（陳金鋒就曾在二〇〇二至二〇〇五年間在此效力）。

人口規模與全球知名賭城所撐起的經濟實力當然不會是太大的問題，之所以讓四大聯盟卻步，也正是該城市賴以為生的「賭博產業」。賭博這件事即便合法，但在美國，職業運動卻是怎樣都不想讓其與賭博聯想在一起。畢竟比賽公正性就是其皇后貞操，一旦讓運動與賭博沾惹在一起，就算只是捕風捉影，職業運動的下場，不難想像。

再者，儘管拉斯維加斯經濟條件不是問題，但是賭城與觀光業的特性，湧入大量外來人口，加上市民許多是需要從事夜班與排班工作的服務業人口，並不利於培養固定球迷。而即使有大量觀光客湧入，但一場沙漠裡的冰球賽，既顯得格格不入，況且原本城市裡就有數不盡的夜生活選項。紙醉金迷的絢麗歌舞秀、各式樂園、可以賭到不知今夕是何夕的各式賭具……這些賭場老闆們原本就巴不得賭客們永遠足不出戶，更不可能送票或是搭售冰球的套裝行程。

因此，儘管近年在單日夢幻運動（daily fantasy sports）的推波助瀾下，賭博已經不再是職業運動避諱的話題，未來兩年內，WNBA與NFL也陸續將有球隊進駐；但冰球場上的黃金騎士進賭城，依舊被視為一場豪賭。

在眾多不利因素下，一場震驚全世界的槍擊案卻可能從此改變了這座城市與運動結合的命運。

二〇一七年十月一日，拉斯維加斯爆發美國有史以來最慘痛的大規模槍擊事件，槍手帕德克（Stephen Paddock）一人行凶，造成五十八人死亡、五百四十六人受傷。這對五天後就要開啟新球季、九天後更要進行主場開幕戰的黃金騎士隊來說，突如其來的劇變打亂了早已籌備好的開幕式。

十月十日，黃金騎士隊隊史首場主場賽事，原本該是單純歡樂的夜晚，被球團圓滿的轉化為高格調向警方及緊急救難人員致敬的開場，儼然成為向拉維加斯這座城市致敬的晚會，「維加斯般強壯」（Vegas Strong）的標語也與球隊如影隨形。

自此，原本欠缺大聯盟級球隊的賭城，黃金騎士卻開始乘載了城市認同的重量，就像九一一事件後的洋基與大都會、波士頓馬拉松爆炸案後的紅襪、卡崔娜颶風後的紐奧良聖徒。這些運動球隊清楚地知道，他們無法改變任何已發生的悲劇，但他們卻是這都市療傷的一部分；在他們的協助下，使城市得以慢慢走出悲傷，迎接新生。

短短半年不到，賭城的冰球夢有了個再美好不過的開場。場外的悲劇意外地成為黃金騎士登台前的悲愴序曲；場內，各隊棄將眾志成城打出令人驚豔的好成績。原本擔心都市特性與人口組成不利培養球迷，卻反而湧入許多客隊球迷藉遊覽賭城之際為自己家鄉球隊加油；而沙漠氣候與冰球看似格格不入，但一場夠酷（cool）的比賽，反而可以逃離戶外熾熱的天氣。最初預期的眾多不利因素，卻反而被轉化成天時、地利、人和的沙漠冰球夢，有此成就，黃金騎士隊老闆佛利（Bill Foley）獲ESPN選為年度冰球人物，實至名歸。

發生在拉斯維加斯的，就讓它留在拉斯維加斯！

（What happens in Vegas stays in Vegas!）

這是一句再流行不過的賭城宣傳標語，但對黃金騎士隊而言，他們在第一年所成就的，早已超越了拉斯維加斯與冰球。

運動與教育

46 運動只是升學的手段？
——從少棒轉學爭議談起

二〇一四年謝國城盃少棒賽，轉學生資格爭議鬧得滿城風雨，其中第一、第二和第四名的學校都因違反轉學生兩年內禁止出賽的規定而被判失格。之所以有此爭議，是為了避免球隊挖角好手組成明星隊，以及平衡各地棒球發展。學生棒球聯盟跟棒協規定球員一旦轉學就必須停賽兩年，各級學校學生運動員轉學也都有類似規定，以防止惡性挖角。相較於美國大學的一年以及某些州高中一學期的轉學停賽期規定，台灣的規定實屬高標準，而這或許與台灣少棒發展的歷史背景有關。

自從台灣少棒勃興，為求勝利無所不用其極，冒名、超齡等醜聞屢見不鮮，而灰色地帶的「轉學」，也早就深植在棒球的DNA裡。一九六九年代表台灣出征威廉波特的金龍少棒，就是支不符合世界少棒聯盟以社區組隊規程而組成的明星隊。根據蘇錦章前輩所著的《嘉義棒球史話》記載，儘管這支球隊以嘉義選手為主體，但在台中集訓，且學籍是寄在台中市忠孝國小，最終就以台中金龍為名。

因此我們可以戲劇性地說，轉學的爭議早就宿命般地存在於台灣的棒球魂中。儘管近年來威廉波特的光環不若一九七〇年代，但「贏球至上」的價值導致挖角仍是普遍的現象，出國比賽、依名次分配的資源仍是難以抗拒的誘惑，而過往區運會也充滿著各縣市互相競價挖角運動員以代表該縣市出賽，甚至國際賽中利之所趨的歸化球員也成為常態。許多人笑稱，台灣真正的國球其實是贏球，此言不虛。相較起其他運動，國際間棒球對手少，而我們又比較常贏而已。還記得高爾夫的曾雅妮、撞球的吳珈慶甚至電競小子們揚威國際但卻稍縱即逝的「台灣之光」，如今安在哉？

在公視紀錄片《揮棒》中，我們瞥見各級學校中運動團隊包粽式升學的冰山一角，學生們必須聽從教練的指示，以免還得冒著被教練封殺其棒球路的風險。我們為何不能擺脫建立在人脈上的羈絆，以學生個別的運動技能作為判準；為何要將一整個團隊綁在一起，讓教練的人際網絡成了學生運動員的升學依歸？或許那樣可以美其名為教練照顧學生的出路，實則卻是阻礙了人才的流動。我們何時才能以個人適才適所，由上級學校招募與選才，讓訓練發展環境、對學生運動員的照護、獎學金條件，甚至學術風氣來讓學生與家長們取決何者為最理想的環境？

不可否認，立意甚佳的招募制度實行起來並非完美，即便是在美國，大學生運動員招募違規就時有所聞。南加大、俄亥俄州立大學、賓州州立大學這些學校或因違規招募學生運動員、學生以其運動員身分獲得不當利益以及包庇教練性侵等因素，而被處以減少運動獎學金名額和禁止參與季後賽等懲罰。這樣的制度到了台灣，更可能橘逾淮而為枳，尤其台灣運動與背後具主導力的政治圈充滿著人治與隨興色彩，儘管有著類似美式系統的獨招與甄試制度，但說穿了，教練間的渠道還是最主要的升學路徑。

最後必須聲明，我並不認識任何牽涉此次事件的當事人，我也願意相信大多數為基層棒球與各項運動付出與奉獻的教練們是出於善意，特別是為了孩子們升學的前途不惜鋌而走險。但問題的癥結或許是：為何要將運動技能與升學綁在一起、為何讓團隊運動的成績與個人未來升學畫上等號？

是的，也許運動真能改造大腦、提升學習效率，但，為何運動本身不能就是終極目的，卻還必須服膺於智育掛帥的升學體制下？即使這些選手們因其運動技能一路上到了理想的大學，學業適應不良的例子比比皆是。的確，台灣運動與體育最高主管機關體育署乃隸屬於教育部之下，但這不該是將運動與教育、特別是升學綁在一起的唯一理由。這樣的綑綁，將運動合理化成永遠從屬於教育的客體，不該是運動發展唯一的路。

文化與地理相近的韓國，其相關事務的最高主管機構是文化、運動與觀光部；愛爾蘭則是在二〇一一年將交通、觀光與運動統整為一部；因世足賽與奧運成為舉世焦點的巴西，更是由獨立的運動部執掌全國相關事務。也就是說，運動除了是教育的之外，還可以是文化的、觀光的、交通的、〇〇的，更可以是獨立的主體。長期以來將「體育」等同於「運動」的台灣，窄化了我們對運動的視野與想像；走窄了的這條路，才是類似少棒轉學爭議層出不窮的真正元凶。

47 我們需要什麼樣的體育課？

什麼都不會做的人，才去教書；教書都教不好的，才教體育課。

（Those who can't do, teach. And those who can't teach, teach gym）

——伍迪·艾倫（Woody Allen），《安妮霍爾》（*Annie Hall*）

課綱微調牽動各個科目的生態，各學科紛紛加入搶課的行列，體育課當然不自外其中。但，我們需要什麼樣的體育課？

小時候，最期待的就是體育課，因為那是一顆躲避球就可以搞定的年代。儘管也上過跳箱、墊上運動等等各式各樣的運動項目，但所有男生一上課就哀求著老師打躲避球，老師既輕鬆，看起來「大部分」學生又開心，何樂不為？

相信那是我這個世代的共同記憶，我也從來不懷疑這樣的體育課有什麼問題。但仔細想想，「躲避球」或許就是問題所在。

別誤會了，我愛躲避球，還打到入選國小校隊，愛打熱血高校躲避球的電動，《鐵男躲避球》重播第三十八遍還是會停下來看一下。但是，在年紀小小時就接觸躲避球、甚至還成了體育課最主要的活動，卻可能從此扼殺了許多人對於運動的興趣，使得對於所有運動心生厭惡與恐懼。

躲避球，它是一個合理化恃強凌弱的項目。當然，所有運動項目或多或少都有這樣的特質，但是這樣一個以球作為霸凌工具，大剌剌地以身體作為攻擊目標的運動項目，是否應該放在如此塑造運動第一印象的黃金時期，那就值得商榷了，畢竟這或許是我們這世代許多女性厭惡體育的原因。

大太陽底下揮汗與怕晒黑，是許多注重外表的人不愛上體育課的原因，連體育老師自己在上課時都包得緊緊的，甚至還撐著陽傘，如何叫學生愛上這樣的情境？「一白遮三醜」的審美觀念先天阻礙了運動對於人們的吸引力，但這是現行體育課所難以撼動的外在價值；當已經厭惡它了，你還強塞給他，是不是更容易造成反效果？一旦離開校園，終於可以脫離體育課了，能逃多遠就有多遠。

因此，除了保有運動技能提升的既有目標之外，我們不妨試著從另一方面思考體育課的可能性。體育課也可以是一種「運動識讀」的經驗，它可以不只是「透過」（through）運動學習，也可以是學習「關於」（about）運動的課程。我們可以引領孩子們欣賞運動之美，領略淺田真央冰上曼妙舞姿、梅西出神入化的盤球、馬查多（Manny Machado）毫不費勁的行進間傳球、科瑞（Stephen Curry）荒謬至極的三分球手感、許淑淨奮力舉起槓鈴的爆發力。所以當他們穿上溜冰鞋連站都站不穩、用腳停球停得亂七八糟、棒球對角線長傳怎樣丟都是挖地瓜、從國小上到高中的三步上籃都還很掉漆、舉幾下二十磅的啞鈴就哇哇叫時，或許就能理解運動員的價值。

體育教學當然是門專業，但是運動卻不該只把技能提升當作唯一目的。如何讓孩子愛上廣義的運動，會比把目光限縮在體育更為重要。體育老師不是只有透過時數才能得到尊敬，我當然理解現行教育體制下「時數等於資源」的荒謬現實，但時數之外，體育老師的地位提升也可以從體育課的內涵開始。如同開頭的那段伍迪·艾倫尖酸刻薄的語錄，體育教學不被看重，在運動文化底蘊深厚的美國況且如此，更別說長期處於邊緣的台灣。

因此，不妨先教給孩子們一顆愛運動的心，或許要比上更多的體育課重要。

48 三月瘋HBL
——反了的籃球產業，被消耗的青春與熱血

以NBA水準的聲光科技豪華開場，台北小巨蛋裡滿座的人潮。乍看之下，讓人以為這是台灣哪項職業運動終於上了太空，但定神一看，才發現原來這是HBL年度總冠軍賽。每一年HBL冠軍賽，台灣籃球開啟了我們自己的三月瘋，但為何在台灣的籃球熱潮最高溫的階段是高中？理論上技術水準更高的大學UBA處於爹不疼娘不愛的尷尬，SBL則還是恨鐵不成鋼的581。所以諷刺的是，我們高中籃球是最職業化的，但頂級的SBL卻依舊業餘。

青春、汗水、不悔的舞台，是我們熱愛學生運動的原因，這些都對，但籃球運動的最高峰在高中，顯然這運動有些環節出了錯才會是這個樣子。底層從事者眾、最高層是頂尖菁英的金字塔才該是運動發展的正常模式，但是台灣籃球卻成了水桶腰，就跟一九六〇、七〇年代棒球極盛在少棒階段的末端肥大一樣不健康。

圖48.1　每一年HBL冠軍賽，台灣籃球開啟了我們自己的三月瘋。

少棒狂熱是那個年代台灣國際情勢風雨飄搖下國族力量的驅使，ＨＢＬ卻是台灣在主流運動無法拔尖的現實中，在商業與升學制度糾結下導致的產物。

或許你會說，日本高中甲子園不也遠較大學棒球吸引日本人甚至台灣人的目光嗎？但那是高中之後人才分流到了業餘社會人、大學與職棒之故，職棒一直是日本運動無庸置疑的金字塔；近年日本高中足球越來越受到矚目，也是因為國家隊、眾多旅歐球星與本土職業J League發展承擔起了火車頭的角色。在美國，高中運動的發展與社區緊密相連，大學運動擴展至區域與州的盛事，層層堆疊與累積才有各式職業運動迸發的燦爛奪目。

不可諱言，儘管棒球被稱為台灣的國球，但那是以觀賞人口以及國族意涵構連的深度而論，若以參與和接觸的普及程度，籃球更具有全民運動的本錢。然而台灣籃球難以撼動歐美強權，甚至在亞洲也僅能偶爾曇花一現的殘酷現實，讓層級越高的籃球越難成為運動行銷操作的對象，畢竟以星度和技術面，ＮＢＡ自從一九八〇年代就長驅直入台灣籃球場域，若以此直接對打，本土籃球沒有任何勝算。

於是乎，不管是運動品牌或是行銷公司，轉向以青春熱血與高中籃球運動畫上等號，畢竟，每個人都曾青春、誰又敢說熱血有錯呢？更別說學校、學生籃球員、校友、家長自願投身成為這華麗舞台的活動布景。至於主事的高中體總，在二〇一五年時，以三年三千零五十三萬的金額將以ＨＢＬ為首的眾多高中賽事轉播權統包賣給FOX體育台，也樂於搭上便車，將這高額的收入，再分配給其他項目雨露均霑，這也絕對不能說錯。這看似多贏的局面，其實卻像是一個透過哈哈鏡映照出的扭曲樣態，而這是再華麗的開場燈光秀都不該掩飾掉的。

其實不只是籃球，台灣許多運動員的巔峰都是在高中階段，原因無怪乎是為了升學。高中階段拚死拚活甚至帶著傷拚出好成績，就是為了以成績換取保送、甄試上大學的門票。上大學之後，不再有具體可見的目標，即使進入名校與不錯的科系，才發現難以與一般升學管道的同學在學業上並進，氣力放盡，畢竟自此階段之後，難以再將運動成績轉換成為實用的價值。研究所的入學也多與運動專項成績無關，僅有極少數頂尖運動員在重大國際賽如亞、奧運獲得獎牌後，才能將運動成績轉換成等值的經濟與社會資本。所以對於大多數從小就受到體育專精訓練的學生運動員而言，大學之後場上成績停滯、倦怠甚至厭惡自己所從事的運動項目，這樣的例子我們在體育院校和科系都看了太多、太多了。

這樣的惡性循環，我們很容易把矛頭指向第一線的教練，畢竟從學生的生活起居、基本功的培養、訓練到場上調度都是由他們一肩扛起。一些家長或因現實不得不為，抱著由教練「代管」的心態將孩子送到運動團隊或是體育班，使得教練的擔子更加沉重。但若你是在現行體制下的教練，你能怎麼辦？各級政府補助都是唯成績是問；另一個殘酷的現實是專任教練職缺極少，就算要爭取，學校看的還是帶隊的成績，所以不管是自己或是學生，都還是不得不以場上成績為依歸。所以這群高中生，籃球就是他們的職業，是運動品牌與行銷公司的免費勞工，每天四小時以上的操練菜單，身體與熱情在高中就燃燒殆盡。這批操完了，明年馬上就補上了，何況青春熱血無憾，這個體制已經給你滿滿的青春回憶，還有什麼好抱怨的呢？

我鮮少將問題指向政府，但若依此糾結的基層體育發展現況來看，唯有教育部及所屬之體育署大刀打破運動與升學如藤蔓糾結般的共生關係，不再以團體成績綁住升學通路，並將補助及相關資源與場上成績漸漸脫鉤，以學生運動員為本。莫忘這些年輕人在成為運動員之前，更基本的是一個完整的「人」，如此認知才能回歸建造運動金字塔的正途。

49 競技還教育，學生或運動員
——大學運動搶人大戰何時方休？

一年一度的全國大專運動會，就像往年一樣，悄悄地來，又悄悄地結束了。按理說，二〇一七年是由台灣大學承辦（主辦都是教育部），巧妙地選在世大運開幕倒數一百天閉幕，暖場意味濃厚，應該更具話題與能見度才是，但相關訊息卻仍僅能靠著承包專案的網路媒體流通。

可以理解，一般民眾對於這賽會並不關注，但這並不代表這賽事不重要。反之，它默默地牽動台灣運動員的生涯選擇以及教育與運動資源的配置。

我們必須先釐清，即便是世大運如此規模的賽事，依舊是一項分齡賽事，FISU（國際大學運動總會）就以十七到二十八歲為上限（籃球上限則為二十五歲）。但自下一屆起，也就是二〇一九年義大利那不勒斯世大運時，參賽年齡的上限將下修至二十五歲。

反觀美國並不以年齡作為限制，而以固定年限做為基準，即便大學念了六年或是一路念到博士，你在NCAA中能打校隊的時間就是四年，也就是在連續五個日曆年中（5-year clock）擁有四年出賽的年限。但主要項目（棒球、男女籃、美式足球、男子冰球）的甲組（Division I）學校轉學生，都必須坐轉學球監一年（NCAA以轉學生需要適應新環境為名，但實質是為了避免頻繁的惡性挖角）。當然美國大學主要運動項目根本就已經是職業規模，牽扯的人與利益甚至可能超越職業運動，但學生依舊僅能以其運動才華爭取獎學金，而得不到任何實質的薪資或報酬。越來越多職業選手以其過來人的經驗，為這些學生運動員爭取突破「純業餘」零所得的聲音也漸成氣候。

看回台灣，大學運動的邊緣不須贅述，但一些學校卻反而直接以金錢或是其他物質誘因招募好手，因為拿到了成績，可以對其招收運動專長生達到宣傳效果。儘管全大運並非國際賽，獎牌數無法直接轉換成教育部體育署的補助，卻仍舊可以成為學校挾獎牌以間接獲取資源的手段。

因此，學校有此需求，便有運動員在各校間遊走，待價而沽，特別是國手級的絕對炙手可熱。或許有人云：在台灣這個虧待運動員的地方，他們以自身才華爭取資源，一個願打、一個願挨，有何不可？

如果在學校「掛戶口」之後，能換取教育上的學習輔導或是運動技能更上一層樓的培訓，倒也無可厚非。作為運動教育的場域，相關大學校院系更應該思索的是，如何將這些大學生培養成國手的中程計畫，但實情卻是，有些學校只是短期甚至是任務性的招募現成國手，用後即棄，甚至抱持著反正不論教育或是培訓都有左營國訓中心罩著，學校當局也不需要煩惱的想法。問題是，在資源如此有限的情況下，運動員的掛戶口就成了國內運動與教育體系資源內耗的零和遊戲，全運會如此、全大運亦然。

其實學生運動員的流動如果發生在一般組（舊稱乙組）而非公開組（舊稱甲組），倒不是那麼大的問題，畢竟NCAA也是對於美國的甲組有較嚴格的規範，乙組（Division II）與丙組（Division III）或是一些較冷門運動項目的轉學規定就相對寬鬆。以台灣來說，一些捨不得畢業而用故意延畢甚至轉學數次的熱血球痴也所在多有，在我自己台大壘球校隊的經驗中，隊上的王牌投手小C哥就一路念上博士，每年打大專盃時總有對手苦笑著問：「他到底什麼時候要畢業啊？」

大學運動員的資格限定，未來勢必會面臨更多的灰色地帶，尤其教育部已經規劃將朝向開放式大學邁進，也就是以學分為準。如此一來，該如何界定從屬學校？種種跡象都顯示，我們是到了該對大學運動進行更進一步規範的時候了，不管是採參賽年數（NCAA模式）或是參賽年齡訂定上限（FISU模式），甚至制定出一套既能與國際接軌，又符合台灣高教環境的規範都好。同時，學校如何招募學生運動員更該有一定程度的規範，美國NCAA純業餘精神的招募機制或許在台灣並不適用，但也不能任由各校陷入競價割喉戰，否則這些選手遊走各校，其實只是造成國內已經十分有限的體育資源錯置、甚至浪費。尤其我們還應該把台灣的文憑至上主義考慮在內。

在美國，運動員以其才華換取獲得教育的「機會」，但是在台灣，我們卻會看到運動員直接以運動成就換取「學歷」。這兩者的差異是非常之大的，前者的意思是說，運動只是一張入場券，知識追求的這條路上，你必須在智識上有所成長，靠自己掙來那張文憑；後者卻成了運動員與學校間獎牌換文憑的交易機制，不用念書，只要為校爭光，學位學校換給你。

既然是大專運動，其本質除了是競技、更是教育的，也因此他們是「學生」又是「運動員」的雙重身分，那麼我們就應該給予符合他們身分的實質學業輔導與技術培訓，更應該提供他們一個明確的遊戲規則。如此一來，也才可以給這個體質已經不甚良善的大環境，避免因為模糊空間造成集體內耗，而有向上提升的機會。

（本文與國立體育大學黃啟煌教授共同撰寫）

50 如果姆巴佩也獲博士學位

——運動員拿金牌換學位，成就還是將就？

狂賀！世界盃冠軍法國隊姆巴佩等二十三名選手榮獲博士學位！

這當然不是真的。

但是你知道嗎？如果依照行政院所通過的《學位授予法》修正草案，並由立法院通過後，這卻可能是真的。

依此辦法，藝術類、應用科技類及體育運動類，論文得以作品、成就證明連同書面報告或以技術報告代替，所以發明科技最前線的機器人可以獲得理工科的博士學位，譜出動人篇章的作曲家可以獲得音樂博士，奧運金牌、世界冠軍可以拿到體育博士學位。

這麼說吧，你或許已經從許多關於世界盃的書寫中知道榮獲本屆世界盃金球獎的摩德里奇（Luka Modric）年幼時戰火下動人的生命故事，但是在諸多文章中卻沒人提到過他的學歷吧！如果摩德里奇太冷門，那你又知道梅西、C羅、貝克漢是什麼學校畢業的嗎？如果不知道，那是正常的。因為他們的學歷與球技無關，他們的成就不需要文憑來加持，他們的偉大，不需要有教育部長簽名的那紙背書。

《學位授予法》修正草案所體現的，其實是一種交換，一種運動員為國家爭光所犧牲的教育，國家換給你文憑；運動員為國家犧牲的青春，國家換給你終生教職。既然是種交換，那麼問題來了，怎麼換才是等值（quid pro quo）？所以是奧運金牌才能換博士？亞運銅牌呢？團隊運動呢？法國隊超級新星姆巴佩（Kylian Mbappe）與一分鐘未上的老後衛哈米（Adil Rami）都可換取相等的博士學位嗎？所以我們台灣人還是別踢足球了吧，世界盃冠軍？等五輩子吧！乾脆拚一個冷門的奧運項目，這樣拿到博士的機會要高得多呢！

按此邏輯，美國政府已經欠了菲爾普斯二十三個博士，姆巴佩更是個二十歲就拿到博士的天才。「萬一」我們棒球在二〇二〇東京奧運拿到金牌了，恭喜二十四名博士同時在東京巨蛋完成口試。換個場景，我們何時頒給五月天音樂學博士？徐佳瑩抱歉了，金曲歌后換個碩士會不會太委屈妳？

儘管在台灣，真正能夠從這個辦法裡換取到博士學位的運動員是少之又少，如果以奧運金牌才能換博士這「最嚴苛」的交換標準的話，更只有陳詩欣、朱木炎、陳葦綾、許淑淨（雙博士！）等四位。因此，到底怎麼換，在施行細則尚未可得時，光技術問題就已經可以想出一堆。更重要的是，這辦法的象徵意義非同凡響，不管是教育部或是體育署，身為國內體育運動掌舵者，不應該傳達如此訊息。

台灣乃至華人世界的思維，就是硬要把一切的能力轉化成學歷。《學位授予法》修正草案下，政府立意良善，且是為了照顧「為國爭光」的運動員、協助他們生涯轉換，但長期而言，對於運動員地位提升沒有任何助益。

因為，這樣制度下的意思是，所有東西還是要轉換成學歷，就算是一面奧運金牌的價值，都要在政府的德政之下，「向上」交換成學歷證明。也就是說，奧運金牌、世界盃冠軍，這些人類體能極致展現的榮耀，都不如那一張滿街都是的學位證書。

這樣的政策思維並不令意外，而且有跡可循。台灣與華人長期以來只將身體活動窄化為由上而下灌注的體育，而非更為寬廣、有多種可能的運動與身體文化。畢竟自二〇一三年開始，體育署由原本直屬行政院下的體委會「名升實降」為隸屬於教育部之下，就是此等思維的體現，同時也呼應台灣多數運動員確實將公立學校教職視為終極生涯的目標。但運動，可以更廣，運動員的價值，更該超越一紙學歷。

在其他國家，許多運動員因其生涯考量，在二十出頭歲時，先追求職業運動之路，畢竟年齡是運動員難以撼動的障礙，青春與健康的經濟豐厚回報也常常稍縱即逝。在尚未完成學業時，會選擇離校而以運動作為生涯發展（因此在一些職業運動員的生涯背景播報時，我會選擇以來自××大學，而非××大學畢業來介紹他們，畢竟不是每個人都從該校「畢業」了），等退休後或是利用非球季期間，再返校修習學分、攻讀學位。

例如現役的巴塞隆納後衛皮克（Gerard Pique），並沒有挾著世界盃冠軍或是歐冠、西甲冠軍去換取體育博士，而是在哈佛大學扎扎實實地攻讀企管碩士，期待退休後能邁向巴塞隆納球會主席之路。多倫多藍鳥隊王牌投手史卓曼利用他膝傷復健之餘，返回母校杜克大學完成社會學的學士學位；俠客歐尼爾（Shaquille O'Neal）則是球員生涯告終後，在邁阿密近郊的貝瑞大學（Barry University）拿到教育學博士學位。

還記得幾年前的報導嗎？陳偉殷談到在大聯盟與隊友聊天時，說自己大學是球類系畢業時，隊友驚呼：「所以你在大學時只要打球就好了嗎？」這讓他語塞答不出話來。

作為一個在體育大學體育學院體育研究所任教的老師，這也是一個我隨時必須面對的問題。每當在大學部上課看到點名單上一些認得出來的名字時，總是充滿著身為人師的人性考驗：因為我知道他們就只會是點名單上的名字，而非教室裡的真實存在。即使有彈性修讀的選項，但額外的學費也讓一些經濟壓力較大的同學無法負擔。

唯有讀書高的傳統思維，現在卻轉變為「唯文憑高，讀書隨喜」的怪誕現象，而教育部與體育署卻還要強化此一禁錮台灣運動文化甚深的意識型態。即便我們都期待運動員能獲得社會的尊敬，但文憑的交易卻與此目標背道而馳。

我的想法或許對於這一代的台灣頂尖運動員並不公平，畢竟在他們的眼前，直接拿獎牌換文憑、再拿此文憑換取之後的教職是條單純、清晰的路，但要扭轉身體活動只能依附於政府之下的體育觀，進而提升運動的位階，運動員必須要能體認自己需要有在智力上掙得知識、而非體力換取文憑的想法。

這種以運動成就換取學位的方式不應是運動員該「將就」的，因為，你們遠比一張文憑值得更多。

運動與全球化

51 世界盃足球能讓台灣有國際觀嗎？

每四年一次，總有些時候穿著足球衣上街終於不再是怪咖，而是一種時尚宣言；書店裡因應世界盃而出版的專書數量比起香港還多得多；新聞中、名嘴部落格裡又一堆各國足球帥哥介紹。各大媒體足球專家如雨後春筍一般竄出，總是能帶給我們許許多多的「新知」。於是乎FIFA莫名其妙地成了世界盃足球賽的縮寫，足球祖國也變成了巴西，義大利中場樞紐皮爾洛（Andrea Pirlo）也可以「分身」在英超打過工，卡卡（Kaka）彷彿未曾離開巴西國家隊，而現年五十五歲的名教頭莫里尼奧（Jose Mourinho）變身成為球星，更有一些球員莫名其妙變臉了，或是把這廂Mario（Gotze）當成另一廂Mario（Gomez）。

台灣對於足球的冷漠與四年一次的熱度顯現出極大的反差，平日無人聞問，四年一到卻又不知在瘋啥；大部分記者平日沒有接觸足球訊息，就算真心愛足球的，發了稿卻也見不了版面，只有世界盃前趕鴨子上架生出新聞，缺乏各國聯賽的累積與更新，世界盃新聞當然過時、錯誤百出或流於花邊。

我們該理解的是，世界盃充其量只是每四年一次的媒體景觀，各國聯賽才是日常生活的嘉年華。而且說真的，世界盃的足球根本不是最好看的足球，甚至是保守、乏味的。

與朋友談到這樣的現象時有了妙喻，這四年一度的循環彷彿就像按下重設鍵（白話一點就是鬼打牆了），於是乎什麼叫越位、世界盃冠軍盃不叫雷米金盃、各國足球帥哥盤點都得重新來一次。用最簡化的語言來說，美國人踢但不看足球，印度人和中國人看但不踢足球，台灣則不踢也不看。踢而不看或是看而不踢都還相對好辦些，但台灣不踢也不看就很真的難搞了。到底為何世界瘋足球，台灣卻怎樣都提不起勁？

如果你說台灣的國球是贏球的話，那麼就歷史而言，台灣也曾經在國際賽風光過一陣子。

中華民國代表隊在一九五四、一九五八連續兩屆亞運中都奪下足球金牌，還曾經在一九六〇年羅馬奧運中的足球項目露臉過，一九七〇年代以前，足球在台灣電視播出的時數甚至要超越棒球和籃球。然而，這些都只是表象，事實上，當時從教練李惠堂到隊員都是以香港人為主，一九七〇年以後，中華民國代表隊不再徵召香港人，成績也就直落谷底。

戒嚴時期，軍方維繫住了足球微弱的命脈，其所掌控的華視也從一九八二年西班牙世界盃起，轉播這項地表最盛大的單一賽會，直到軍方色彩淡出華視，一九九八年法國世界盃後畫下句點。也就是說，足球這項運動，從來沒有跟台灣這塊土地和人民真正連結過，擔綱本屆賽事電視轉播的許多球評朋友都是因為香港、馬來西亞的生命經驗，觸發他們進入足球世界。足球，這個舶來品，很不本土，很不「台」。

「足球就像是男孩兒的第一堂地理課。」課堂上的陸生如是對我說。可不是嗎？其實不只足球，運動這堂地理課正反映了一個國家的世界觀。棒球之所以是台灣國球，那是因為棒球透析出以美日為主的世界體系，正符合這兩國作為台灣顯著他人的現實，不但是因為我們棒球打得好，更重要的是美、日也愛棒球，於是乎，棒球觀與世界觀重疊了；於是乎，我們只要每四年才試圖去分清楚烏拉圭、巴拉圭，斯洛伐克、斯洛維尼亞。

但其實，足球可以讓你的世界更寬廣。它可以是你聽過進而理解象牙海岸這個國家的原因，因為你知道德羅巴（Didier Drogba）這位人品、球品兼具的超級巨星；足球也讓你關注起烏克蘭的風起雲湧，因為你早從歐冠賽事裡聽過頓涅茲克這個工業城市，而且他們的足球隊外號就叫礦工，烏克蘭東部情勢，牽動著礦工隊究竟是打烏克蘭還是俄羅斯的聯賽。

除了二〇〇二年日韓世界盃之外，每一屆比賽時間往往都非常嚴峻，是否能讓台灣人在半夜擁抱足球熱，總難令人難以樂觀。但如果每一屆的世界盃都多少點燃了些許觸動，何不讓這樣的感動更常在你生活中出現？就讓每四年一次的盛會成為起點，給足球一次機會，你會愛上這美麗的遊戲的。

52 勃發中的綠洲

——美國足球與運動國族主義

世界盃足球賽就像是每四年一次的鬼打牆一般，總會點燃「如何灌溉足球沙漠」這樣的議題。身為一個台灣人，我們以往常常以「反正老美也是另一個足球沙漠」來自我安慰，但即便是二〇一八年俄羅斯世界盃老美也和台灣一樣缺席了盛宴，但那樣的說法確實是實在太阿Q了點。

「老美瘋足球」的現象可以從兩個角度來談這個現象，一是足球在美國，二是美國運動與國族主義。

首先，美國不但不是足球沙漠，事實上，早就是一個勃發中的綠洲了。美國兒童與青少年階段，足球甚至是參與率最高的運動之一，而且郊區的中產階級家庭更是熱衷於這項運動。

貝克漢在洛杉磯銀河隊效力的五年間引發的熱潮，或可說是個人魅力所致，但二〇〇九年成軍的西雅圖海灣人隊（也是前美國隊長鄧普西〔Clint Dempsey〕所屬的球隊）正是體現這項運動在美國發展的模範，從無到有，都成為大聯盟足球（MLS）發展的典範。

另外，紐約洋基隊與英超豪門曼城隊聯手打造的紐約市隊（NYCFC）聲勢驚人，雖然二〇一五年才會加入戰局，但已展現無比積極的企圖心，除了已經簽下西班牙前鋒畢亞（David Villa）之外，開賽之初，更將以洋基球場作為主場。將於同年擴編的奧蘭多市隊（Orlando City），也簽下巴西中場卡卡。二〇一七年正式擴編成軍的亞特蘭大聯隊（Atlanta United FC），擁有全世界建築工藝尖端的新家賓士球場，更在短短時間內，就將亞特蘭大打造成一座狂熱的足球城市，期間更寫下單場比賽超過七萬人的紀錄。雖然整體而論，MLS仍免不了被譏為是一些名將退休前最後撈錢的地方，但足球在美國的發展，沒有人敢不樂觀。

在美式足球、棒球、籃球環伺下，以往足球在美國主流運動文化中的地位的確是邊緣的，看在FIFA眼中，為了開拓美國這塊足球新大陸，特別將一九九四年男子世界盃足球賽的主辦權授予美國，從而開啟一波足球熱。

本屆美國人凝聚在其男子足球代表隊的場景，以往並不常見，世界盃期間，甚至是喚起各移民族裔對祖國懷鄉之情的重大事件；相較之下，女子足球隊所能凝聚的大美國意識還要更為強烈。

一九九九年女子世界盃在美國舉行，最終決賽由中國與美國角逐，時間點恰巧就在美國「誤炸」中國駐南斯拉夫大使館的兩個月後，政治與軍事的角力化成足球場上的一決勝負，引發兩國極高的關注。在一百二十分鐘互掛鴨蛋後，PK戰，雀斯坦（Brandi Chastain）為美國攻進致勝的十二碼球，狂喜慶祝下脫掉上衣，更是美國運動史上經典的畫面。

儘管二十世紀以來，「美帝」與「國際警察」的形象鮮明，但在美國兩百多年的歷史中，其實仍潛藏著新大陸遺世獨立的國族性格（別忘了兩次世界大戰，老美都是撐到最後才參戰的）。除了少數的例子之外，美國運動與國族主義結合的方式，是建立在美國與世界不同之處，而非不斷與他人相互競爭與對照；棒球、籃球、美式足球之所以在美國占據主流運動文化的位置，與其源於美國的「獨特性」有密不可分的關係。

如全世界車迷為之瘋狂的一級方程式賽車F1，美國人也不屑一顧，而繼續傾心於源起於美國南方的NASCAR，這些美國職業運動的冠軍，就可以大剌剌地宣稱是「世界冠軍」。

美國由市民社會所建立起來的運動文化，已經不需要由與他者時時對照的國族主義來引導，但若客觀國際與社會現實需要一個參照的他者時，美國也會毫不猶豫地召喚運動作為國族情感的出口。

冷戰時期與蘇聯的世仇，透過一九八〇年寧靜湖冬季奧運男子冰球隊擊敗蘇聯的「冰上奇蹟」展露無遺；九一一事件後，所有的運動場景都成了歌頌美軍的舞台；面對中國崛起後的新世界秩序，足球或許就是美國藉以融入一個新世界體系的觸媒。從與蘇聯對照的民主正義陣營、世界獨強的山姆大叔、後九一一的復仇者到被迫與世界對照的新美國，運動文化也就是這樣反映著不同時空背景下，美國與世界的相對關係。

近年來，中國崛起的確為美國帶來集體憂慮，與世界的相對位置也不再是高高在上睥睨世界的獨強。足球作為一個全世界最受歡迎的運動，使得美國不得不被迫進入這樣的一個世界足球體系中，英超三百八十場賽事更自二〇一三年起在ＮＢＣ家族各平台的運動頻道上完全轉播。

近年來，台灣每每愛談「與全球接軌」，從教育、經濟到文創，各面向皆如此，但最全球的「足球」卻始終是個令人不忍卒睹的缺席。

就算是每四年一次的狗吠火車，也還是該有人說說。

53 棒球的以色列

——國族神主牌下的棒球馬戲團

二〇一七年的ＷＢＣ分組預賽中，台灣與荷蘭、韓國、以色列競逐出線資格，最終三連敗遭淘汰，在這死亡之組中，輸給地主韓國與荷蘭球迷尚可理解，但棒球世界裡出現了以色列是一個怎麼樣的概念？

ＷＢＣ是一項非常弔詭的國際賽，有著自己獨特的組隊規則。著名的強打A-Rod（Alex Rodriguez）就曾在第一屆與第二屆的賽事中，分別代表美國與多明尼加；史奈爾（Ian Snell）在二〇〇九年得以代表波多黎各投球，只因為他某位歷代祖先具有波多黎各血統。ＷＢＣ對於球員身分別採取寬鬆甚至放任的態度，任何人都可以代表他出身地以及祖先源起的國家出賽。這麼說來，其實在世界各地的猶太人，都有資格為以色列效力。所以即使在二〇一七年的ＷＢＣ中，釀酒人隊強打布朗（Ryan Braun）、紅襪隊二壘手金斯勒（Ian Kinsler）、道奇隊中外野手佩德森（Joc Pederson）最終都沒有加入，但是以色列依舊從大小聯盟中湊足了整隊的猶太人，與台灣棒球選手同場競技，雖然他們可能從未去過以色列這個應許之地。

WBC不是唯一這樣玩的運動賽事，把國族身分拆解、甚至重組的戲碼，二〇一六年的冰球世界盃可能更加無厘頭。

與WBC是由大聯盟主導、世界棒壘總會認證不同，冰球世界盃完全是由國家冰球協會NHL主導，國際冰球協會（IIHF）依舊以每年五月舉辦的冰球世錦賽以及冬季奧運為其最高層級的比賽。之所以在二〇一六年又生出了個世界盃冰球賽，主要是因為NHL不再支援二〇一八年韓國平昌冬季奧運，因此讓中斷十二年的冰球世界盃重生，得以集合全世界頂尖冰球選手的賽事，並在二〇一六年推出以測水溫。

冰球世界盃號稱由世界八強角逐，包括加拿大、美國、瑞典、俄羅斯、捷克、芬蘭、北美與歐洲隊。前面六個沒有問題，絕對是冰球世界的強權國家，但北美與歐洲這兩個「洲隊」是亂入的吧！原來北美隊是由美、加兩國二十三歲以下的年輕好手共同組成，而歐洲隊是瑞、俄、捷、芬四強之外的八國聯軍，選手來自包括德國、瑞士、斯洛伐克、挪威等八國。

這樣的比賽怎麼聽怎麼怪，所以斯洛維尼亞雖然有超級巨星科皮塔爾（Anze Kopitar），但是很抱歉，你們國家其他冰球員不夠優秀，打不上NHL，所以他只好跟斯洛伐克的夏拉（Zdeno Chara）報隊?另外，為了湊足八隊，所以美加儘管是冰球場上的世仇，但就讓他們的年輕人共組一個光華隊?

比起許多美國大聯盟選手對於WBC興趣缺缺、愛打不打，冰球加拿大隊可是爭氣得多，精銳盡出，也把冠軍盃留在加拿大，視冰球為國球的加拿大鄉親不管在現場或是在電視機前也都十分捧場。不過好在加拿大在三戰兩勝的冠軍系列賽中擊敗了歐洲隊，否則獎盃還真不知要放在斯洛伐克、德國還是瑞士才好。

WBC與世界盃冰球，都是北美職業運動聯盟為了與國際單項運動協會分庭抗禮的產物，大聯盟始終不放人參加奧運，而冰球則是自一九九八年長野冬奧起送出了NHL的菁英，甚至為了冬奧還停賽兩週、取消明星賽。但對於NHL而言，冬奧的宣傳效益無法彌補球季中斷的損失，尤其最近NHL、IIHF與IOC對於誰該出這些NHL選手的保險金等費用無法妥協。過往幾屆冬奧，這些旅行、住宿與保險都是由國際奧委會支付，等於承認了他們是向NHL「借」球員，根據報導，索契冬奧期間，IOC就為這些冰球選手支付了一千四百萬美金，IIHF更貢獻了一千八百萬美金。如今IOC不願再支付這筆費用，深怕其他職業運動比照辦理，那可沒完沒了，而IIHF也不願再當凱子，所以如果NHL還要自己買單這些費用，更沒理由出借球員、中斷球季。

國際奧會面對職業聯盟越來越強勢的作為，似乎漸趨下風。畢竟國族這塊神主牌不是只有他們能用，職業聯盟同樣挪用國族作為一種召喚的符號，而且更加具有彈性與想像力。

以比賽品質來說，兩者比賽時間都在球季之前的訓練營時間，球員狀態不可能在巔峰，充其量是職業聯盟重新組隊的熱身賽而已，種種「非傳統」的組隊方式也惹人疑義，所以WBC被稱為世界棒球馬戲團（World Baseball Circus），冰球世界盃也被稱為搶錢世界盃（World Cash Grab of Hockey）。但馬戲團夠熱鬧，該搶的錢還真的都搶到了，這顯示國族幽魂依舊未散，只要亮出了運動這張召喚符，歐洲小國可以八國聯軍，美加的年輕人可以攜手，離散的猶太靈魂更可以在夢幻田野上奔馳與重聚。

54 歐洲豪門不願面對的真相

——當中國足球贏得奧斯卡之後

每年一月分，歐洲足球進入冬季球員轉會期，二〇一七年最震撼的消息，莫過於原先效力於英超豪門切爾西隊的巴西國腳奧斯卡離開英格蘭，轉至中超踢球的消息。為了網羅他，上海上港隊付出六千萬英鎊（約新台幣二十四億元）轉會費，以及開出了四十萬英鎊（約新台幣一千六百萬元）週薪，因此引來鄉民一番「賀中國足球搶先中國電影贏得奧斯卡」的酸語。震撼未歇，阿根廷名將特維斯（Carlos Tevez）接著以全世界足球員最高薪的六十一萬英鎊週薪加盟上海另一支球隊申花隊。

這兩波震撼之後，隨之而來是更多的謠言八卦，許多超重量級的球星紛紛被中超球隊點名（連C羅都被點過名，就可以想像這名單的篇幅了）。當然其中不乏經紀人挾中超以為其客戶爭取更高待遇的策略。雖然迄今未有更大咖的球星確認加盟中超，但是當時切爾西前鋒迪亞哥・柯斯塔（Diego Costa）被中超搞得春心蕩漾、欲走還留的傳言卻是沸沸揚揚。

習近平上任，對於足球乃至中國運動整體發展野心勃勃，中國國務院於二〇一四年十月頒布第四十六號文件，擘劃中國整體運動產業的願景，希望在二〇二五年能達到五兆人民幣的整體規模。其中媒體也屬運動產業重要的一環，儘管二〇一六年十二月樂視集團陷入停牌危機，而有泡沫化的憂慮，但不可否認，樂視體育近年的大手筆，布局之大膽，讓人咋舌。儘管當時揮金如土的樂視，如今已經成為運動新媒體的過去式，但是當時以二十七億元人民幣購買中超二〇一六和二〇一七賽季的新媒體獨家轉播權，引發一連串骨牌效應，使得中超成為國際足球崛起的新勢力。各球會擁樂視轉播權的資金，競逐國際頂尖球員轉會，加上各球隊土豪老闆的雄厚資金撐腰，一波波彷彿在打電動玩具的轉會傳聞，也就不讓人意外。

以往足球的轉會期，都是由皇馬、巴塞隆納、曼聯等歐洲豪門球會引領風騷，聚光燈被中超搶走的歐洲足壇顯然不是滋味。從球會、教練、歐洲球員到媒體，多半對於中超撒中鈔的土豪作風十分不屑；觀察網路論壇，平時關注歐洲足球的球迷們也大多抱持相同的態度。拜仁慕尼黑隊的荷蘭籍球星羅本，一席「踢中超等於職業生涯終結」的言論，更是引來中國球迷一陣撻伐。

中國足球的崛起，目前僅止於中超在轉會費的水花四濺，儘管廣州恆大曾在二〇一三與二〇一五年二度奪得亞洲冠軍盃，但中國國家足球隊整體水準仍未見等比例的提升，進軍世界盃的希望依舊渺茫。儘管職業球會動作頻頻引進洋將（或稱外援），對於中國足球迷來說，他們的國足依舊是扶不起的阿斗，存在的功能多半就是給鄉民用來酸的。

作為一個足球迷，對於中超灑錢擾亂歐洲足壇的秩序多少有些不舒服，再者，對於中鈔的厭惡也多少是台灣人厭中的情感投射。但我們必須問問自己，我們是否已經太習慣於歐洲足球中心主義，凡事皆以歐洲觀點出發？

中超整體水準、職業運動的環境以及運動文化的深化的確未如歐洲頂級聯賽，這點無人可否認。以往在製造業的「中國價錢」（The China Price）指的是低價生產的競爭，但足球場上的「中國價錢」指的卻是中超的球隊必須要付出高於市價數倍才能網羅到相同的球員，所以中國足球贏得奧斯卡之後，卻仍無法贏得尊敬。

但回頭想想，儘管歐洲人訕笑著中超土豪作風，但今日歐洲足球聯賽的高水準，不也正是挾著豐厚資金，對全世界各地足球人才進行掠奪所累積的結果？中南美洲、非洲、亞洲菁英匯集於歐洲豪門，但足球人才輸出國的巴西、阿根廷聯賽卻面臨農場化與養老院化的困境。歐洲媒體酸這些前往中超踢球球員是傭兵，但那些離鄉背井在歐洲踢球的國際球員又何嘗不是？

歐洲媒體以及網路輿論一面倒的背後，其實是對於中國崛起的憂慮，以及歐洲足球霸權被撼動的隱憂。過去一世紀，世界足壇都是以歐洲為中心，二〇二二年卡達世界盃將在冬天舉行，引起以英超為首的歐洲各國聯賽的強力反彈，認為此舉干擾了傳統歐洲聯賽的進行節奏。但其實南美洲與亞洲各國聯賽多年來早就受到世界盃於六、七月舉行，迫使他們必須中斷球季的狀況，歐洲足球在一世紀以來被干擾個一次，也只是剛好而已。

中國崛起，是歐美各國不願面對而疲於應付的現實，中國即便在奧運上金牌一面面入袋，卻仍必須面對西方媒體的質疑與冷嘲熱諷；如今，中超的中鈔打破了歐洲的足球秩序。其實早在一九九九年十二月二十六日，英超切爾西在面對南安普敦的比賽中，排出了全非本土的十一名先發球員，就已經昭告了足球無國界的開端，現在風水輪流轉，足球員以其才華在無疆界的市場上待價而沽。歐洲豪門當年打開了潘朵拉的盒子，如今也必須去適應這個他們不願面對的真相。

55 板球與棒球的前世今生

場景一

時間：二〇一七年七月四日美國獨立紀念日

地點：英國倫敦海德公園

事件：大聯盟戰場（MLB Battleground）

「參賽」隊伍：洛杉磯道奇 vs. 波士頓紅襪

人數：少許

試著想像這樣的場景：每年夏天倫敦的招牌活動，為期十天的海德公園夏日派對，為了慶祝小老弟的國慶，能夠想出什麼具有美國風味的活動，讓大家共襄盛舉？來場棒球趴如何？

大聯盟戰場（MLB Battlegrounds），這正是二〇一七年七月四日海德公園的主題活動。一場國慶日的棒球賽，一手啤酒、一手熱狗，緊接著一場絢麗的煙火秀，還有什麼比這個更美國的意象？但舞台設在倫敦？棒球？你確定不是板球？

大聯盟戰場活動現場提供一些棒球體驗的攤位，其中包括了VR打擊體驗、大聯盟商品展售等等，壓軸活動是由弗洛伊德（Cliff Floyd）、潘尼亞（Carlos Pena）以及葛林（Shawn Green）三位退休大聯盟球星以及板球球員進行全壘打大賽，卡司看似夠有誠意，但卻顯得格格不入。所謂的大聯盟戰場，指的是分成道奇與紅襪兩隊，球迷也自行分邊，至於為什麼是道奇與紅襪？當時我還納悶，畢竟雖然是兩支球隊名氣夠響亮，但卻沒什麼交集。（後來，這兩支球隊卻神奇地在二〇一八年世界大賽交手，難道是大聯盟未卜先知？哈哈。）

大聯盟為了拓展海外市場不遺餘力，除了WBC、大聯盟明星隊海外賽、海外熱身與正式比賽等等，「大聯盟戰場」活動正是大聯盟為了二〇一九年在英國進行海外賽的前期暖身，但在一個多數人看到NY的帽子會認為是單指紐約而壓根沒聽過洋基隊的國度，以及活動現場看著溫布敦大螢幕轉播的人要比對棒球有興趣的人多，就算是難得看到有人在傳接球或是對棒球表現出興趣的，也多是旅英美國人，比起已經先邁出步伐的NFL和NBA，棒球在英國的推廣還有很長一段路要走。

場景二

時間：二〇一七年七月六日
地點：英國倫敦羅德板球場（Lord's Cricket Ground）
事件：國際對抗賽（Test Match）
參賽隊伍：英格蘭 vs. 南非
人數：兩萬八千

時隔兩日，我來到位於聖約翰森林這個高級住宅區的羅德板球場，在這始於一八一四年的板球聖地，七月六日舉行的正是板球最具傳統的國際對抗賽。由英格蘭出戰南非的首日賽，也是英格蘭球星魯特（Joe Root）接下隊長後的首場國際對抗賽。

板球對抗賽這項最具傳統的賽制曠日費時，一打就是五天，但是在週四上午十一點開打的首日賽卻是兩萬八千個位子座無虛席，現場盡是西裝筆挺的「白富老閒男」。球場周邊的飲食攤賣的是各式各樣高檔紅、白酒與香檳，賽事冠名贊助商是以十年四千萬英鎊拿下的天達（Investec）理財顧問公司。利用中午午餐休息時間（lunch break）走到樓閣區（Pavilion），除了一貫的人口組成之外，馬利爾本板球俱樂部（Marylebone Cricket Club，簡稱ＭＣＣ）會員紅黃相間的帽子或領帶，不時提醒著我走入了一個不屬於我的時空。一個需要事先預訂的頂級午餐野餐籃要價一百五十英鎊，一個個MCC Members Only的牌子，讓我很識相地快步離開。

板球在英國階級色彩鮮明，ＭＣＣ尤其如此，如果你不是戰功彪炳的板球員而想加入他們，光是在候補名單上就必須等上至少二十七年，之後還必須經過繁複的推薦與審查程序，而女人甚至遲至一九九九年才獲准進入此俱樂部。即使是在中央球場仍舊保留皇家包廂的全英網球俱樂部，都在溫布敦的平民化上領先了ＭＣＣ，但英國的板球就像是個時空膠囊，凍結在十九世紀的時空，不在乎外面的世界怎麼變化、不在乎外面的世界怎麼看待他們。反倒是前殖民地的印度承繼了板球之後，在二十一世紀成為推動符合現代生活節奏的Twenty20賽制的主力，並取得巨大的成功，受歡迎的程度遠遠凌駕最富傳統的對抗賽。

對抗賽這史前巨獸在各地掙扎求生，唯有在有錢又有閒的ＭＣＣ會員眼中，那是貴族才懂得細細鑑賞品味的奇珍異獸，越是瀕臨絕跡，越能顯其珍稀的鑑賞力。這樣，也才能體會魯特初為隊長就從首日中午打到第二天中午才出局，個人攻下一百九十分的沉著與耐力絕妙之處。板球雖然小眾，卻位於英國階級最頂層，據此，十一位入選英格蘭國家隊的成員，每年可從英格蘭與威爾斯板球委員會（ＥＣＢ）領取七十萬英鎊的基本年薪，外加每場比賽的出賽費，而這還不包含他們作為職業球員的薪資（最高薪球員斯托克斯〔Ben Stokes〕二〇一七年在印度板球超級聯賽出賽八週，就可領取一百七十萬英鎊的薪水）。

板球與棒球，巧妙地體現了英國與美國這兩個前世今生交融的國家的運動文化與意涵。棒球、板球與更古老的繞圈球（rounders）同為以棒擊球、以跑計分（run）的運動，本質上有太多類似的地方，英國移民將這樣的休閒活動帶到了新大陸，並不斷演化。但是美國社會乃至棒球界在十九世紀晚期至二十世紀初期，瀰漫著濃厚的去英國化以及美國例外主義的氛圍，當時美國職棒界領導者之一的斯伯丁（Albert Spalding）刻意將棒球塑造成源於美國的神話，將其與濃厚英國風的繞圈球和板球切割開來，將南北戰爭時期的北軍將領達博岱（Abner Doubleday）塑造成棒球之父，並依此迷思在紐約州的古柏鎮設立了棒球名人堂與博物館。儘管後續史學家考據推翻了此一說法，但棒球的「美國製造」以及古柏鎮作為棒球伊甸園的神話依舊難以除魅。

如今，板球作為棒球的前世，在英國以他們獨有的方式保留下來。推不推廣、步調慢不慢他們一點也不在乎，昔日日不落國的榮光，在板球這方面，反倒由另一個前殖民地——印度接手。大西洋彼岸，棒球這今生依舊難忘前世情，希望重回祖國的懷抱，這一切宛如輪迴一般。一八八九年，斯伯丁出資組成一支明星隊，遠渡重洋到了非洲與歐洲傳遞棒球的福音，甚至還在肯辛頓橢圓球場為英國皇室展演；一個世紀後，大聯盟在海德公園再開戰場，這今生與來世，就怕是無間的輪迴。

56 洋教練念經，台灣足球需面對的課題

中華男足隊這兩年來在英格蘭籍教練懷特的帶領下，打出了一番新的氣象。懷特的執教功力以及男足的進步有目共睹，世界排名達到原先足球迷想都不敢想的一百二十一名。儘管他的合約在二〇一八年九月到期後，因足協改朝換代、兵荒馬亂之際未能延續而離開台灣，但是他的成就有目共睹，也讓未來台灣國家隊聘請洋教練成為既定的方針。

回顧台灣足球史，懷特並非台灣首位外籍教練，甚至並非首位歐洲教練的聘任。自二〇〇五年巴西籍的迪多開始，懷特已是台灣史上第六位執教的外籍總教練（早期台港足球一家時自不計入）。但無疑地，懷特的影響力與成就，早已超越歷任。

懷特自二十四歲起就帶領英屬維京群島代表隊，成為FIFA史上最年輕的國家隊總教練之一，之後又帶過巴哈馬、關島等代表隊；二〇一六年在中甲上海申鑫執教時，還曾擊敗由前世界足球先生卡納瓦羅（Fabio Cannavaro）執教的天津權健，那也是卡納瓦羅當年接任主

圖56.1　2018年世足賽亞洲區資格賽，中華隊的主場比賽最後一戰在高雄世運主場館對上強敵伊拉克。

帥後，僅僅四場未勝比賽中的一場。

雖然遊走足球邊陲國家，但懷特成就非凡，尤其率領關島衝上排名新高，還曾兩度擊敗台灣。然而他在關島期間所採取的歸化美國選手的策略，帶來速成的結果，在他離開後，關島足協面臨經費短絀以及後續歸化球員待遇等問題，使得關島足球再度被打回原形。爾後，關島足協主席賴李察（Richard Lai）甚至以經費不足為由，直接放棄參加亞洲盃會外賽，而賴本人也涉入賄賂醜聞，被國際足總處以終身球監，不得涉及足球事務，關島足球也由懷特執教期間最高的一百五十一名，掉回了第一百九十一名。

也因此，當時懷特高唱將招募更多海外台裔選手之後，也招致一些足壇前輩的質疑，認為是捨本逐末之舉。而且平心而論，儘管台灣以地主之姿三戰全勝，拿下中華台北足協盃邀請賽的冠軍，但懷特在三天連戰的賽事中，幾乎讓主力選手連續踢足三天賽事的調度，令人不免有為衝短期世界排名，而罔顧選手健康，而且未能讓更多年輕選手上場吸收經驗的疑慮。

足球作為最全球化的運動，教練的流動亦是最為多元的。二〇一八俄羅斯世界盃三十二強中，就有高達十二位的非本國籍總教練。塞爾維亞籍的米盧（Bora Milutinovi）自一九八六年開始連續五屆帶領五個不同國家打入世界盃，其中還包含二〇〇二年的中國，可見其帶兵功力。日本自從二〇〇二年世界盃由法籍特魯西耶（Philippe Troussier）執教而首度打入十六強之後，後續六位總教練也有五位外籍。而世界盃史上最成功的外籍教練當屬荷蘭籍的希丁克（Guus Hiddink）。二〇〇二年日韓世界盃，韓國在他率領下，一路打進四強，儘管多少有裁判相助與運氣成分，但希丁克狂熱席捲全韓，希丁克管理學頓時成為顯學，韓國政府更頒給他前無古人、後無來者的榮譽國民獎。二〇〇六年，他又率領澳洲打入世界盃十六強。

由此可知，聘用外籍教練乃是國際足壇趨勢，畢竟如果連「足球祖國」英格蘭在二〇〇一年都曾拉下臉來聘用瑞典籍的艾里克森（Sven-Göran Eriksson），那麼以外來和尚帶領小沙彌們念足球經，必然有幾分道理。由洋人帶領開墾台灣這個足球沙漠，絕對合理。

其實早在一九八〇年代，台灣就曾聘用過外籍教練。一九八二年世界盃會外賽期間，雖由羅北擔任總教練，但足協亦同時聘任德國籍的史坦勒爾擔任顧問與教練，那次賽事中，四場主場賽事一勝三和，還曾與紐西蘭、澳洲兩支強隊逼和，可謂台灣史上踢世界盃會外賽最像樣的一次。

我曾訪談的老國腳回憶當年，也歸功於史坦勒爾為當時球隊帶來扎實的體能以及許多新的觀念。之後半年他也擔任台灣女足總教練，但短短一年的時間，最終也留下因權責不清而離開台灣的遺憾。

教練跨國流動已是足球的日常，球員亦是如此。以二〇一八年打進世界盃三十二強的摩洛哥為例，陣中就有超過六成在國外出生的選手，國際足總更有意放寬對於球員國籍的認定。懷特在位，打算招募更多海外台裔選手加入，自然符合此潮流，尤其自夏維耶以降，殷亞吉、周定洋乃至十七歲台英混血的小將沈子貴（Will Donkin）、甚至透過婚姻關係而入籍的朱恩樂，個個都顯著提升了國家隊戰力，但此舉卻觸動本土球員與教練的敏感神經，深怕貴洋輕台，反倒壓抑了本土的足球發展。

儘管這樣來自本土教練的擔憂是合理的，但以現階段台灣足球的發展而言，我倒覺得是不得不為的短期策略。足球發展低迷許久，乍現曙光之際，自然希望這股能量延續下去，足球也的確需要更多國人的關注。現實點來說，有了好的成績，才會吸引原本並不關注足球的民眾注意，進而欣賞足球這項運動美妙之處；再者，這些即戰力，不僅直接轉化成戰績，更能與台灣本土選手相互激勵和學習，何況這些選手，多少仍與這塊土地有些人親與土親，而非單純計價的傭兵。

《國民體育法》修法後，平日邊緣慣的足協突然成為最多個人加入的單項協會，顯見足球迷對於沙漠變成綠洲的熱切期許。重要的是，在洋和尚念了經之後，我們到底學到了什麼？面對國內教練的危機感，足協是否有機會安排他們在身邊以師夷之長？本土球員在面對越來越多新台灣人加入的刺激後，是否能更為成長？這些都是我們必修的課題。

關島經驗歷歷在目，潮起潮落不過一、兩年，台灣足球能否從中學得教訓？

57 史上最近，但離台灣依舊遙遠的冬季奧運

對於身處亞熱帶的台灣而言，冬季運動是十分遙遠的想像，儘管二〇一八年平昌冬奧對於台灣是有史以來距離最近的冬奧，但依舊冷感。一九九四年時，作家鄧海珠對於當年的里耳哈默（Lillehammer）冬奧就有此評論：

> 冬運會是有錢國家的競技場，對亞熱帶和熱帶的窮國家而言，光是治裝費就要用盡全國生產毛額，所以在冬運會缺席毫不奇怪。台灣因緯度不對，對這些冰雪活動也興趣缺缺。

台灣遲至一九七二年才首度參加冬季奧運，並以中華民國之名赴札幌與賽；一九七六年奧地利因斯布魯克冬奧，則是最後一次以中華民國名義參加奧運。而冬季奧運的首次電視轉

播，卻是一直等到一九八八年，才由華視轉播了卡加立（Calgary）賽會。

根據華視楊楚光先生回憶，那還是因為當年冬奧恰巧落在農曆新年期間，而且還有管轄合歡山的林務局經費挹注下才成局。然而三台與冬奧的完整連結也僅此一屆，一九九二年阿爾貝（Albertville）冬奧，華視僅聊備一格地轉播了開幕式，反倒是尚未合法的「第四台」搭載的境外衛視體育台以及溢波的日本NHK衛星讓台灣搭上了便車。一九九四年里耳哈默冬奧，在十二天的賽程中，衛視體育台總共播出八十五個小時，而老三台之中只有中視抓住全球矚目的女子花式溜冰哈汀（Tonya Harding）與凱莉根（Nancy Kerrigan）的肥皂大劇，在最後女子滑冰長曲決賽時做了直播。（奧斯卡提名作品《老娘叫譚雅》〔*I, Tonya*〕即以此事件為背景。）

平昌冬季奧運即將揭幕，但是國內連續三屆冬奧都僅由IPTV平台的愛爾達體育台進行轉播，無線與有線電視將持續缺席此次盛會。以參賽選手來說，此次宋青陽、黃郁婷、戴瑋麟在競速溜冰項目獲得參賽資格，外加雪橇項目的連德安，僅有四位選手參賽，且以自我突破為目標，難以受到關注，並不意外。

冬季運動項目以溫帶國家為發展中心，北歐、阿爾卑斯山麓諸國、美加等國是冬季運動的傳統強權，其中阿爾卑斯山就占了全球滑雪活動的四成。亞洲僅有東北亞的中、日、韓的花式溜冰、滑雪板、滑雪跳遠，以及短道競速溜冰等項目躋身列強，但整體而言，仍難擠入獎牌排行的前十名。但在此現實下，亞洲國家主辦冬奧卻是前仆後繼。

平昌冬奧之後，二〇二二年北京將接力舉辦，甚至日本札幌還是二〇二六年冬奧呼聲極高的城市。由單一洲別國家連續主辦奧運層級的賽事極不尋常，而這也顯示了歐美國家對於超大型運動賽會主辦的冷感。換句話說，東北亞三國表現出對冬奧的投入，雖可部分解讀為東北亞崛起的象徵，但將其解讀為歐美國家已覺悟到冬奧是吃力不討好的超大型賽會，或許較為適切。例如冬奧項目中的雪車道造價極高，養護不易，全世界僅有十五條標準雪車賽道，而能駕馭此高速而危險項目的選手如鳳毛麟角，如此CP值極低的短期建設，更讓許多國家視為畏途。

所以，如果說不關注冬奧就表示沒有國際觀，如此以歐美（東北亞？）為中心的世界觀，倒也不必，畢竟所有運動的發展都有其自然與社會文化脈絡，如同鄧海珠所言，台灣觀眾的確難以看其門道。但此屆賽事場上，可能連熱鬧都稍嫌不足。

首先，自一九九八年長野冬奧之後，NHL球員首度缺席奧運，使得原本是冬奧最受矚目之一的男子冰球項目星光黯淡；再者，俄羅斯與國際反禁藥組織的爭鬥持續，原本國際奧會對於禁藥氾濫的俄羅斯選手施以禁賽處分，卻在上週遭到國際體育仲裁法庭翻案。禁與不禁之間，讓體壇進退維谷，觀眾更是霧裡看花。

同時，由於時差所致，使得歐美各國的轉播單位對於此屆冬奧熱度也十分憂心，僅能力圖透過轉播技術的突破吸引目光。開幕式、花式溜冰等四個項目都將以8K訊號呈現，另外，歐洲的Eurosport與美國的NBC也會提供超過五十小時的VR節目內容。然而，這些時代尖端的科技說到底依舊是少數人嘗鮮的體驗，對於一般民眾都還是可望不可及的觀賞方式。

不過，體育之所以引人入勝，就在於它永遠不只是體育，歷屆奧運都與政治脫離不了關係。上屆索契冬奧，普丁極盡奢華，宣揚國威，但聖火甫滅，旋即揮兵克里米亞，本屆冬奧則有朝鮮半島形勢添戲。

韓國繼一九八八年漢城（首爾）奧運後，再次燃起奧運聖火，峰迴路轉之下，從原本一觸即發的核武危機竟轉變成兩韓將共同舉起半島旗進場。南韓官方想盡辦法塑造和平、兩韓一家的氛圍。雖然南韓民眾普遍不買帳，且有近七成南韓人反對共組隊伍，但是文在寅和意甚堅主導之下，最終兩韓將合組女子冰球隊出賽；巧合的是，首場比賽就將出戰中立國瑞士。

雖然兩韓在運動場上一家並非首見，在二〇〇〇年雪梨奧運的奧運會場就曾舉起半島旗，甚至早自一九九一年桌球世錦賽組成單一代表隊時，還在女子團體賽中擊敗無堅不摧的中國而拿下冠軍，南韓玄靜和、北韓李粉姬的搭檔「完成了小小的統一」，傳為朝鮮半島的佳話。

然而，此次冬奧會前氣氛看似平和，但北韓依舊不放棄在其建軍節，也就是冬奧開幕前一天舉行軍演。東北亞地緣政治詭譎多變，似戰非戰、似和非和，如同二〇〇〇年雪梨奧運中，雖然兩國共舉半島旗，卻是兩國旗手在進場時互爭旗桿高位的洶湧暗潮。

冬季奧運，以及整體的冬季運動，逐漸在歐美國家式微，亞熱帶、中南美以及非洲則從未進入這個體系之中。平昌冬奧全世界僅有四五%的國家與會，即便參與的國家，有三十一國只派出兩名以下運動員；其中非洲僅有八國參賽，「最大」代表團的奈及利亞，也只有三人。如今東北亞三國扛起冬季運動大旗，儘管在台灣看似有越來越多的家庭選擇赴日韓從事滑雪休閒活動，台灣的新聞台也搭此風宣傳江原道的滑雪觀光，但隨著全球暖化與人口變遷，冬季運動無疑正處於發展危機中。

氣候方面，猶記得二〇一〇年溫哥華冬奧時，就發生因為當地雪量不足，還由直升機緊急吊運外地雪支援的場景。根據《經濟學人》（*The Economist*）所引述的學者研究，到了二〇五〇年，許多曾舉辦過冬奧的城市可能都會面臨如此窘況。沒了雪，何來冬季運動？人口方面，儘管國際奧委會致力吸引年輕人投身與觀賞冬季運動，納入更刺激、多元的滑雪與雪板運動，二〇一八年更首度加入雪板空中特技（Big-air Snowboarding）等六個新項目，但冰雪活動人口年齡層卻依舊不斷攀升。更不用說冬季運動背後代表的階級意涵，那是永難抹平的「南北」差距。

在此大環境下，東北亞還能獨力支持冬季運動多久？儘管中國官方在習近平十九大登高一呼下，將北京冬奧列為重點工作項目，也等於將中國冰雪運動發展號角吹響，但二〇二二年冬奧或許就是冬季運動逐漸落幕前的最後火光。

58 趨勢還是曇花一現？

——談跨國資本與運動結盟

二〇一八年末，世界體壇最大的新聞莫過於英超萊斯特城泰國籍老闆維猜・斯里瓦塔那布拉帕（Vichai Srivaddhanaprabha）於球場搭乘直升機離去時墜機身亡的消息。這位擁有泰國皇權免稅店的大亨，自二〇一〇年八月買下萊斯特城隊之後，二〇一四年就把球隊帶進了英超，在二〇一五至一六賽季，萊斯特城更是從季前一賠五千的機率中，硬是奪下運動史上最不可思議的冠軍。

從萊斯特城球迷、各國足球迷的反應，不難看出各界對於這位老闆的敬愛。意外後首場面對卡地夫城（Cardiff City，巧合的是，其老闆為馬來西亞籍但不甚受歡迎的陳志遠）的賽事，為球隊攻進致勝球的格雷（Demarai Gray）脫下球衣，露出「獻給維猜先生」（For Khun Vichai）字樣的內衣，為此吞下黃牌亦在所不惜；丹麥籍的守門員舒邁可（Kasper Schmeichel）在事發一週以來的感性談話、賽前默哀時的悲傷神情，無不令人動容；大部分的隊職員更在賽後立刻飛到泰國參加葬禮。

在泰國，這幾年來萊斯特城儼然成為泰國隊的化身，在市區、機場隨處可見萊斯特城隊的商品專賣店。維猜買下萊斯特城隊時，其實並非是對他最友善之時。二〇〇〇年之後，草根英格蘭球迷對於所支持的球隊屢屢「落入」他國人之手多有怨言，甚至成為激進右翼人士挾足球排外的動員藉口；尤其在維猜之前，上一位擁有英超球隊的泰國人，正是在二〇〇七年買下曼城，但才一年光景就因貪污醜聞纏身的泰國前總理塔克辛。

但維猜不僅僅為萊斯特帶來不可思議的冠軍，讓球隊脫離負債，讓萊斯特這座人口僅有三十多萬的東密德蘭城市，得以透過足球與倫敦、曼徹斯特等城市相提並論，其所受到的愛戴，在這一個星期以來各界的追悼可見一斑。

是足球讓英國與泰國這兩個國家的人，在一場悲劇下團結與凝聚在一起，遠征卡地夫的萊斯特城客場球迷在看台舉起巨幅「願維猜先生安息」（R.I.P. Vichai）的泰國國旗結合萊斯特城隊徽的畫面，道盡了透過運動所能構築的「我們」這幅美好圖像。

然而，在全球化資本流動遠勝以往的時代下，並非所有跨國婚姻都是如此美好的。目前英超二十支隊伍中，有高達十三支隊伍的老闆或主要股東並非英國人，歐洲各國足壇更是湧入大量中東、美國、俄羅斯、亞洲富商收購球隊，歐洲足壇儼然成為這些新富的玩具店。

不難想像，不是所有外國老闆都能在球迷心中有像維猜如此高的評價。美國的葛拉瑟家族（Glazers Family）自二〇〇五年成為曼聯的主要擁有者之後，一直是曼聯球迷心目中的頭號公敵；除了塔克辛之外，香港富商楊家誠在二〇〇七年收購伯明翰隊之後，也在二〇一一年涉入洗錢醜聞；陳志遠在二〇一〇年買下卡地夫城之後，不到兩年時間硬是把具有悠久傳統的藍色主色與藍鳥隊徽換成了他心目中更具「國際市場吸引力」的紅色威爾斯火龍，如此無視傳統之舉，引發卡地夫城球迷眾怒，直到二〇一五年方才改回原貌。中國蘇寧集團在二〇一六年以兩億七千萬歐元買下義甲名門國際米蘭近七成股份之後，仍難以重返昔日榮耀，一時 #SuningOut 聲浪在國米球迷中蔓延。

外國，尤其是俄羅斯、中東、中國等地資金移入，多少代表了歐洲本地經濟以及運動豪門的衰落，傳統上較低位階他者的崛起，更對歐洲在一連串整合與開放下產生排外的反作用力。然而，當球隊戰績隨著資金湧入而高漲時，多少能降低在地球迷的反對聲浪。

如曼城在塔克辛時代結束後，二〇〇八年賣給阿拉伯聯合大公國身價高達一百七十億英鎊的曼蘇爾親王（Sheikh Mansour bin Zayed al-Nahyan），當時雖然引發許多老球迷的抗議聲浪，甚至認為他們所支持的球隊已經變成比同城死敵曼聯還更銅臭的球隊，但隨著三座英超冠軍獎盃入袋，這些反對聲音倒也沉寂了下來。同樣來自中東卡達的投資集團，一躍將巴黎聖日耳曼（Paris Saint-Germain）拔升至世界級的豪門，近日與喬丹牌的聯名球衣，更讓PSG成為運動時尚跨界潮牌。

以歐洲足球的例子，來檢視台灣運動市場似乎有些不倫不類，畢竟兩者間的規模與文化實在天差地別，尤其外資進入台灣運動版圖，很難想像有誰要蹚這渾水。但是在聖徒／夢想家加盟ABL之後，亞太區的跨國運動合作不再是那麼荒謬的想像，甚至開始成為新趨勢。以這幾年來看，大魯閣集團一直努力著沖繩成軍計畫；另一方面，澳洲將以「名為加盟、實為練兵」的型態加盟中職二軍；甚至被中職一直排拒在外的崇越，又再次發出了南方聯盟的願景。姑且不論其實質可行性如何，或許我們可以開始更進一步思考，台灣體壇是否準備好迎接區域化甚或全球化的跨國所有權的運動團隊？

至目前為止，中華職棒守著本國資金過半的底線，這與歐洲（除了德國之外）主要聯賽的跨國資金自由流動有所不同。澳洲組隊當然與此規定不符，但如果澳洲著眼二軍練兵，而非長久固著的在地經營，那麼中職為其解套應也非難事，但可惜的是看似合理且準備充分的大魯閣／沖繩團隊依舊不得其門而入。

沖繩因其歷史地理、甚至文化上被日本視為邊陲並不難理解，然而他們卻一直希望透過運動拉抬自身地位，獲得本土關愛的眼神。職業籃球的琉球黃金國王隊是支長年勁旅；職業足球琉球隊在歷經五年的J3沉潛後，二〇一六年在J3提前封王，新賽季將首度升至J2；甚至在新成立的職業桌球T聯盟中，沖繩也是男子組四隊之一，還特別網羅台灣的莊智淵、江宏傑、陳建安等三位名將加盟。唯獨棒球，在日本職棒十二支球隊的結構難以撼動的情況之下，僅能以春訓基地的身分成為季節性的存在，失望之餘，方將眼光投向中職。

跨國運動隊伍所有權或是跨國聯盟，都是運動全球化的未來趨勢，小國由於自身經濟規模不足，而參與鄰國的職業運動聯賽例子所在多有，足球例子尤多。列支敦斯登的FC Vaduz參與瑞士超級聯賽、摩納哥參加法甲、威爾斯的史旺西在英超、聖馬利諾足球俱樂部（San Marino Calcio）委身義大利的丁級聯賽；紐西蘭在會籍上雖屬大洋洲，但其威靈頓鳳凰隊跨洲參加亞洲足協管轄的澳洲聯盟（A League）。這還只是足球場上的例子，至於美國與加拿大，早就在冰球、棒球、籃球，乃至足球的職業聯賽都已融為一體。

資金的流動尚且容易，而且儘管已有上述小市場國家加入鄰國的例子，但若要真正談及跨區域運動整合的實踐，在地的情結反而是難以突破的障礙。以東南亞超級聯賽（ASEAN Super League）已經胎死腹中的經驗來看，在地勢力的排拒仍是最大的阻礙，尤其在泰超經營有成的武里南聯隊（Buriram United）就是反對最力的成員之一。外國資金在初流入歐洲足壇之時，也幾乎都被歐洲球迷當成「毫無靈魂與對傳統無知的新富階級」，而須仰賴球隊戰績提升，方能扭轉此帶有深刻敵意的預設立場。

維猜之死，以及他銘刻的萊斯特城神話的文化遺產，讓球迷們得以重新檢視外來金主可以為地方足球帶來的貢獻，但我們也看到諸多負面的經驗與全球、在地間的折衝。跨國資本的流動無須過度浪漫化，然其對於停滯不前的台灣運動場域，卻可能是久違的激勵力量。

「草創」二十九年的職業棒球如此，足球與籃球這兩個正在職業化中的項目，或許更需要外來的刺激。

運動與性別

59 像女孩那樣丟球

——全面制霸威廉波特的少女

過去十年間，威廉波特這與台灣棒球命運休戚與共的地名逐漸陌生，之所以再沒有聽到威廉波特的相關消息，在以贏球為國球的台灣來說，想必是打得不好吧！的確，我們的小朋友們已經不再是威廉波特的常客。一方面世界棒壘協會（WBSC）也扮起U12的賽事，轉移了部分焦點，而更重要的，透過多方的討論與釐清少棒運動本質之後，這樣的淡出其實未必全然是壞事，畢竟不該再給這些小朋友太多勝敗的壓力，重蹈七〇年代的覆轍（但我承認，當發現我們在亞太區的比賽中輸給香港跟塞班島時，心頭卻還是不免一驚）。

關於威廉波特，我們的記憶裡存在太多關於男孩子們光輝的歷史，畢竟歷史這個英文字拆開來都叫做「他的故事」（his-story）了，但此時，我們倒是把焦點轉移到「她的故事」（her-story）吧。

首先，一九七二年，美國紐澤西州的佩佩（Maria Pepe）成為第一位正式在少棒賽出賽的女子選手。當年十一歲的她，引來其他隊教練的抗議、甚至鄰居的謾罵：「妳這媽媽怎麼當的啊？讓她穿上洋裝吧！教她打字就好了啦！」萌生退意的佩佩在明理的家長和美國女性協會的協助下，在一九七四年成功地為美國的女孩子們爭取到打棒球的權利。十年後，來自比利時的羅奇（Victoria Roche）成為第一位在威廉波特世界少棒賽出賽的女孩子；二〇一四年為止，加上來自加拿大溫哥華的馬區（Emma March）和來自美國費城的戴維絲（Mo'ne Davis），讓歷史上曾在威廉波特世界少棒賽出賽的女球員總數達到十七位。其中戴維絲在分區資格賽和進軍首場威廉波特後的比賽中，連兩場完封對手，全美更是掀起一陣Mo'ne旋風。據她自己表示，棒球只不過是足球、籃球之後，第三擅長的運動而已呢。

Throwing like a girl，《像女孩那樣丟球》，是美國社會學家艾莉斯．楊（Iris Marion Young）一本談論女性身體經驗的經典論著。這句看似無害的標題，其實在日常語言當中翻譯得白話一點就是「（你）丟得跟娘兒們一樣（爛）」。但我們看看戴維絲的投球影片，你會發現，丟得跟女孩一樣，其實應該是種稱讚。

過去二十年間，台灣女孩陳欣宜、李思婷、陸冠芝也曾經拎著球棒和手套，二〇一三年在台灣舉辦的世界盃少棒賽也有七位女孩子，享受著打棒球的樂趣。二〇一四年，戴維絲之所以得到如此關注，當然與她的成績有直接關係，在運動這個以男性價值為主流的場域中，一旦有女性的出現而威脅到男性宰制的可能，就會被置於鎂光燈下檢視，即便她還只是個十三歲的小女孩。

各式運動品牌主打女性市場的當下，越來越多女性跑者沉浸於跑步的自我世界時，很難想像，饒富盛名的波士頓馬拉松直到一九七二年才正式允許女性參與，這還是一九六七年史薇哲（Kathrine Switzer）在該項賽事勇敢挑戰性別運動藩籬，方才獲致的成果。女性參與運動總是背負著雙重目光的檢視，成績之餘，來自主流審美觀的注視往往喧賓奪主侵奪了女孩子們自在運動的可能。

如同艾莉斯．楊所說，當我們聽到女性參與運動時，我們腦海裡浮現的要麼她不是真女人，不然就是她參與的不是真正的運動。聽來很殘忍，但卻還是難以根除的刻板印象。直到「像女孩那樣丟球」真正成為讚美之詞前，女孩們，繼續勇敢向前走吧！

60 安能辨我是雄雌？

——談運動場上的性別歧視

看女子舉重是一個非常奇特的經驗，我承認，那絕對不是我會歸類在「美」的經驗中。看著郭婞淳或許淑淨最後力拚抓起槓鈴那猙獰而幾乎爆出青筋的畫面，國族與有榮焉的同時，卻也伴隨著不捨與「何苦啊」的嘆息。

在眾多的運動項目中，女性特質未必與運動員身分衝突，體操、花式溜冰反而更能襯托其陰柔特質；反觀光譜的另一端，大概就是舉重、鉛球之類的項目，這些運動員與所謂「女性特質」反差極大，魁武與剛毅徹底取代了婉約與柔美。

還記得嗎？許淑淨在拿到倫敦奧運銀牌（後因原金牌選手藥檢未過而遞補金牌）之後，媒體報導許母的願望是希望能看到女兒穿著裙子，甚至歸國後穿著裙裝進到總統府也因而成了新聞；二〇〇八北京奧運的陳葦綾，還被綜藝大哥大張菲邀請上節目，「改造」成一個有「女人味」的女人。《康熙來了》也有一集特別針對台灣之光的女性運動員的改造節目。而在社群網站、網路討論區看看網友躲在匿名之後的留言，說這些運動員像男人則已經是最禮貌的描述。

以剛結束的雅加達亞運會來說，我們所獲得的十七面金牌中，有十面由女將拿下，而我國在奧運歷史上正式競賽中，女子選手總計獲得十五面獎牌，勝過男子的九面，如果包含表演賽在內，女子選手獲得的獎牌數也以二十二比十三超過男子選手，這樣的現象同樣發生在對岸以及其他東亞國家，因此，中國學者董進霞稱這些女性運動員為國家「撐起了大半邊天」。

但，為什麼女性運動選手為國爭光還不夠？甚至還要為女性爭光？對她們而言，除了在場內要證明自己是傑出運動員，場外卻還要證明自己是真正的女人。或許你早已習慣這樣的現實，甚至不以為意，但要凸顯這樣的性別盲，其實只要將我們刻板印象中的「女性」的代換成「男性」即可了解其中的微妙。為什麼我們覺得這些女性運動員需要改造？或許你會說那是綜藝節目為了製造效果所要的噱頭，但怎麼沒有節目請曾文鼎去把他的頭髮和造型改造一番？（對不起，大房東，你躺著也中槍了，此乃單純以最鮮明的視覺效果舉例，歹勢啦！）

男人與女人當然有先天的差異，但是這樣的差異是怎麼被我們所處的社會所強化？特別是運動場域裡，那就值得我們深思了。如果說因為生理的差異，所以男女分組成為我們不假思索的常態，那麼一九九二年巴塞隆納奧運中國女子選手張山，可就狠狠地打了男人的臉

圖60.1　許淑淨在倫敦奧運奪得銀牌。

了。由於當時定向飛靶射擊賽中並無男女分組，張山身為唯一參賽的女性選手，硬是力壓群雄，奪下金牌。張山奪金之後，一九九六亞特蘭大奧運的這個項目，索性只限定男性參賽，直到二〇〇〇年該項目方才獨立出女子組。這樣說來，男性是不是怕丟了自己的臉，所以才把女人趕出去的呢？還有如果男女生理先天有別，那麼智力呢？之所有這樣提問，那是因為二〇一〇廣州亞運的圍棋項目中，分成男子團體、女子團體、男女混雙，為何這樣的競賽，也要依性別分組呢？難道是男人比女人笨這件事怕曝了光？

中國女子游泳選手葉詩文，在二〇一二年倫敦奧運掀起一陣旋風，她在四百公尺個人混合項目中，打破奧運紀錄不說，最後五十公尺自由式游出不可思議的二八・九三秒，比同項目的美國男子名將拉克提（Ryan Lochte）的二九・一〇秒要快，這下使得歐美各國集中火力指控她使用禁藥。儘管有種種「合理」的懷疑，但奧會當局還是還給了葉詩文清白。這個事件，除了可以解讀成歐美對於中國崛起的驚恐，亦帶著男人對於女人「侵門踏戶」的疑懼。運動這個男性主宰的場域中，如果女人連在體能上都有超越男人的可能，那可是對既存秩序的嚴重威脅。

比起男性數百年的運動參與，女性被納入這體系中不過是最近幾十年的事情，更別說世界上還有許多女性受到宗教、文化的禁錮無法投身其中，誰說男人們一定在運動領域中占優勢？萬一其實只是我們男人運動了比較久而已呢？

表4　台灣選手奧運獎牌紀錄

	項目	選手	獎牌
1960羅馬	男子十項	楊傳廣	銀牌
1968墨西哥市	女子80公尺跨欄	紀政	銅牌
1984洛杉磯	男子60公斤級舉重	蔡溫義	銅牌
1992巴塞隆納	棒球		銀牌
1996亞特蘭大	桌球女單	陳靜	銀牌
2000雪梨	舉重女子53公斤級	黎鋒英	銀牌
2000雪梨	舉重女子75公斤級	郭羿含	銅牌
2000雪梨	桌球女單	陳靜	銅牌
2000雪梨	跆拳道女子49公斤級	紀淑如	銅牌
2000雪梨	跆拳道男子58公斤級	黃志雄	銅牌
2004雅典	射箭女子團體		銅牌
2004雅典	射箭男子團體		銀牌
2004雅典	跆拳道女子49公斤級	陳詩欣	金牌
2004雅典	跆拳道男子58公斤級	朱木炎	金牌
2004雅典	跆拳道男子68公斤級	黃志雄	銀牌
2008北京	舉重女子48公斤級	陳葦綾	金牌
2008北京	舉重女子63公斤級	盧映錡	銀牌
2008北京	跆拳道男子58公斤級	朱木炎	銅牌
2008北京	跆拳道男子68公斤級	宋玉麒	銅牌
2012倫敦	舉重女子53公斤級	許淑淨	金牌
2012倫敦	跆拳女子57公斤級	曾櫟騁	銅牌
2016里約	舉重女子53公斤級	許淑淨	金牌
2016里約	射箭女子團體		銅牌
2016里約	舉重女子58公斤級	郭婞淳	銅牌

61 啦啦隊風雲，揭露運動產業發展的殘酷真相

奧運必須為男人所保留……以國際主義為基礎、忠誠為手段、藝術為背景、女人的掌聲則作為回報。

——現代奧運之父古柏坦爵士

是的，這個帶有性別歧視的語錄，正是節錄自現代奧運之父古柏坦爵士在一九一二年的演說。如果說這就是奧運的精神，那麼顯然當代運動圓滿完成了現代奧運之父所期許的任務，在屬於男人的場子裡，贏得女人的掌聲回報，這當然也包括桃猿的LamiGirls。

儘管我們當今都把啦啦隊和女人連結在一起，但其實最早有組織的啦啦隊是在十九世紀的普林斯頓大學誕生，當時清一色都是男性，直到一九二〇年代明尼蘇達大學啦啦隊才首度有女性參與，而二次大戰期間由於大量男性被徵召入伍，才由女性頂起了為場上運動員加油

打氣的工作。隨著運動職業化，以場內的陽剛球賽，搭配場邊搔首弄姿的女性啦啦隊，這一兼二顧的點子，更穩固了以男性為目標觀眾群的運動產業。

二〇一五年九月，爆發了「伊梓帆」風波，三位誤闖政治叢林的LamiGirls也終將成為一波波不斷向前推移的「正妹」、「鮮肉」市場中的前浪，挺與不挺，Lamigo乃至整個棒球圈的球迷中，正反兩方也是各自表述。不過大家都可以同意的就是，當中華職棒場內林智勝和高國輝的棒子熱鬧滾滾地挑戰全壘打紀錄的同時，各大新聞媒體卻都被伊梓帆的新聞給淹沒，新聞媒體的臉書粉絲團甚至還以「體壇脈動」歸類這則新聞，這些都是不爭的事實。

Lamigo以全猿主場為號召，打造出極為強大的主場聲勢，主場觀眾人數與中信兄弟也在伯仲之間。Lamigo桃園球場經營用心，長程炮火猛烈，又拿下上半季冠軍，票房好理當不在話下，但是以最近的風波以及職棒長久發展的願景來看，或許是到了該問問到底「醉翁之意何在」的時候了。

桃猿主場票房理想，LamiGirls的號召力當然功不可沒，啦啦隊熱區眾多大炮等級的攝影機可是全部對準這些LamiGirls，場上戰況反倒成為其次；二〇一六年二月Lamigo與日本職棒羅德隊的石垣島交流戰，強調LamiGirls同團隨行的一百零一個名額更是秒殺。無怪乎網友打趣說，Lamigo其實是LamiGirls的附屬棒球隊。

NBA與NFL的啦啦隊陣仗，一直都是球賽串場時不可或缺的娛樂元素，二〇〇一

圖61.1　桃猿主場票房理想，LamiGirls的號召力功不可沒。

年，紐約島人隊的華裔老闆王嘉廉決定將啦啦隊引進到冰球場上，成立了NHL第一支啦啦隊，名為冰上女孩（Ice Girls），許多球隊也起而仿效，反而是島人隊搬離長島，走入布魯克林，這項引起許多「物化女性」批評的「傳統」也將隨之走入歷史。而一向對於這種美式啦啦隊不屑的英國人，英超裡依舊有著水晶宮隊的水晶女孩（Crystal Girls）娛樂著進場的球迷。

哪有異性戀男性不愛看正妹的？特別是看場球還有「撒密斯」，但是在歐美的球場卻少有人會說：「我為了看湖人女孩（Laker Girls）所以特別花了三百美金買了場邊前排座位。」但是「伊梓帆風波」之後，若從關心職棒發展的角度出發的話，我們卻不得不注意正妹經濟背後的問題。當然，如果只問整體業績，是棒球迷進場也好、是衝著正妹也罷，反正都是一張票的收入，但是進場「動機」卻是職棒要長遠發展所要釐清與面對的真相。

「Sex Sells」，此乃行銷不變的鐵則，但在運動產業中，尺度要如何拿捏才不會喧賓奪主呢？或者更殘酷的真相可能是，原來我們的職棒乃至運動產業還是薄弱到必須仰賴最原始慾望的包裝？

《桃色風雲搖擺狗》是一九九七年出品，講述關於政治公關與媒體的電影，英文片名*Wag the Dog*的由來，乃是講述媒體與公關業過於強大，反而使得擁有至高權力的政治人物任其擺弄。

就像是狗搖尾巴是正常的，尾巴來搖狗可就是反客為主了。那麼在當前的運動產業中，運動本身和正妹啦啦隊之間，何者為狗、何者為尾巴呢？

62 猛男與宅男的世界盃

——男性氣概是什麼？

二〇一五年世界盃橄欖球與電競「英雄聯盟」世界大賽正進行到預賽的後半段，巧合的是，這兩大賽事一在英國、一在法國同步進行。國內FOX體育台和博斯電玩台進行轉播，除了可以一睹激烈的賽事本身之外，也可一窺當代「男性氣概」的異質與可能性。

橄欖球或許是一般人心目中最陽剛的運動了，每個選手都壯得跟牛一樣，正集團（scrum）下的嘶吼與扭曲的表情、每次的衝撞都如此拳拳到肉，既原始又「野蠻」。這麼激烈的比賽，但這些大男人們卻除了球衫、短褲之外，頂多加上一個軟頭盔，這樣還不夠Man嗎？相形之下，美式足球這全身上下被護具包得緊緊的運動，根本還算「娘」的呢。

電競選手就更不必多說了，我們絕對不會把Man和這些「阿宅」、戴著耳麥和眼鏡、不善社交但手指卻超級靈活的男人聯想在一起吧？就算他們手腕、脖子因為「運動傷害」而貼著膏藥、綁著蹦帶，別說這Man的程度與打落門牙和血吞的橄欖球選手天差地別，連穿著花睡褲的瑞士網球名將瓦林卡（Stan Wawrinka）看起來都還Man一些。

但，怎麼樣才算Man？原本我們以為足球員夠Man了，但是貝克漢、C羅、德羅巴卻光著身子賣起了內褲。貝克漢、C羅、伊布拉希莫維奇（Zlatan Ibrahimović）追隨喬丹的步伐賣起了香水，巴黎聖日耳曼隊（PSG）更是全隊成了法國都彭（S.T. Dupont）的香水與妮維雅保養品的代言人。這些原本應該很「Man」的男人到底怎麼了？怎麼一個個賣起「娘」到不行的產品？內褲不就是媽媽或老婆市場買買也就隨便穿穿了嗎？汗臭味不就是最渾然天成的男人味？男人搽什麼保養品？臉上歲月刻畫的痕跡不就正是男人身價隨著年齡而增值的證物嗎？

這樣的現象，當然與美容與時尚工業這一、二十年來終於把腦筋打到男人身上了有關。把原本女性限定而漸趨飽和的美妝市場拓展到未經開發的另一半人口上，這點當然是資本主義下市場擴張必然的走向；另一方面，當代運動員的身體本來就已經商品化，把他們結實、趨近完美的身體意象從運動場挪用到美容產業，也只是順水推舟而已。

我們當然可以選擇怪罪萬惡的資本主義，譴責這一切將男性納編成美容工業大軍的一分子，甚至可以套上萬年老哏說男性被「物化」了。但是，我們也可以選擇藉由運動跳脫傳統性別的刻板框架。

運動在一九五〇年代的美國，可以作為打破種族隔離界線的前進場域，至今卻還是異性戀男性陽剛特質堅實的一道藩籬。儘管男同性戀運動員出櫃在這幾年已多有先例，卻仍依舊承受許多的壓力，所以大部分選擇退休之後再出櫃這條阻力比較小的道路。少數人選擇勇敢挑戰運動場上異性戀男性氣概的高牆，美式足球員山姆（Michael Sam）、NBA選手柯林斯（Jason Collins）就是如此，但兩位出櫃後的職業生涯不甚順遂；大聯盟釀酒人隊旗下的丹森（David Denson）還在1A奮鬥著，不過威爾斯橄欖球國手湯瑪斯（Gareth Thomas）二〇〇九年出櫃後依舊活躍於橄欖球場，讓這最Man的運動也有新的性取向的可能。

電競算不算是運動以及其特質的轉變，也是近年熱議的話題，如果圍棋曾是亞運的競賽項目，那麼動作成分更高的電競似乎沒有理由不能算是運動。運動中的男性氣概不斷在改寫，英國早期的獵狐活動中，男性甚至無須自己動手，而由所馴養的獵犬代勞就可以彰顯其男性氣概。手握橄欖球衝鋒陷陣，跟手握滑鼠布陣殺敵，都是這個時代男性運動的體現；我們可以固守男性氣概劃定的疆界，也可以擁抱這些新的可能。

63「給我女籃轉播」！該怎麼給？

高中籃球聯賽（ＨＢＬ）一直是台灣學生運動的第一把交椅，不論精采度、討論度與進場觀眾，甚至都要超過更高層級的大學與ＳＢＬ。但是二〇一五年賽季時，卻因電視轉播僅涵蓋男子組賽事而引發爭議，網路進而串連起「給我女籃轉播」的活動。然而由於女子組賽事原先都安排在台北體育館的四樓，無法設置轉播器材，最後高中體總與FOX體育台協調後，將中午場的女子組賽事移至一樓，以利電視轉播。

此一事件透露出許多的訊息：女子組的賽事重要性次於男子組，否則不會在一開始就將比賽安排在「四樓」；而即便多一場女子組賽事轉播，也不會是在晚間的黃金時段播出。

早在一九九三年中視《體壇風雲》節目中，就曾經以錄影方式播出高中籃球聯賽決賽，之後年代、緯來也都投身ＨＢＬ賽事轉播。二〇一五年夏天，FOX體育台以三年三千零五十一萬的價錢標下高中體總所轄包括籃球、排球、啦啦隊、足球等賽事的轉播權，對於基層運動發展當然是個好消息。但我們也必須面對，當高中運動賽事轉播權值到一年一千萬時，它就已經不再只是體育活動，而是一項商品了。女子組賽事收視率不若男子組，不難想像，FOX作為商業電視台，付出高價拿到轉播權，自然有收視與成本效益考量。HBL男子組的賽事無疑是此包裹轉播權的主角，高中體總能藉此轉播權合約將其他相對非主流的賽事一併納入，已經值得掌聲，但在女籃轉播的缺席上，卻不可否認仍有再精進的空間。

回顧WNBA成立初期的電視轉播，是藉由NBA的強勢，將其與NBA轉播包裹在一起銷售，這當然是NBA擴大版圖的行銷策略，但是卻為提升女子籃球風氣帶來不可質疑的效果。NBA以純商業力量扶持WNBA的發展，但問題是我們沒有那麼強勢的主商品，而且更重要的是，校園運動不是職業運動，即便在商業上不討喜，它仍必須承擔起更多的教育意涵。一九七二年美國教育法修正案第九條（Title IX）就載明：

任何人都不得因其性別而被排除在由聯邦資助的教育和活動計畫之外、不能因此剝奪其利益，或受到歧視。

台灣不是美國，實行細節上也無法與美國相提並論，但此精神卻可共享。運動的場域裡，男性一直是難以撼動的主體，HBL已經是受到最多矚目的學生運動賽事況且如此，

UBA女籃、WSBL更是邊緣到連其轉播的缺席都沒人注意到。近年來，女籃不只在賽程、曝光度受到次等的待遇，身體的規訓亦是比起男生要強烈許多，連短髮都成了避之唯恐不及的禁忌。有的學校教練開始頒布「禁短髮令」，更有記者將隱忍許久的「恐短髮症」，藉由包喜樂在瓊斯盃的登場一次大爆發（男性運動員的「平頭令」與女性運動員的「禁短髮令」性別意涵不同，不可相提並論）。

運動的觀賞，也是參與的一種形式，透過媒體的轉播，也能對不在場的他人產生影響，進而培養運動文化，在FOX的商業考量與教育單位性別平權兩造立場迥異下，仍有妥協的可能。在此案的投標資格中，高中體總將投標資格限制在有線電視公司，是可惜了點，雖然有線電視運動頻道仍是台灣運動收視最主流的平台，卻可不自限於此。一來教育部已經成立了MOE Sports的網路運動頻道，可以爭取在商業電視台不願播出時的露出機會，況且網路平台也符合年輕族群的收視趨向；再者，可以活化公共電視，甚至同屬公廣集團下的華視教育文化頻道，都可播出此類運動賽事，以作為「彌補商業電視台不足」的平台。

在二〇一五年，「給我女籃轉播」的微弱發聲後，至今依舊仍未見明顯的改變。主流商業電視台依舊未將女籃轉播比例提高，上述擴大轉播平台的建議也只是商業機制下學生運動發展的權宜之計，雖然仍可能引發女性運動只能被置放於相對非主流平台的疑慮，但總比現行的缺席要好些。

64 睜開雙眼才能看見多元
——當運動場上不再非男即女

運動場向來是最為二分的場域，非男即女、非勝即敗、非強即弱；運動場同時也是最擁抱陽剛特質的場域之一。在一九七〇年代晚期，西方的運動社會學者認為「運動是女性主義的繼子」不受女性主義者關注，運動研究者（通常是一群熱愛運動的生理男人）也不關切性別議題；直到一九九〇年代，運動仍被視為「男性權力／霸權伸張與合法化的終極沃土」。普遍認為，現代運動乃依據西方中上階層的男性信仰與價值所建立，是一種「證明男子氣概」的文化實踐，運動對「男孩」而言，是變成「男人」的起點，運動讓男孩了解自身在正統性別文化中的位置。

然而，值得我們注意的是，運動和男性氣概的連結並非「天生自然」，而是在特殊的歷史中被建構出來的社會事實。在運動場域中，我們接納了一種「男性秩序的歷史結構」，而這個過程是透過對於「生物學的社會化和社會的生物學化」所構成的。因此，當奧運十項鐵人金牌從男變女、里約奧運女子八百公尺金牌是個「不男不女」的運動員、最硬漢的橄欖球運動員是男同志，運動場域裡的「天生自然」理應面對挑戰與反思。

一九七六年蒙特婁奧運十項鐵人得主布魯斯・詹納（Bruce Jenner），在經過賀爾蒙的療程與整形手術之後，如今以女性化的凱特琳・詹納（Caitlyn Jenner）身分見聞於世，她與名律師前妻克莉絲・卡戴珊（Kris Kardashian）的一段婚姻，以及爭議性的實境節目《與卡戴珊一家同行》推波助瀾，使得她成為世界見光度最高的變性者。從充滿陽剛之氣的十項鐵人，到以女性之姿登上《浮華世界》（*Vanity Fair*）雜誌的封面，這樣的轉變無疑帶來莫大的衝擊，但她表示，過去幾十年她都覺得自己困在錯誤的身體裡。轉性之後，詹納表示她喜歡的還是女人，也因此希望人們可以將性傾向與性別認同當成兩件事來看。

里約奧運女子八百公尺金牌得主是來自南非的瑟夢雅（Caster Semenya），她的雌雄莫辨一直是爭議焦點，國際田協與奧委會對於她以及其他跨性別運動員做出過不同的判例。原本跨性別參賽，必須要進行變性手術，再加上兩年以上的賀爾蒙治療，若由男變女，必須要將體內睪固酮含量降低至某一標準之下方能在女子組出賽，但有趣的是，由女變男則沒有任何生理數據的限制。也就是說，你在運動場上的性別，就是以睪固酮的數據來認定，就算你天生女人，但只要此一指數超標，很抱歉，對國際田協來說，你就是個男人。

二〇一四年大英國協運動會，印度女子選手強德（Dutee Chand）就因為在沒有任何外來因素下，卻測得睪固酮過高而遭禁賽。在她向國際運動仲裁法庭申訴成功後，以睪固酮認定性別的規定停止實施兩年，國際田協也必須在這段期間蒐集更多睪固酮與運動表現的相關資料，才能向法庭申請恢復舊制。如此一來，目前這些選手不再需要刻意服藥壓制自身的睪固酮濃度，也就是可以「用上帝賜給她們的身體」來參與運動競技。

由於運動場的陽剛屬性，深怕背負著「娘炮」之名以及各式各樣恐同辭令的羞辱，使得出櫃的男性運動選手甚少，但女同志卻是處於一種「似乎為數不少卻隱形」的失語狀態。當陽剛如橄欖球都出現男同志，大概會讓許多人的恐同神經更加緊繃。

湯瑪斯（Gareth Thomas）這位曾經為威爾斯國家隊出賽一百場的著名選手，就在二〇〇九年成為橄欖球界出櫃的先鋒。即便如此，現役男性職業運動員出櫃者依舊甚少，直到二〇一三年，NBA的柯林斯（Jason Collins）方才成為北美四大職業運動第一位出櫃的現役球員；二〇一四年，山姆（Michael Sam）成為職業美式足球第一位出櫃的選手，在選秀會上還公開親吻男友；美國職棒體系，僅有釀酒人隊小聯盟選手丹森（David Denson）在二〇一五年出櫃。至於冰球，NHL層級還未有公開出櫃的選手，而前多倫多楓葉隊總經理柏克（Brian Burke）之子布蘭登（Brendan）在就讀邁阿密大學、同時也是冰球校隊時就公開出櫃，但他不幸在二〇一〇年車禍身亡，其家人承繼他力倡LGBT運動的遺志，促成運動性別平權運動「You Can Play」的誕生，也就表示在運動的世界裡「只要你行，你就可以加入」(If you can play, you can play)。

在同志運動的歷程中，其中一個階段必須讓異性戀者知道：LGBT是如此活生生地在我們生活周遭，不是只有在同志遊行中大方展現自己身體和大方談性的形象而已，他們就和你我一樣，就是各行各業每天可見的人，他們也可能就是你在運動場上所崇拜的偶像。根據報導，二〇一二年倫敦奧運有二十三位公開出櫃的LGBT運動員，里約奧運則增加到五十六位，在曲棍球賽場上還出現了奧運史上第一對女同志伴侶同為英國效力(海倫與凱特〔Helen & Kate Richardson-Walsh〕)。

茱蒂絲・巴特勒(Judith Butler)提醒，我們必須留心「生理性別其實自始自終就是社會性別」。此番關於多元成家的爭議，我們必須要打破二分法這種理解世界的方式。改變，是不容易的，但如果我們因此擔心家庭倫理的改變或是不知道如何稱呼家庭中的成員，或是不知道怎麼教育下一代，那麼請放心，我們從以往異性戀三妻四妾下的大媽、二娘這樣不倫不類的稱謂下倒也就這麼過了上千年。不倫不類，那是因為我們拒絕凡是分類必有例外；語言，也終究會找到它的出路。

英超在二〇一六年曾發起彩虹鞋帶運動，鼓勵其選手繫起彩虹鞋帶力挺性別平權，球隊隊長們也戴起彩虹臂章，但此舉在同性婚姻已然合法的英國，依舊招致了許多恐同者的仇恨留言。身為一個全世界最賺錢的足球聯賽，英超大可選擇噤聲，選擇遠離這可能帶來分化足球迷的議題，但他們理解，性別平權不是「政治正確」，而是單純「正確」的事。「隔離但平等」聽來不得罪任何人，但傑基・羅賓森（Jackie Robinson）早就用行動戳破了這個種族主義者偽善的宣稱，性別議題上更不該再用如此過時的方式處理。就算世界上只有一個瑟夢雅，我們都不應剝奪他們運動與婚姻的權力。

在以性學先驅威廉・麥斯特（William Masters）與維吉尼亞・強生（Virginia Johnson）故事改編的影集《性愛大師》裡有這樣一段對話：

> 你不能循循善誘無知的人，你要把真相赤裸裸地暴露在他們面前，你說：「這會讓你不舒服，但這很重要，這將永遠打開你的視野。」
>
> （You didn't just ease people out of ignorance. You exposed them to the truth. You said, "this is going to be uncomfortable, but it's important, and it's going to open your eyes forever."）

願你我都願意睜開雙眼。

65 冬奧女子花式滑冰的愛恨情仇

如果談到女人從事運動，通常不是她們不被當成「真正的」女人，不然就是她們所從事的不被當成「真正的」運動。

女性主義學者艾莉斯．楊在一九八〇年出版的女性主義經典論文《像女孩那樣丟球》如是說。

這麼說來，花式滑冰這麼一項看似不是「真正」的運動裡，卻無疑充滿著無數「真正」的女人。畢竟，在男性陽剛特質主宰的運動場域中，女子花式滑冰可說是極為少數由女子選手壓軸的項目——二〇一八年平昌冬奧花式滑冰項目，在男子項目由日本選手羽生結弦成功衛冕的一星期之後，才在閉幕前兩天由女子花式滑冰項目寫下句點。

一九六八年法國格瑞諾柏（Grenoble）冬奧女子花式滑冰金牌得主，美國的佛萊明

（Peggy Fleming）可說是將這項運動與好萊塢公主形象完美演繹的始祖。在美國整個世代的花式滑冰好手幾乎在一九六一年的布魯塞爾空難喪生下，佛萊明的崛起，彷彿美國花式滑冰的救世主，同時也讓女子花式滑冰與公主形象就此結合。她上遍各大電視節目，為她量身打造的耶誕與新年電視特集不勝枚舉，優雅的談吐與精緻如洋娃娃的外貌為這項運動定下難以撼動的完美典型。

這樣的形象到了冷戰尾聲，一名來自東德的美豔卡門——薇特（Katarina Witt）——成為了女子花式滑冰的新女神，也融化了東西方冷戰的界線。

繼一九八四年塞拉耶佛冬奧，薇特擊退世錦賽冠軍，美國的桑納斯（Rosalynn Sumners），奠定她在世界冰壇的地位之後，一九八八年卡加立冬奧更將薇特推向不朽。薇特一身火紅色洋裝，完美演譯喬治・比才筆下性感與撩撥的卡門，硬是把同樣選擇卡門組曲的美國選手湯瑪斯（Debi Thomas）給比了下去。薇特的經典演出，也正是台灣首度得以透過電視轉播，見證冬奧魅力的一屆（詳見〈史上最近，但離台灣依舊遙遠的冬季奧運〉一文）。

薇特一個人扭轉了全世界對於東德的冷硬刻板形象，德國甚至藉此拍攝由她領銜的《冰上卡門》（*Carmen on Ice*）花式滑冰歌劇電影行銷世界。一名東德女人卻成了法國作曲家筆下西班牙卡門形象的最佳代言，如此奇異卻真實。

一九九〇年代初期，冷戰隨著東歐共產政權紛紛垮台畫下休止符。與此同時，國際奧委會決議將冬奧與夏奧錯開，如此一來一九九二、一九九四僅僅間隔兩年就有接連的冬奧舉行；另外，職業選手也在國際奧委會解禁下，得以在此人類體能最高殿堂中競逐不朽的金牌。年屆三十的女神薇特也在此天時下重返奧運冰場，讓世人得到驚喜的安可演出。然而，一九九四年一月，一起震驚全世界的攻擊案，不但使得薇特復出相形失色，更造就了花式滑冰史上最大的肥皂劇。

一九九二年阿爾貝冬奧銅牌得主，也是一九九四年里耳哈默冬奧美國最被看好問鼎金牌的選手凱莉根（Nancy Kerrigan），竟然傳出她在準備美國花式滑冰錦標賽練習後被襲擊的消息，在遭受棍棒猛擊膝蓋之後，她痛哭失聲地喊著「Why」的新聞影片傳到全世界，成為九〇年代的全球集體記憶中最具代表性的畫面之一。更扯的是，在ＦＢＩ調查後，赫然發現此攻擊事件是凱莉根最大競爭對手哈汀的前夫吉魯力（Jeff Gillooly）教唆同夥所為。至此，「惡女」哈汀與「公主」凱莉根「兩個女人的戰爭」在嗜腥的新聞媒體炒作下，使得女子花式滑冰頓時成為全世界茶餘飯後的共同話題。

在美國花式滑冰協會的運作下，讓當年因攻擊事件受傷缺席全美錦標賽的凱莉根得以與獲得冠軍的哈汀一同代表美國出賽，連一向對冬季運動冷感的台灣，都由中視緊急安排了當年女子花式滑冰長曲的轉播。凱莉根無疑是全球觀眾齊聲支持的冰上公主，希望她的表現能有好萊塢般的完美結局。在此氛圍下，哈汀則是無疑的邪惡巫婆，而她在比賽中因為鞋帶問題暫停比賽，讓賽事平添令人窒息的戲劇張力。

最終，千夫所指的哈汀僅獲得第八名，凱莉根以些微差距敗給年僅十六歲的烏克蘭選手白烏兒（Oksana Baiul），面無表情的凱莉根站在頒獎台上，未竟的童話結局，成為里耳哈默冬奧的最終定格。

冬奧落幕後，哈汀以「妨礙司法調查」認罪，美國花式滑冰協會將哈汀處以終身禁賽，但哈汀始終堅持對於教唆攻擊案並不知情。雖然奧斯卡提名電影《老娘叫譚雅》試圖為哈汀翻案，但多年以來，哈汀的惡女形象已難以撼動，與溜冰場緣盡的她僅能靠著背負的污名，轉戰摔角與拳擊，將其「反派」的剩餘價值消耗殆盡。

姑且不論事實真相，也就是整起攻擊事件裡，哈汀的角色為何，畢竟這也只有她本人知曉，但《老娘叫譚雅》一片中確實提供了許多我們思考的面向。其中，來自失能、家暴的藍領家庭，個性大而化之的哈汀，與女子花式滑冰自佛萊明之後深植人心的公主形象大相逕庭，運動關乎階級、關乎形象，在評審主觀評分的運動如花式滑冰尤甚。

哈汀與凱莉根的紛擾落幕後，之後三屆的冬奧女子花式滑冰，對於台灣、香港以及全世界的華人而言，聽到關穎珊這個名字，或許就只能抱以三聲長嘆、惋惜作結。

儘管是五度世錦賽冠軍、九度全美冠軍，但關穎珊卻總與奧運金牌緣慳一面。一九九八年長野冬奧，在一片看好聲中，敗給了完美演出的十五歲美國小將里萍斯基（Tara

Lipinski）；二〇〇二年鹽湖城冬奧，短曲後領先的她，在最終的長曲項目，卻兩度在三轉跳發生失誤，也將金牌拱手讓給另一位十七歲的美國選手休斯（Sarah Hughes），最終僅獲銅牌；二〇〇六年杜林冬奧，當時已二十六歲的她決心三度進軍冬奧，無奈臀部舊傷加上鼠蹊部的新傷，使得她不得不含淚宣布退出奧運舞台，留下未竟的奧運金牌夢。

關穎珊無疑是女子花式滑冰史上最大的遺憾，但她卻啟發了許多美加華裔移民的滑冰夢。在關穎珊長野冬奧初登場整整二十年後，本屆平昌冬奧華裔花式滑冰大軍湧進，美國有Karen Chen（陳楷雯）、Nathan Chen（陳巍）、Vincent Chou（周知方），加拿大亦有Patrick Chan（陳偉群）等華裔選手承接起由關穎珊點燃的火炬。

在杜林與溫哥華兩屆賽事，日韓選手開始引領風騷，荒川靜香、金妍兒先後摘金，上屆索契冬奧，俄羅斯地主索尼柯娃（Adelina Sotnikova）挾地主優勢，在爭議聲中擊敗試圖衛冕的金妍兒。而平昌冬奧，最終就由兩位俄羅斯選手薩姬托娃（Alina Zagitova）、梅德韋迪娃（Evgenia Medvedeva）包辦金銀牌。在俄羅斯與國際反禁藥組織之間戰雲密布的此時，女子花式滑冰或將開啟屬於俄羅斯的黃金世代。

或許冬季冰雪運動離台灣始終遙遠，但女子花式滑冰卻總有那樣的魅力，似乎能讓我們離世界近一些，就讓我們一同欣賞這場由一群真正的女人、真正的運動員，所帶來真正的冰上盛宴。

66 陽剛的運動，陰性的媒體

——運動媒體的性別分工

二〇一八年初，一則關於男球評、攝影記者與女主播「性騷擾」的新聞已經又被淹沒在這資訊過量的年代中。也許這又是典型的「她說、他說」（She said, he said.），但這事件背後的結構性現象，或許更值得沉澱一會兒後再來探討。

在女主播的ＦＢ發文、相關新聞的留言板中，甚至從近來運動場域裡的#metoo、F1取消賽車女郎等新聞的反應，就可看出大抵以性別為界的極端化反應。許多男人覺得性別平權運動只會選擇性的針對女性自身不利的議題發聲，透過一道道取食的「自助餐」不斷向父權進逼。但是從戰略角度而言，在這階段的女性運動於議題的操作上必然會是「自助餐」，因為上菜的權力依舊普遍掌握在男性手中；畢竟，如果能來套豐盛的滿漢大餐，誰又願意吃自助餐？

因此，性別平權運動與其他社會運動一樣，只能先以此游擊戰的方式展開討論並試著各個擊破。即使這樣的戰略，必然會引發議題優先順序的爭論，以及不同團體間求同存異的合縱連橫，但那也是這眾聲喧譁時代的遊戲規則。

二〇〇二年四月，也正好是初春的「名人賽」（The Masters）週末，女性主義學者瑪莎．柏克（Martha Burk）公開向當時排除任何女性會員的奧古斯塔國家高球俱樂部（Augusta National Golf Club）叫陣。許多女性主義學者對於柏克屢奪版面，甚至認為她雖然獲得極高曝光的機會，卻僅將性別平權議題「浪費」在高爾夫如此充滿階級意味的運動，如此一來反而會使一般民眾對於女權議題反感。畢竟，能在奧古斯塔成為會員的人是極為少數菁英的社會階級，就算有女人進入了俱樂部，比起其他絕大多數女性更切身的性別平權議題，這盤奧古斯塔的自助餐就像挑了加上金箔的魚子醬而無視菜脯蛋一樣，實在很難讓一般女人有所共鳴，更別說男人了。

不過，柏克的發聲終於在十年過後有了迴響，美國前國務卿萊斯（Condoleezza Rice）與金融家摩爾（Darla Moore）成為奧古斯塔國家高球俱樂部的頭兩位女性會員。二〇一九年，就將於名人賽舉行的前一週，以及在此男人的高球聖地，舉行首度的女子高球公開賽。

這件事對於性別平權有什麼改變嗎？其實還是有的。雖然象徵大於實質，但如果連奧古斯塔國家高球俱樂部這個女人禁地都可以被衝破，那麼這世界上各種場域裡的性別議題，更該被多元地檢視；不論是運動媒體中性騷擾事件、高爾夫球俱樂部會員，都該如此。

回到運動媒體場域中女性角色的討論。新聞陰性化逐漸成為當代媒體的趨勢，電視台中女主播、女記者的數量已經超越了男性，連一向被視為媒體中男人玩具部門的運動轉播與新聞亦復如此。儘管有越來越多女性加入運動文本的產製行列，然而，在運動媒體這依舊高度以男性為主視角的場域，我們必須要問：女性在這裡能見度上「量」的增加，是否代表了話語權、「質」的同步深化？

甚至，我們必須追問：如果女性的普遍存在，卻反而強化了傳統性別分工與刻板印象呢？女性運動媒體工作者，是否依舊被再現為這陽剛場域中附屬、欠缺運動專業知識的「花瓶」角色？甚至與男性同業共處時，她們還必須證明自己具備專業知識，而非只是一心想接近運動員的「迷妹」呢？而這些男性運動媒體人卻往往忘記了自己初進入這一行時——包含我在內——不也都是某種程度的「迷弟」？

二〇一〇年，墨西哥記者賽恩絲（Inés Sainz）指控她在NFL紐約噴射機隊的休息室進行採訪時，遭到球員言語性騷擾與惡作劇。性騷擾與否，除了一般社會的經驗法則之外，還有主觀的感受，但無論如何，作為身體的絕對主體，不論男人或女人再怎麼「騷」，他人絕不能「擾」，這是對他人身體主權的尊重，也是絕對不能逾越的底線。

賽恩絲姣好的外貌與身材，在這事件中難以避免地成為焦點，但在運動文本產製中，包括賽恩絲在內的女性角色，多半正是被賦予展現其性吸引力或是感性投射的職責，而非其運動上的專業與理性。也因此，整個運動媒體產業默許、甚至鼓勵展現其外貌身材與嬌羞靦腆，而非自信與知性的一面。於是乎，媒體高層在聘任員工時，就以外貌以及女性特質作為她們錄取與否的優先標準。

儘管來得遲了點，但女性運動媒體人的角色逐漸有所改變，女性除了場邊花架報導者、新聞主播之外，被定位為須更具備專業知識的賽事主播、球評等角色也逐漸可見。以往多半是男人報男人的賽事、女人報女人的賽事，這兩年開始，卻出現女人「撈過界」來播報男性運動賽事的現象。

ESPN在其大聯盟棒球與NBA籃球開始聘用曼多薩（Jessica Mendoza）與朵瑞絲・柏克（Doris Burke）擔任球評，儘管有論者認為那是ESPN為了扭轉過度沙文的企業形象而因應的公關策略，但她們以其運動的專業知識掙得一席之地的成就，不應質疑。在台灣，有馬怡鴻、劉虹蘭等擔任男性籃球與網球賽事的球評；新媒體中，有三位女性共同創辦的「Vamos Sports」、有專注於女籃的「Double Pump女子籃球誌」，努力開拓更多的女性在運動媒體場域中的話語權。

如果我們只用最簡單的零和權力觀來看性別議題，在女權提升的同時，男人勢必會感到窘迫，但從這事件來說，許多男人（包含當事的男性球評在內）認為自己也是受害者。聽來或許奇怪，但其實這正是這變動中的性別關係裡，很有可能帶出的雙輸局面。

性別的動態關係不該是一定非得此消彼長的權力零和遊戲，而是透過不同性別、性向族群一起對話與討論，一起尊重彼此獨立但同時被社會所形塑的身體經驗，才能夠是彼此從中獲得賦權（empowerment）的雙贏之路。

身體之所以既獨立，卻又被社會所形塑，是因為一方面，我們是自己身體無庸置疑的最終主宰；但另一方面，我們卻從小被家長、學校、媒體、社會教育如何去感受自己的身體。例如，同樣身體遭到碰觸，女人覺得被侵犯，男人卻覺得賺到了，這正是早在一九九四年何春蕤教授出版的《豪爽女人》一書中，就已經批判的沙文「賺賠邏輯」。透過這個邏輯，「男人從性得到力量和自信，女人卻得到羞恥和污名……這個賺賠邏輯使女人不但在性事上，也在日常生活中受限、受苦、受罪、受害、受難，深刻影響了女人所爭取的各類平等。」

儘管全面的性解放在當今社會依舊顯得基進，但「性即權力」這件事卻是無庸置疑的。這些事件，都是我們面對這種新動態關係所可以吸取的經驗，在運動這以身體作為主體的文化場域中，其性別權力關係格外複雜但卻充滿許多的可能。

身為生理男性，有許多女性的身體經驗如懷孕、分娩、月經、被無所不在的窺視等，是我們再怎樣都無法真正體驗的。我們男人再接近，最多也只能用「如果她是你的母親、妻子、女友、女兒、姊妹」這樣的相對視角來轉譯我們對於女性身體經驗的理解。因此，不論你想用再深刻的同理心，永遠都還有著一大段距離。所以，針對女性身體或是陰性經驗的惡言蜚語請在此休矣。

美國著名黑人喜劇演員洛克（Chris Rock），在其脫口秀中談及黑人在美國的處境時說道：

> 你們（白人）不會有人想要跟我交換處境的，老子還超有錢的！這說明了當白人有多爽！
>
> （None of ya would change places with me! And I’m rich! That’s how good it is to be white!）

男人們，你想跟女人換嗎？

67 美網風波

——小威，妳不能只是再Just do it了

二〇一八年美國網球公開賽的女單決賽中，美國的小威廉絲、日本海地混血的大坂直美與葡萄牙籍裁判拉莫斯（Carlos Ramos）為網球史上烙印了最尷尬、最令人錯愕、也最眾聲喧譁的一頁。

之後，網友論戰不歇、英美媒體評論不同調、台灣主播球評致歉，連國際網協（International Tennis Federation）、美國網球協會（United States Tennis Association）、女網最高機構女網協會（Women's Tennis Association）都罕見地各自表示不同、甚至相互扞格的立場，更有裁判揚言杯葛小威之後的賽事。這幾天以來，從種族、性別、階級、裁判權威、教練角色、網球運動屬性、跨國運動轉播、國族主義等等面向，都為運動社會學提供了極佳的教材。

此次美網女單決賽之所以令人矚目，主要是因為女網史上，僅有三位選手能以「人母」

的身分奪下大滿貫冠軍，首先是柯爾特（Margaret Court）在一九七三年以三十歲之姿拿下澳網、法網及美網冠軍；古拉恭（Evonne Goolagong）在二十九歲時拿下一九八〇年溫布敦；最近的一次則是「克媽」克萊絲特斯（Kim Clijsters），自〇九至一一年每年都有大滿貫冠軍進帳（二十八歲）。

自從小威在二〇一七年九月產下女兒之後，許多網球迷無不希望她能加入這難得的行列，畢竟母職，是多少女性運動員（或女人）難以戰勝的生理與社會障礙，尤其當代女網能與她匹敵者幾希矣。已經抱有二十三座大滿貫金盃的小威，最大對手應該就是年齡與母職了。三十六歲的她，遠比上述三位母親生理上的挑戰來得更為巨大。二〇一八年七月的溫布敦，復出的小威打入決賽，但敗給德國的柯珀，已經令人扼腕；「主場」美網再次在決賽敗下陣，不但留下未竟的遺憾，更寫下網球史最爭議的一頁。

與此同時，二〇一六年在賽前奏國歌時以單膝下跪方式抗議美國黑人民權現狀的前NFL四分衛卡佩尼克（Colin Kaepernick），除近期在Nike著名口號「Just do it」三十週年紀念的《瘋狂去夢》（*Dream Crazy*）廣告中擔綱主角，最後一段也藉小威鼓舞著有瘋狂夢想的你我：

如果妳是個來自康普頓（Compton）的女孩

別只是成為一個網球選手
成為史上最偉大的運動員吧

康普頓，一個白人不到人口一%、西裔與非裔人口占達九六%的洛杉磯郊區城市，給人的刻板印象是高犯罪率及貧窮。這樣的背景下誕生出了經典嘻哈、幫派饒舌樂團N.W.A，也正是威廉絲姊妹成長的地方。她們姊妹無疑是「衝出康普頓」的成功故事之一。

父親理查（Richard Williams）在小威九歲時就舉家搬到佛羅里達，並積極栽培姊妹的網球之路，大大扭轉了美國黑人文化中「缺席的父親」形象。而兩姊妹儘管早早搬離康普頓，但此短暫成長經歷卻成就了她們正港黑人嘻哈血統，也成了美國流行文化中無疑的黑人代言人。

Nike藉由行銷策略，成功取得「正港貧民窟的黑人性」（authentic ghetto blackness）的發語權。一九九〇年代起，喬丹成為凡人僅能瞻仰的籃球之神，街頭性格、嘻哈等元素成功地被挪移到其運動品牌的形象，而老虎伍茲、威廉絲姊妹更為其打入以往不可能觸及的高球與網球場。這些運動員奠定了Nike在黑人文化中難以撼動的地位，也讓至今失業中的卡佩尼克代言這看似險棋的一招，其實是鞏固自己品牌定位的妙棋。

歐巴馬與川普交替主政下的美國時代氛圍，小威其實正位處在黑權與女權運動巔峰的浪頭交會處，美國社會氛圍對其極度友善也極度有利；身為人母之後的復出，更讓她成為無人能擋的完美故事。日前法網主席朱迪瑟利（Bernard Giudicelli）批評、進一步禁止小威緊身服裝的言論與禁令，更讓她取得難以撼動的道德高位。

而她與姊姊維納斯（Venus Williams）在過往已為美國黑人女性地位的轉變有不可抹滅的貢獻，她們撼動了白人歐美主流審美觀、改寫女性特質的定義，甚至可以成為這個時代的代表肖像（icon）。但小威在此次決賽中搬出主審性別歧視作為其訴求，卻顯得無限上綱而不著邊際，反而傷害了黑權以及反挫不斷的女權運動。

美網女單決賽爭議，也引發不同國家的不同觀點。限於本人語言能力，僅能參酌英語系國家的討論（相信大坂直美的國族身分在日本媒體也會是極為有趣的切入點）。在美國的主流聲音中，小威依舊占據了較友善的民意空間，例如ESPN招牌的晨間談話節目《Get Up!》，主持人格林伯格（Mike Greenberg）將矛頭指向主審，認為小威是好勝心強以致情緒有所失控，主審不該在如此大賽中搶盡風頭，拿小威祭旗。美國的言論多少仍較傾向支持小威，畢竟是美國的（黑人）女兒。

但是英國與澳洲媒體就對小威沒那麼友善。英國《衛報》（*The Guardian*）評論清楚指出，儘管網球界仍存在許多性別歧視，但小威這次事件卻並不屬於其中，這只是她天后性格的任性妄為而已。

新聞集團（News Corp）旗下的澳洲《先鋒太陽報》（*Herald Sun*）更以一則饒富爭議的諷刺漫畫凸顯小威此次的失態，但此漫畫一出，更延燒出種族歧視 vs. 政治正確的爭議。受到死亡威脅的作者奈特（Mark Knight）緊急關閉推特帳號，但《先鋒太陽報》隔天再以頭版全版漫畫力挺，並藉機諷刺過頭的政治正確。新聞媒體該如何再現黑人女性運動員？又成為一個新的戰場。

如同前述，小威已經有後人難以望其項背的成就，加上她運動員、黑人、女性、母親、康普頓、美國夢等等符號匯集於一身，可以為運動員、黑人、階級、女權等等平權議題帶領到新的境界。但是此次挾性別平權自重，卻反而讓她口中的女權遭受反挫，實在可惜；如果我們對她仍有所期許，那就是小威不能再恣意妄為，因為，她可以成就更大、遠超過網球場。

但我們也該清醒，小威早已是一個運動商業機器下的資本家，康普敦的出身，只是Nike挪用藉以證成她黑人草根性的符碼。認清她早已是個泡泡裡的美國黑人公主（black American princess, BAP），可能才更為真實。

運動與文化

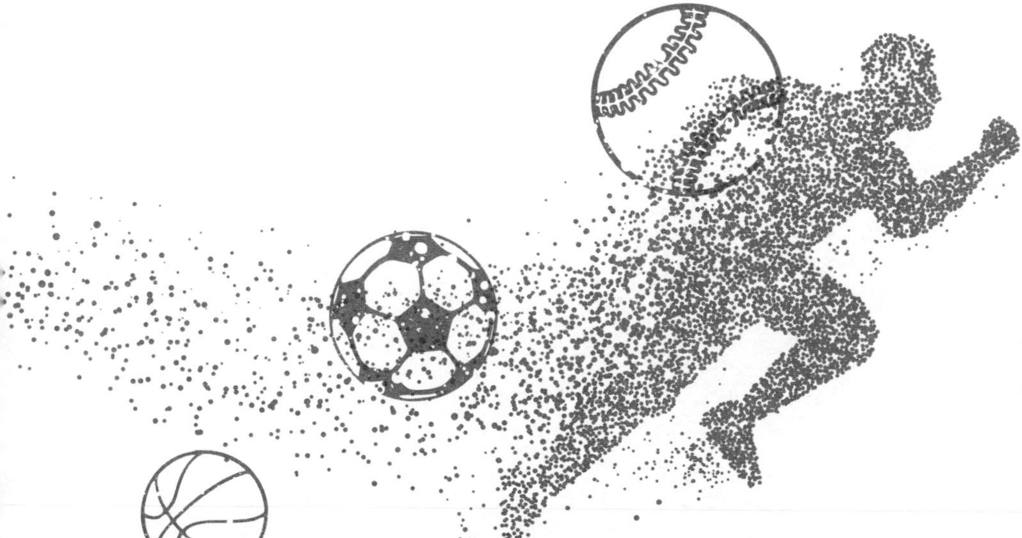

68 台灣球團學不會的「尊重」，洋基隊長基特的退休告訴你

二〇一四年大聯盟賽季，洋基隊和世界棒壇歡送了這個世代的代表性球星——基特。洋基球團特別舉辦了「基特日」的活動，現場巨星雲集，共同表彰他在棒球場內外的成就，儘管當時距離九月二十五日，也就是基特退休的洋基主場告別賽還有兩個星期，但這兩個星期間的每一場比賽，就是給予所有球迷不分敵我，再為他喝采的告別巡迴。稍早，在當年明星賽時，一支名為*Re2pect*的廣告，將基特的二號與「尊重」這個字鑲嵌在一起，完美捕捉對於這球星所產生的敬意。

反觀同時期的中華職棒，中信兄弟隊卻發生「鐵血教官」曾紀恩已退休的六十七號球衣，穿在新進球員張志強身上的事件。乍看令人匪夷所思，但仔細想想，台灣的運動文化中，本來就欠缺對過往歷史的導覽，新生代的球員與球團工作人員，知道曾教官的人有多少？會有這樣的烏龍，好像也只是剛好。想要改變窘況，就短期實務面而言，名人堂、博物

館的成立，當然是個起步，此外，如果落實了主場，把退休的六十七號背號大大地剪影印在牆上，大門立個雕像之後，誰又能犯這樣的錯誤呢？

另一起事件讓我有感的是統一洋將費古洛被解約所掀起的漣漪。費古洛是中職裡球技、態度兼具的投手，解約後統一未兌現要提供他投手教練職缺的承諾，因而引發眾多球迷的反彈，相關的討論已有許多，在此不贅述，但我們或許可以整體地來看中華職棒對於洋將的態度。

聽過巧福、全家福、阿Q、楓康、魚貝精、安收多這些名字嗎？事實上這些店名、食物、農藥都曾是中華職棒球隊為其洋將登錄的名字，這有多麼不尊重人？試想，如果王建民在美國被取了個「熱狗堡」、陳偉殷叫「蟹肉餅」之類的名字，那不用等到台灣人抗議，美國人早就把球團轟個體無完膚了。

洋將命名這事正體現了過往「賜名」的封建思想，也就是主子有權、也算看得起下人，所以給你個名字。另一方面，洋將在台灣本來就被視為消耗品，事先沒有進行足夠的球探評估，透過經紀人自吹自擂一陣，來台灣之後就像買樂透一樣賭一把，覺得不行立刻汰換，沒有任何工作保障的行事作風，要想吸引到好的外籍球員是緣木求魚。

史上最偉大的終結者，巴拿馬籍的李維拉退休時，受到洋基球團及全美球界極高的禮遇；松井秀喜在退休之後，依舊時常獲邀從日本飛回紐約參與相關活動。相較於美國社會依舊可見種族歧視的現實，自從傑基．羅賓森於一九四七年打破種族藩籬之後，雖非一步登天，但一步一步地，運動場上以實力證明一切的鐵律，倒是比場外社會單純得多。也許你會認為鈴木一朗和王建民未受洋基球團該有的尊重，但平心而論，一朗水手隊的成就到底要遠高於條紋球衣，王建民的成績在眾星雲集的洋基隊裡，也只能算是歷史洪流中的流星了。

職棒初年的帝波、鷹俠、葛雷諾曾是許多人心目中洋將的典範，在台灣打拚了許多球季，的確為我們的棒球世界開了一扇窗。或許有人說那是當年「民智未開」，才把這些打不上大聯盟的球員視為珍寶，但沒上過大聯盟又如何？大聯盟年分絕非檢驗棒球實力的唯一圭臬。

不可否認，基特的榮退之旅是一套完美的公關宣傳樣板，但那也必須是包裝在打從心底油然而生的尊敬與深刻歷史感的基礎之上，否則再多的行銷與公關只會更凸顯做作與虛偽。政府也好，球團也罷，做戲請做全套吧！

69 誰還有那美國時間看球賽？

二〇一四年世界大賽，舊金山巨人隊與堪薩斯市皇家隊的交鋒吸引著所有棒球迷目光時，亞利桑那的秋季聯盟正在進行一項可能改變棒球樣貌的小規模卻重要的實驗，也就是為了縮短棒球比賽時間，投手必須在二十秒內進入固定式投球的位置（set position），如果逾時，將獲判一壞球。無獨有偶，十月十九日由布魯克林籃網出戰波士頓賽爾蒂克的NBA熱身賽中，也嘗試將每節十二分鐘，縮短為每節十一分鐘。

身為球迷，其實非常能夠理解大聯盟的實驗，畢竟誰能夠花上三小時的「美國時間」從頭到尾觀賞一場棒球比賽？而且棒球賽季期間還是近乎天天都有比賽，本人根據Baseball Prospectus網站提供的資料庫，以每十年為間隔，計算大聯盟平均每場比賽時間，獲得如下的資料：

年分	比賽時間
1954	2:31
1964	2:35
1974	2:29
1984	2:40
1994	2:58
2004	2:51
2014	3:08

也就是說，棒球比賽時間呈現不斷拉長的趨勢。投手的「摸功」當然是其中一項原因：二〇一四年球季，平均每球出手間隔時間達到二十三秒，使得比賽時間一舉突破三小時。這也是為什麼要將投球計時器限定在二十秒的原因，而這數據還不包括每場動輒三個半小時起跳的季後賽（誰能忘了二〇一八年世界大賽第三戰，那十八局七小時二十分的馬拉松比賽）。事實上，想要加速棒球比賽節奏的聲音從未斷過，早在秋季聯盟的實驗之前，應對方案早就隱身大聯盟規章之中，第八·〇四條規定，當壘上無跑者時，投手必須在十二秒內出手，否則裁判就會判予一記壞球，只是從來沒有落實而已。

至於那場四十四分鐘的ＮＢＡ賽事以九十五比九十收場，一百八十五分的總分與ＮＢＡ前一年賽季平均每場四十八分鐘比賽的兩百零二分總分恰成等比例的減少，除了減少的四分鐘正式比賽時間之外，全場也少了兩次的暫停時間，再加上熱身賽的節奏通常就較為明快，因此僅僅花了一小時五十八分鐘就打完比賽了（前一年ＮＢＡ平均每場兩小時十五分鐘）。

兩種運動同時希望縮短比賽時間，反映了什麼樣的現實？當代職業運動是不是已經與日常生活節奏脫拍了呢？三小時的棒球賽與當代社會是不是真的格格不入？當我們還是學生時，彷彿擁有無窮盡的時間可以揮霍，可以一下課就跑到台北市立棒球場排隊領免費的學生外野票，巴不得每場龍象大戰都打個四小時最好，但為什麼這種「俗擱大碗」的心態不是當代職業運動經營的價值？

那是因為職業運動之所以為一種產業，必須要能吸引消費能力強的客人，而學生？很抱歉，未來的你們才是職業運動所需要的！然而，投身職場之後，時間的分配便殘酷地融入資本主義的生產機制中，球賽與其他形式的休閒只是眾多分割二十四小時的事件之一而已；學生時代建立起來對運動的熱情，往往被社會現實給消磨殆盡。

妙的是，不管是大聯盟或是NBA的應對之道，都是針對比賽本身，然而，電視轉播中的廣告卻才是拖慢比賽節奏的元凶。NBA最後兩分鐘就像在看《灌籃高手》漫畫一般拖棚，常常一打十幾分鐘。試想，如果足球比賽在場中教練可以叫暫停，甚至像NBA一樣加入所謂的電視暫停時間來插播廣告，那一場足球賽絕對不會是公定價兩小時完賽的。大聯盟與NBA試圖更改自身比賽規則，卻對外部的媒體束手無策，其實如果棒球局間的廣告從現行兩至三分鐘左右減少一分鐘，那麼一場比賽下來就是節省了十六至十七分鐘；

NBA如果減少現行的長暫停次數（六次，六十或一百秒），那麼自然也可以把實驗中少掉的一分鐘比賽補回來。

但說來容易，當代職業運動已如同浮士德一般，將靈魂出賣給了魔鬼，而且隨著轉播權利金水漲船高，更沒有回頭的可能。因此也只能摸摸鼻子，從自己的規則改變起。這連全世界最風行的足球都無法倖免。

國際足球理事會（IFAB），也就是國際足球規則修改與討論的組織，也討論過多項攸關這全世界最受歡迎的運動的規則，其中最引人矚目的是將比賽時間由連續的九十分鐘（外加傷停補時），改為停錶的六十分鐘的提議（類似籃球的計時方式）列入討論。

此聞一出，許多足球迷為之震驚，足球九十分鐘不停錶的傳統自一八六六年就開始是如此自然的存在。九十分鐘之於足球，就像英國之於炸魚薯條一樣的天經地義，這動搖「足」本的改變將成何體統？

這麼一個天翻地覆的提案，當然是有所本的。根據統計，一場九十分鐘的足球賽事，在死球狀態中（包括擲界外球、犯規後的自由球、球門球、角球、換人、進球後的開球等等），大概占了一場比賽中的三十四分鐘左右，實際場上處於動態的狀態就是五十六分鐘，這也正與FIFA規則委員會所草擬的六十分鐘停錶時間接近。另一方面，錶定六十分鐘的美式足球賽，實際上發生事情的時間只有十一至十二分鐘，但是打下來卻常常要三個多小時。

有時限的運動況且如此，那麼一些本質上無時間限制的運動項目，更面臨當代各項運動競爭，甚至其他娛樂形式的威脅與挑戰。正常而言，一場九局三個多小時的比賽，場上發生動作時間大約只有十八分鐘，大聯盟官方的MLB.TV每場比賽提供賽後精華的「濃縮比賽」（condensed game），也就大概是這長度。

另外，網球迷津津樂道，每逢四大滿貫賽，就期待著費德勒、納達爾、喬科維奇和莫瑞在決賽中廝殺個五盤，打好打滿，耗個五、六個小時最好。但網球也開始著手改變賽制的發想，二〇一五年澳洲網協就曾邀請費德勒與休威特進行一場快四（Fast4）賽制的表演賽，大原則是一盤四局制，若打成三局平手，就進入Tiebreak（搶五），同時也微調其他規則，以加速比賽節奏。

但不管棒球或是網球，比起板球可就小巫見大巫了。球類運動中，可以打得最久的就屬板球對抗賽（Test），這項從一八七七年就開始的傳統賽事，即便演變至今，都還是要打個四局五日賽；一九七〇年代好不容易開始有了一日國際賽，二十一世紀後有了更精簡、一個晚上定勝負的二〇—二〇賽制。

看在老板球迷眼中，一日賽、二〇—二〇都是些不懂板球精義的生意人，為了商業利益妥協而不夠純粹的產物。但說真的，當代生活中，誰還有那英國時間耗五天才能知道一場比賽結果，甚至比賽中還來個四十分鐘的午餐和二十分鐘的下午茶呢？

法國社會學家博豪（Jean-Marie Brohm）妙喻運動為一個「時間測量的牢籠」（a prison of measured time）。我們都在有限的時間裡掙扎，即便是本質不具時間性的現代運動亦然。以棒球來說好了，包括筆者在內的轉播同仁，雖然都有內心支持的球隊，但一到自己轉播的賽事時，多少就成了「主隊」的球迷（就不用打九局下半了），同仁間也流傳著一份由王雲慶球評整理的衰神排行榜，詳載著主播與球評躬逢其盛的每一場可歌可泣的馬拉松戰役。即便大聯盟官方也想盡辦法要加快比賽節奏，但多欠缺革命性的變革，只有二〇一七年開始把不用投球的故意四壞球搬出來聊勝於無一番，但實際比賽時間卻依舊漫長（像是紅襪與光芒就在二〇一七年母親節打了一場十一比二卻耗時四小時三十二分鐘的比賽，彷彿媽媽們真的可以青春永駐似的）。

台灣人愛棒球，這是無庸置疑的，但這樣的愛是不是永恆（timeless）的？我可不敢如此打包票。即便是在美國，棒球都是項傳統守舊的運動，三人出局攻守交替、三振等等規則都與一八四五年最初版的《尼克巴克規則》（*Knickerbocker*）無異，九局的長度也是自一八五六年起就不曾變動，倒是保送一路從九壞降到了四壞。但自此之後，棒球就像個時空膠囊一般，在歷史洪流中以不變應萬變，幾乎一世紀沒有任何重大的規則變動。

本人在二〇一八年有幸參與了世界大賽第三戰的轉播，是的，就是那場十八局、七小時二十分鐘的驚天地泣鬼神的比賽，不禁讓我再一次思考，怎麼樣能夠讓這項我們深愛的運動變得與時俱進？這些看似神聖不可侵犯的棒球聖物，如果我們大膽地腦力激盪來做些變革會怎樣？如果像慢壘從一好一壞開始打起（其實也就是兩振出局三壞保送的意思）、或是只打七局呢？

從傳統的角度來看，這些當然是離經叛道。打者在兩好球之後纏鬥的奧妙、或是投手連續牽制跑者的心理戰，都是棒球迷人之處，但如果連足球的九十分鐘、不停錶都是可以討論的，那麼運動場上大概就沒有什麼規則是不可褻玩的上古神獸了。

對了，你知道中華職棒平均每場比賽要打三小時二十分鐘嗎？

70 除了廉價的熱血，黑豹旗還剩下什麼？

八七：〇、四三：〇、三八：〇……，這些都是第二屆黑豹旗青棒賽的比數，前兩輪七十三場比賽中，其中五十八場是以「扣倒」提前結束收場，賽事品質可見一斑。然而，不論當時，或是至今絕大多數對於黑豹旗的敘事或是參賽者都以「熱血」、「一輩子的回憶」來正當化這比賽的慘烈。但是我必須問：「除了熱血和回憶，黑豹旗還剩下什麼？」

棒協在賽事宣傳上以及許多媒體都將此賽事稱為台灣的甲子園，主要就是賽事隨機抽籤與單敗淘汰的賽制（其實甲子園也不全然隨機抽籤，同區學校會刻意分在籤表不同側），但黑豹旗其實更貼近「假」子園。事實上，我們只看到夏季甲子園大會，每年有四十九支來自日本各地區代表，但實則是全日本將近四千支球隊經過地方代表權賽事篩選出來的菁英隊伍。

上電視，當然是黑豹旗能吸引多達近兩百支隊伍報名的誘因之一，而且廣納各式球隊參賽，從木棒組的菁英球隊、玩票性質的社團，甚至賽前兩週才練球的熱血雜牌軍全部放在同一個池塘裡。既然如此，前幾輪賽事精采度，就完全交在「棒球之神」的手中；雖然我們也看到了一些精采比賽，但絕大多數的比賽是慘不忍睹的，見到一些選手面對強襲滾地球、或是生硬的滑壘動作，著實都讓人捏把冷汗。任何運動都有風險，但如果連最基本的動作與技術都沒有，讓這些球員暴露在不尋常的危險狀態下，那麼，外在的熱血只是掩飾了內虛而已。

或許是到了我們該說聲「抱歉！孩子，你還不夠資格上電視」的時候了。當然，台灣整體媒體品質的低落不是這群孩子的錯，好在八七：〇那場比賽並沒有轉播，否則絕對能稱得上是史上最難看的電視節目之一，但四〇：〇、三八：〇轉播起來也夠嗆的。過度強調熱血與回憶，卻廉價化了賽事本身與電視轉播，你必須苦練，「掙」來上電視的機會，而不是獎勵平庸，甚至報個名就可以對著鏡頭說：「嗨！媽！我在這！」

黑豹旗並非高中棒球最重要的賽事，之所以吸引如此高的曝光度，還是受到一些升學名校參賽的加持，從記者會多選在建中舉行就可理解。但除了短期曝光之外，要怎麼要讓高中棒球發展與扎根，才是長期更重要的事。本人認為有整合、分區、分級三個方向可思考。

首先，國內相關賽事需要整併，除了已辦兩屆的黑豹旗之外，國內還有高中棒球聯賽、菁英大賽、玉山盃、王貞治盃等賽事，其中即便是以聯賽為名、規模最大的高中棒球聯賽，

圖 70.1　除了熱血和回憶，黑豹旗還剩下什麼？

都還是層層晉級的錦標賽類型，一支球隊可能練了大半年的球，打了兩、三場比賽就打道回府，因此參酌美國高中賽事，結合季賽加錦標賽，當可取兩者之長。如此一來，季賽可以讓更多球員增加實戰經驗，厚植球隊戰力，而不是像現在許多實力不錯的球員卻被埋在名校的板凳上苦無出賽機會；季賽進行完畢後，依其戰績排定種子序，球季尾聲進入短期戰定生死的高潮。

季賽最大的障礙當然是賽事倍增後的成本考量，但區域聯盟成形則可以稍微緩解球隊與主辦單位差旅的負擔，更重要的是，區域化對於棒球文化深化是絕對有助益的。增加同質與同區球隊的世仇感與校友凝聚力，如果我們每年可以有一、兩場的「附建賽」，就算我們知道那不是平鎮與穀保那樣水準的比賽，但那會是一件多嗨的事？更別說這戲碼電視台也會有興趣。別忘了，美國大學的「長春藤聯盟」本質上是個運動聯盟，耶魯與哈佛就算在運動實力上不能與其他運動名校競爭，但只要世仇見面、分外眼紅，畢業校友更可挹注資源。季賽成本固然會增加，但也可能導入更多資源投入。

而分級也是必要的，即便是世界上歷史最悠久的隨機抽籤單淘汰盃賽——英格蘭足總盃也是如此。二〇一八年共計七百三十六支球隊角逐這項賽事，光是會外賽就有六輪，業餘俱樂部性質或是半職業的球隊都必須從頭打起，第三、四級別的英甲（League One）和英乙（League Two）則從會內賽第一輪開始打起，英超球隊仍保障從第三輪才打起。如此安排，當然是避免英超豪門以棒球比數血洗業餘俱樂部。

分級也分區的季賽，可以將各級聯盟的戰績作為下賽季升降級的依據，如同大專籃球聯賽公開組升降級制度一般，促進實力均衡與競爭性。況且，各地休閒性質的慢壘聯盟都做得到這點，制度化的學生競賽，沒有理由做不到。

71 吵什麼「草」？

——一面草皮的運動文化意涵

在完美的世界裡，所有運動員都會偏好完美種植與維護的天然草皮。歡迎來到現實世界。

繼大巨蛋爭議之後，二〇一七年台北世大運籌辦當中，再掀起天然草皮與人工草皮之爭，之後市長柯文哲拍板將在世大運足球場地使用人工草皮。使用人工草皮，初期鋪設成本較高，但是長期的養護費用卻遠比天然草皮要低得多（尤其要養得「好」的話），因此這既是成本考量，也是對台灣氣候與場館維護品質的不信任投票。但這一面草皮，更是運動文化的一面鏡子。

在繼續相關討論之前，我們必須理解，今日的人工草皮技術已經不是我們小時候那種充滿氣味還有每滑必燒傷的那種塑膠貨，其擬真的技術也在FieldTurf公司投入後，終結AstroTurf壟斷而一日千里。但是不管怎麼進步，根據路透社的調查，即使是科技尖端的人工草皮球場，造成運動員膝蓋與腳踝受傷機率仍然較天然草皮為高。不過這項比較的基礎或許是與大聯盟、ＮＦＬ等頂尖聯盟標準下的天然草皮球場。就像開頭所說，完美的天然草皮絕對是所有運動員的首選，但是鋪設與維護不佳的天然草皮，同樣容易造成球員受傷，每顆打在新竹棒球場的滾地球，就像打彈珠台一樣是個大冒險。

舉凡曾主辦美式足球超級盃的鳳凰大學體育場、德甲沙爾克〇四隊的主場費爾廷斯競技場（Veltins Arena）以及作為足球使用時的札幌巨蛋，雖然都是室內球場，卻都能以天然草皮進行比賽，原因就在於所採用的拖曳技術，場館未作運動用途時，天然草皮在戶外培養與種植，比賽日再將其拉進場內。由上述世界頂尖場館的例子可以知道，「天然乀尚好」，因此即便是室內巨蛋，仍願意盡一切可能鋪設天然草皮。但如果客觀環境真不允許，也只能退而求其次。美國東北部新英格蘭地區的吉列球場，也就是愛國者隊的主場，雖經歷過多年嘗試，但最終仍因為氣候、球場角度欠缺足夠日照與地底加熱系統無法滿足鋪設天然草皮的條件，不得不改鋪FieldTurf公司的人工草皮。

近期除了台北世大運因為人工草皮與天然草皮產生爭議之外，無獨有偶，二〇一五年女子世界盃足球賽，也因為主辦的加拿大六座場地全為人工草皮而引發爭議。在二〇一二年世界最佳女子足球員美國選手萬巴赫（Abby Wambach）的率領下，包括美國摩根、日本澤穗希、德國安格勒、巴西瑪塔等一群頂尖女子足球員向加拿大法院提出訴訟，認為既然男子世界盃從未在人工草皮上舉行過，而國際足總與加國足總卻讓女子選手在較容易受傷的人工草皮上進行比賽，那麼此舉無異是性別歧視。爭議延燒半年，以這群球員撤回告訴暫時告終，但她們表示仍將持續關注運動場上性別平等的議題。

一面草皮的選擇，雖然代表著經濟利益的盤算，更體現出一個國家、賽會組織對於運動文化與運動員價值的內涵。美國絕大部分的頂級運動場館都使用天然草皮，棒球尤其如此。美國境內二十九座大聯盟球場，僅有坦帕灣的巨蛋球場鋪設人工草皮，那是因為美國人將棒球文化投以純真、質樸、田園生活的遙想與復古的氛圍。反觀日本，卻是將場館及運動視為脫亞入歐（美）的投射，巨蛋球場、人工草皮的普及，除了氣候考量之外，同時也是日本科技尖端的展現。十二座職棒主球場就有六座巨蛋，也僅有廣島和甲子園是天然草皮，甚至連本來露天的西武球場都要加個蓋子成為巨蛋，這在將棒球與自然畫上等號的美國人眼中，簡直是匪夷所思的「倒退」。

因此，使用天然還是人工草皮除了經濟與效益之外，還有多種文化上的意涵，甚至是一個運動文化透過了這面草皮而體現出來。女子世界盃足球賽的草皮爭議，其實是映射出了女子運動員在運動場域中的從屬地位；同理可證，此次引爆爭議的場地正是台灣冷門的足球場，足球在台灣運動的邊緣位階亦透過了這面草皮再次得證。

72 魔球咒語

——「大數據」真能人定勝天？

大數據鋪天蓋地而來，選舉要談網路的大數據、柴靜談空污要拿大數據、醫療健康要拿大數據、相親配對要拿大數據，運動場上更是早就開啟大數據時代。

美國「棒球之父」柴德威克（Henry Chadwick）在現代棒球誕生之時，就將打擊率、投手自責分率（ERA）帶入棒球紀錄與報導，自此之後，棒球就一直是最常與統計學連結的運動。由於每次的投打對決都能產生出由變數交織而成的「事件」，隨著球數、壘上跑者狀況、投打慣用手等等變化，每一個場景都充滿著錯縱複雜的故事性。

一九七〇年代末期，一個正職是工廠夜班警衛的棒球狂熱球迷詹姆斯（Bill James），開啟棒球場上一連串的「賽伯計量學」（Sabermetrics）革命，在麥可・路易士（Michael Lewis）以MLB奧克蘭運動家隊總經理比利・比恩（Billy Beane）為主角的《魔球》一書以及改編電影風潮之後，「大數據」儼然成為棒球世界的顯學。

除了棒球的特性與統計學是完美的結合之外，這股大數據浪潮延燒到所有你可以想到的運動，比利．比恩本尊還應荷甲足球隊AZ Alkmaar之邀，出任顧問一職，期待能將魔球模式複製在荷甲的小市場球隊身上。德甲的霍芬海姆球隊與北美國家冰球聯盟NHL都聘請著名軟體公司SAP為其提供運動數據服務，NBA也從球場攝影機連結電腦的運算，可以得出如球員跑動距離等等以往難以想像的數據。

然而，儘管比利．比恩從一九九八年接掌運動家隊之後，靠著魔球哲學將運動家隊塑造成球季賽常勝軍，卻僅有一次在季後賽中挺進到第二輪，也讓比恩曾經失望地坦承「我這玩意在季後賽狗屁不通」（My shit doesn't work in the playoffs）。況且就算魔球真有其魔力，但是球場如人生，並不是靜態的，眾人紛紛採取相同戰略之時，競爭的動態性，抵銷了魔球的優勢。更別說馬克．吐溫早已參透人類的三種謊言：「謊言、該死的謊言和統計。」

舉例來說吧，二〇一四年國家聯盟分區系列賽第四戰，面臨淘汰邊緣的洛杉磯道奇隊推出王牌左投柯蕭（Kershaw）主投。七局下半，紅雀隊零比二落後，無人出局，一、二壘有人。柯蕭整個球季在沒有人出局一、二壘有人的狀況下，沒有被打出過任何安打；面對他的則是這球季面對左投只有一成九〇打擊率的左打亞當斯（Matt Adams）。在這個打席之前，柯蕭七年生涯裡投的兩千六百零四顆曲球裡，沒有一顆被左打者打出過全壘打；亞當斯生涯面對左投投出的曲球打擊率更是只有一成一一。然而，柯蕭的第兩千六百零五顆曲球投出後，直接被亞當斯送到右外野牆外，成為逆轉的三分全壘打；道奇隊也因為這一轟，提早打包回家。

我們要怎麼解釋這結局？當然有人說柯蕭只休息三天，這又是他投的第一百零二球，所以已經累了（但整季他一百球以後也沒被打過全壘打啊！）；更有大數據魔人解釋那顆挨轟的球水平位移只有五公分，比起柯蕭平均曲球水平位移少了二．五公分。事實是，有了上述林林總總這些數據，你只要挑對了數據，怎麼說都可以。

●

大數據之所以吸引人，其實是我們還相信「人定勝天」，認為人類將一切量化之後，就可以從這些數字中找到上帝遺留的餅乾屑。但我們忽略了一點，數字本身或許是中性的，但任何牽扯到人與社會的數據背後都不是純淨的，而且一旦大數據的海量資訊大到我們無可負荷，那麼任何關於數據的資訊都必然只是以「理性」、「客觀」包裝，實則由守門人一連串選擇後的故事。

大數據要有效，或任何量化研究具有解釋力，前提是原始資料（raw data）必須真確，否則只是從一堆錯誤，演算出更華麗的錯誤而已。即便是懂得祕傳咒語的巫師，要煉出仙丹妙藥，那也要準備好正港的蟾蜍眼淚和鳳凰鱗片吧，否則說不定煉出的是含笑半步癲？

所以我們不妨想想生活周遭的原始資料：夜市裡有多少實報收入的攤子？中央機關公布的統計數據裡，有多少是臨時一通電話要下屬單位隔天就要生出來的？教學評鑑有多少學生是因為綁著下學期的選課，所以只好虛應故事地題目都沒看就隨便點點？你有多少次到餐廳用餐後隨性填個問券，其實只是因為要把筆帶回家時少點愧疚？

當現實如同運動場上的一切都能被切細、重整、再製成無數個數據時，我們看到的也會是更瑣碎的現象（例如彭政閔在週二晚上的洲際球場、濕度七六％、氣溫二十八度、二壘上有張正偉、晚餐吃六百二十大卡的排骨便當、喝了四百八十CC的運動飲料、前一天半夜幫女兒換了兩次尿布後的打擊成績）。或許有人會說，大數據也會提供一名球員完整表現的單一數據啊？是的，WAR（Wins Above Replacement）值是號稱能反映一名球員完整能力的數值，但是這數值也會隨著各網站計算打擊、防守等各項比重與公式不同而有所改變。

運動場上相對直白且易掌握變項的環境況且如此，更別說人類社會所產生的數字充滿了多少隱瞞、扭曲與謊言。依賴單一數據評定的假全貌與切細的瑣碎真實同樣令人憂慮，但是在實證主義主宰所謂科學管理的時代氛圍下，我們彷彿瞎子摸象，只摸到屁股也沒關係，反正有摸有保庇。

過度神化了大數據，就像到了陌生地，死盯著螢幕裡的GPS壯膽，卻不看眼前道路的駕駛一樣，即使眼前有懸崖，還是呆呆向前衝。反倒是依賴肉眼在黑暗中摸索前行的我們，因為知道自己視野的侷限，選擇緩步前行甚至停步休息。

如果只因為認得那些由零到九所組成的咒語，就覺得應許之地會為你芝麻開門，那就只好慢走不送。

73 拳擊走入歷史的迴光返照？

如果說一九七一年阿里與佛雷瑟（Joseph Frazier）血戰十五回合是二十世紀的世紀之戰，那麼二〇一五年五月三日上午九點鐘，菲律賓的帕奎奥（Manny Pacquiao）與美國的梅威瑟（Floyd Mayweather）或許就為二十一世紀寫下了世紀之戰。

這場舉世矚目的拳賽，場邊座位被炒作到將近二十五萬美金一張，按次付費電視也將寫下史上最高的單次九十九點九五美金，單場拳賽總營收估計超過三億美金。當時三十八歲的梅威瑟與三十六歲的帕奎奥儘管都已過巔峰，卻仍是這世代最具名氣與實力的拳手，原本二〇一〇年就傳出兩人有機會能夠交手，但是背後牽扯的利益網絡之複雜，使得交涉未果，以致二〇一〇年迄今無緣交手。這場從未發生的賽事，還被選為世界拳壇最重要的年度大事，可見這場世紀之戰有多誘人。兩人的交鋒，終於在經過五、六年的交涉後即將登場，拳迷們被吊足了胃口，蘊積的能量可見一斑。

這場世紀之戰，可以想見權利金與拳擊運動在台灣的邊緣，所以我們在電視上「當然」看不到。不過回首過往，三台也曾經以一系列《拳壇龍虎榜》、《拳壇爭霸戰》的節目，在拳擊黃金的七〇年代中與世界接軌。台視就曾經在一九七三年，獨家轉播在東京武道館進行的世界重量級拳王爭霸戰，但是衛冕的福爾曼（George Foreman）卻僅花了兩分鐘就KO挑戰的拉曼（Jose Roman），使得台視為消化滿檔的廣告，不斷重播這兩分鐘比賽的趣味歷史。

只可惜，台灣電視在七〇年代中期以後，主管機關新聞局以職業拳擊、摔角節目激烈而又殘暴為由，下令不得在電視上播出。所以七〇年代中期膾炙人口的金夏沙叢林惡鬥（Rumble in the Jungle）和馬尼拉激戰（Thrilla in Manila）等阿里經典賽事，台灣都無緣得見。直到一九七八年九月阿里與史賓克的二度較量中，華視方才衝撞禁令成功；一九八〇年十月，透過華視，我們也才得以見證了企圖復出的阿里，終究還是該被年輕的荷姆斯送入歷史。

阿里、佛雷瑟、福爾曼為七〇年代寫下多少動人的拳擊史詩篇章，全世界往往隨著他們揮舞的每一拳而停格，但是自此之後，拳擊漸走下坡，電影裡的洛基反倒取代了這些歷史上的名將，成為最具代表性的拳手。阿里「躍動如蝶、拳如蜂螫」的身影，也只成了黑白海報上為這黃金時代寫下的最後注腳。

人類文明的進程中，運動場內成了替代性暴力合法存在的空間，拳擊、摔角乃至晚近崛起的終極格鬥等等直接以身體作為攻擊目標的運動，都是人類維繫這類「受控制的暴力」的空間。然而，對於暴力的耐受程度也與現代性文明成反比，隔網較勁的網球與沒有任何肢體接觸的高爾夫球在社會的位階與拳擊相比即可見端倪。即便終極格鬥近年崛起、WWE職業摔角依舊擁有死忠粉絲也好、拳擊世紀之戰掀起熱潮也罷，但要將這類運動帶回七〇年代的光景是不可能了。

在運動員主體意識與健康保健知識崛起的時代氛圍下，各項運動都朝向減少肢體衝突以提升保護運動員的大方向在走。美式足球越來越注重腦震盪的防護、大聯盟幾乎直接消除了本壘的激烈攻防，電影「鋼鐵擂台」甚至預言，機器人在二〇二〇年就將取代人類進行拳擊比賽。

那個星期天，或許就是職業拳擊走向歷史前，最後的迴光返照。

74 小林尊，如今安在哉？

當紐約柯尼島上的納森熱狗店展開別開生面的熱狗大胃王一百週年活動時，我們卻沒有看到那個徹底改變這項「運動」的亞洲身影。事實上，我們最後一次在那兒看到小林尊，他是被紐約警察拖著離開的。

雖然納森熱狗店號稱二〇一六年是這項活動的一百週年，但與許許多多和飲食有關的故事一樣，都是穿鑿附會的鄉野奇談，只為了增加食物或是活動的歷史氛圍。但這發明的傳統，卻也微妙地變成每年美國國慶日別開生面的活動。

更妙的是，讓這項活動變成一項美國景觀的，卻是一個身高一百七、體重六十公斤的日本人。

小林尊，一個大胃王界的傳奇，從日本東京電視台的節目《電視冠軍》崛起，隨著國興衛視的熱播，小林尊在台灣也是家喻戶曉的人物。

他自二〇〇一年開始在納森熱狗大胃王中六連霸，而他麵包沾水、單手將熱狗折半的「所羅門王」大絕招，更是樹立起獨特的風格。如果說有些運動員光靠單名就足以震懾於世，Ali（阿里）、Jordan（喬丹）、Tiger（老虎伍茲）、Kobe（柯比）之外，或許就是那時候的Kobayashi（小林）。

美國ESPN從二〇〇四年開始現場轉播這項活動之後，就像棒球賽、蘋果派和煙火一樣，讓納森熱狗大胃王成為美國國慶日不可或缺的一部分。

二〇〇五年之後，小林尊與徹斯納特（Joey Chestnut）的競爭，就猶如同時期納達爾和費德勒在溫布敦的一系列史詩戰役一般。從二〇〇七到二〇〇九年，小林尊雖然都不敵徹斯納特而屈居亞軍，但絲毫不影響他大胃王巨星的地位。

二〇一〇年，納森熱狗大胃王的主辦單位「競吃大聯盟」（Major League Eating, MLE）——不騙你，真有這玩意——想要和已經旅居紐約的小林尊簽訂合約，也就是限定選手只能參加MLE主辦的活動。小林尊不願就此受制於MLE，拒簽合約，因此被禁止參加當年的熱狗大胃王比賽。

當年仍舊現身的他，最後落得被上銬、拖離那曾經屬於他的光榮舞台。至此之後，沒有MLE許可的小林尊，只能自己找地方吃著熱狗與徹斯納特隔空較勁，自己獨立接一些case，巡迴世界參與大胃王活動，也還來台灣吃過乾麵。

從小林尊與ＭＬＥ的事件中，我們看到組織對於個人自由的限制。ＭＬＥ作為賽事組織又兼經紀公司的雙重角色，挾納森熱狗大胃王這招牌賽事自重，使得賣「胃」的選手們深感剝削，也是小林尊不願委身旗下、許多選手陸續退出ＭＬＥ的原因，而這一切，其實也很美國。

錫亞兄弟（George Shea與Richard Shea）領導的ＭＬＥ，近年來壟斷了這項活動的發展，他們還企圖為它正名、甚至鼓吹它成為一項正式運動。但大胃王，或是正式一點的名字——錫亞兄弟所稱的「競吃」（competitive eating）——究竟是不是運動？

它無疑有競賽特質，必須經過訓練與具有特殊技巧，也需要身體的操練與勞動，甚至會造成下巴脫臼或是胃炎等「運動傷害」。但其實ＭＬＥ再怎麼解釋都不重要，畢竟暴食不但是《聖經》裡七宗罪之一，它有害健康、浪費食物等等背離時代主流價值的特質，就已經讓它難登大雅之堂，更遑論數年前大胃王正夯時，在世界各地所發生的意外致死案例。

但這一切似乎都沒有阻擋我們看小林尊或是其他大胃王挑戰人體極限所發出的讚嘆，我們可能甚至都還期待著，有朝一日，小林尊重返柯尼島，再吞下個六十幾根熱狗。

儘管我們都知道，生命應該浪費在更美好的事物上，但這正是內疚愉悅（guilty pleasure）的致命吸引力。

75 棒球最後的浪漫
——裁判消失的那一天

棒球場上、乃至所有運動場，幾乎都是有誤判時，才會讓裁判「享受」被聚光燈照射的滋味。拿棒球來說吧，它是一項規則極為繁複的運動，規則裡有太多灰色地帶需要人為主觀的詮釋（如內野高飛必死球）。最基本的好壞球迄今是難以挑戰的人為因素，球員、教練被趕出場，常常就因好壞球的判決而點燃火爆脾氣的引信，而這正是棒球最古老的難題。

二〇〇一年七月一日，是運動轉播史上改變棒球運動的一天。當亞特蘭大勇士隊投手柏基特（John Burkett）面對紐約大都會隊打者麥格尤恩（Joe McEwing）投出第一球時，主審巴倫（Mark Barron）沒有舉起右手。一壞球。看似不過又是一場ＥＳＰＮ轉播的週日晚間棒球賽（Sunday Night Baseball），但從這天開始，一個在電視機裡捕手胸前的方框，從此改變了我們對棒球好球帶的感知。因為從此之後看棒球時，那個框框就成了我們檢證主審是不是有外角海的證據。

許多棒球球迷或許不知道，根據棒球規則，所謂的好球帶是指「以擊球員之肩部上緣與球褲上緣之中間平行線作為上限，以膝蓋下緣作為下限，通過本壘板上方之空間者稱之」。以此觀之，好球帶的上限甚至是一條不可見的推想線，更何況主審的肉眼在面對動輒一百五十公里時速的小白球飛進來時，只有零點四秒做出好壞球的判斷，這當然不會是件容易的差事。一九九七年國聯冠軍賽第五戰，馬林魚隊赫南德茲（Livan Hernandez）單場十五K力壓勇士隊的巨投麥達克斯（Greg Maddux），但是你不妨在網路找找比賽片段，看看這裡面有多少是真正符合規則的三振？

如果這樣，那為什麼還不趕快把裁判，尤其是判著好壞球的主審趕出棒球場呢？

就技術而言，用機器取代人來判決好壞球絕對不是難事，事實上大聯盟自二〇〇八年也已經採用PITCHf/x技術來檢驗主審的好球帶，而網球場上鷹眼系統早已大行其道，迄今已有超過九十五項賽事採用此技術，最具歷史的溫布敦也即將邁入鷹眼時代的第十二個年頭。

足球場上，由於蘭帕德（Frank Lampard）在二〇一〇世界盃英格蘭與德國之戰中「消失的進球」犯了眾怒，國際足總在二〇一二年底的世界俱樂部冠軍盃採用了球門線技術，英超則自二〇一三至一四年賽季起加入，來告知場上裁判球是否已經越過球門線。

但問題是，不論是鷹眼或球門線技術都是透過攝影鏡頭蒐集資料後交由電腦運算的結果，科技凌駕人性成為難以抵擋的現實。因此，網球場上我們看到鷹眼判決後，球員與裁判也都只能仰天嘆息；足球場上裁判面對球員進球與否的質疑時，也都比著手腕上的手錶，彷彿無奈地說：「要吵去找電腦吧！」

即便鷹眼以及慢動作輔助判決已經不再是運動場上的新鮮事，但在一些仍舊以純人工判決的賽事中，眾多的誤判卻讓許多球迷難以下嚥。二〇一七年歐冠八強賽，拜仁慕尼黑與皇家馬德里之戰同樣充滿了爭議性的紅牌判決與越位進球，而讓遭淘汰的拜仁球迷忿忿不平。反觀影像助理裁判（Video Assistant Referee，VAR）儘管正反評價不一，但在二〇一八年俄羅斯世界盃全面啟用VAR之後，連一向固執的英超，也將在二〇一九至二〇年賽季啟用。

在科技步步進逼我們生活的每一個角落時，我卻不願見到運動場上的人性成分被輕言放棄，因為這同時也是當代社會科技理性與實質理性交鋒的體現。從技術官僚的政策評估、企業經營到學校教育，我們正在吃下過度依賴科技手段而忽視人文倫理的苦果，運動作為展現人類更高、更快、更強的極致場域，我依舊希望它能多抵擋一會兒。

我們不應忽略的是，不論是K Zone或是鷹眼也都有誤差的範圍，鷹眼技術的官網表示，該技術平均有三點六公釐的誤差，以直徑六點七公分的網球而言，代表的是將近百分之五誤差範圍，而大聯盟的PITCHf/x也有著一英吋（二點五四公分）的誤差。但是以後我們都將不會知道機器犯了錯，因為有圖有「真相」，哪怕這些圖也只是電腦運算的結果。

美國職棒曾有這麼一個我極為鍾愛的故事。打擊之神威廉斯（Ted Williams）有一次在踏上打擊區時，底特律老虎隊的捕手金斯堡（Joe Ginsberg）對於好壞球的判決有所質疑，回過頭去向主審桑莫斯（Bill Summers）抱怨了一下，桑莫斯卻跟他說：

孩子，如果那是個好球，威廉斯先生會讓你知道的。

在不久的將來，捕手連嘟囔的對象都沒了；總教練想要「拐氣」找裁判吵架也找不到人了；情蒐小組和投捕搭檔也不再需要針對主審的「外角海」習性去做功課了；博弈公司也不用擔心黑哨左右賭盤（但可能要變成防駭客吧）。看似完美的世界，卻少了點人性的詭譎，理智或許告訴我，這是擋不住的趨勢，但情感上，卻依舊眷戀著人性不完美的美好。本壘板後方欲走還留的主審，大概就是一向懷舊的棒球最後的浪漫。

運動場上最好的裁判就是讓人感覺不到他們存在的裁判。

小心願望成真的那一天。

76「麥斯帽屢」

——野球之前的台灣棒球

如同開車時必須同時瞻望後照鏡一樣，追尋事物的起源，也一直是人類文明前進的必要視角。棒球之所以成為台灣國球，並非一日而成，在其成為國球前，一百一十二年前的此時，或可視為一個重要的開端。

雖然根據國立臺灣歷史博物館副館長謝仕淵先生的研究，台灣第一場正式棒球賽始於一九〇六年，但日本殖民時期最重要的報紙——《臺灣日日新報》——在當時並未報導該場比賽，最早一篇棒球比賽的報導，則見於一九〇七年，也就是明治四十年一月二十一日的漢語版，那是國語學校師範部與中學部的比賽。

此外，儘管一九〇五、一九〇六年也散見一些關於棒球的報導，但都是來自日本的「內地報導」，包括早稻田大學與美國史丹佛大學的棒球比賽，以及早稻田大學與美艦威斯康辛號官兵的比賽，直到一月二十日的這場比賽，台灣棒球運動才可說是正式萌芽。

由漢文版的報導中可以看出，對當時的台灣漢人而言，棒球尚是全然陌生的玩意，尤其「其毬西語謂麥斯帽屢」，這句或許看來霧煞煞，但是如果我們以閩南語來唸，就可以意會到「麥斯帽屢」指的正是baseball的日語外來語發音；「擊時頗多危險，非好手不能為」，更顯示當時漢人對棒球這項陌生運動的戒慎恐懼感；「削木為毬」，也是後來許多老一輩的棒球人將其稱為「柴球」的原因。

有趣的是，相同的一場比賽，一月二十三日和二十四日的《臺灣日日新報》日語版第五版中可見更完整的報導。

日文版將這場賽事分成上下兩篇連載，撰文的方式也就像今日可見的Live文，將戰況逐局呈現，精采膠著的比賽躍然紙上。因為版面的限制，也特別將七局之後的比賽延至隔天才出刊，頗有吊讀者胃口之感。

由文中可見，即使是在一百一十二年前的報導，所使用的選手守備位置代號都與今日相同，內文中也無須再對棒球這項運動做更多基本的介紹與描述，而是直述比賽的內容，顯見在台日人已是對於棒球十分熟稔。

由此可知，在日本殖民台灣初期，棒球還是專屬於日本人的運動，直到一九二〇年代之後，原住民與漢人漸漸被整合在棒球的體系中，也才有後來一九三一年嘉農「三族融合」，奪下甲子園亞軍的成果。

●生徒打毬　昨二十日爲日曜日。因乘休暇之機訂以午前八時頃。在南門外專賣局前。擧行打毬之事。其毬西語謂「麥斯帽屢」。係削木爲毬。乃以木棍擊之。擊時頗多危險。非好手不能爲。聞此以選手。皆出自國語學校師範部甲科及同校中學部之中。中如師範部甲科生。尤多于奮勵之末。「始來自內地者。好手甚多。知必大有可觀云。

圖76.1　取自《臺灣日日新報》（1907/01/21 漢文05版）。

不過在歷史的追本溯源上，我們也必須理解，這場國語學校師範部與中學部的比賽，只能稱得上是第一場被報導的台灣棒球賽事。由日文版的報導中顯見當時棒球在在台日人間已經頗為流行，在此場比賽之前，必然已有各式各樣的棒球賽在全台各處隨著日本人的足跡而展開。屬於台灣國球的故事，就此在各地留下。

提供此篇歷史性的報導翻譯與讀者共享。特別感謝國立體育大學體育研究所博士生胡嘉洋老師的翻譯。

●

日本內地頗負盛名的師範部，和實力伯仲的中學部對決，都是練習非常認真積極，且討厭輸球的年輕武士，有興趣的觀眾們紛紛提早聚集到球場，等待著比賽開始，比賽就在上午十點裁判杉氏鳴笛後展開，首先宣布雙方選手守備位置及先發打序。

白　師範部

1 新津 CF　2 平原 1B　3 百瀨 P　4 鮫島 SS　5 小山 RF　6 小野 2B　7 平石 C　8 宮部 LF　9 杉浦 3B

師範部中學部野球試合（上）

師範部は名にし負ふ內地新來の何れも相應なる手腕を有する面々中學部とても是亦熱心なる練習を重ねたる負け嫌ひの若武者なれば此興味ある試合如何を觀んとて集まれる群衆は定刻前より與に詰めかけ勝負遲しと待ち受けたり軈て午前十時杉氏審判の下に戰鬪は開始されぬ群衆等しく片唾を呑んで環視す先づ順序として双方選手の部署を再揭せん

白 師範部	新津 CF	平原 1B	百瀨 P	鮫島 SS	小山 RF	小野 2B	平石 C	宮部 LF	杉浦 3B
赤 中學部	市來 3B	大塚 CF	矢津 2B	鈴木 SS	長屋 1B	相原 LF	矢田貝 RF	成瀨 C	成瀨章 P

第一回　赤先づ攻む市來先登第一に敵壘を奪ひ次で三壘までを占領するの名譽を得今や將に本壘を突かんとして機を覗ふ次打者大塚三振矢津の好球赤遊擊の據る處となりて退き鈴木代つて敵を攻む[illegible]に乘じ市來萬難を排し疾走辛じて生還し茲に初めて一點を收む鈴木三振を演じたれば白代つて攻勢となり新津又三振に死す次で平原三壘にゴロを送り百瀨鮫島四球を利して茲にフールベースとなる小山重任を双肩に荷うて本壘に立つや奮然猛球を打ち疾走一壘を占領すると同時に平原百瀨の二人を生還せしめ鮫島をして三壘の奪取を容易ならしむ此瞬間の苦戰群衆をして思はず喝を叫ばしめたり白軍の得意察するに餘りあり小野三振に退き結局白軍一點の勝を制して一回了る

第二第三第四第五回共に双方生還者を見ず依然として赤軍は一點の負を持續しつゝあり赤軍の二壘矢津は第二回目に於ける防禦の際手に負傷せる爲め戰線を放れたれば後任として松尾參加す

第六回戰ひ稍々酣に疾風迅雷到らんとす四球を利して大塚先づ進み松尾次で一壘を取る暫時隙を冒して各先壘を奪取す未だ技を顯はさずありし勇將鈴木初めて茲にバンドを三壘に送る大塚爲に生還松尾鈴木も亦堅塞を陷る長尾鍛球轉々遊擊を弄ふ間に松尾生還し鈴木白軍の[illegible]を窺ひ輕快疾驅又本壘を蹂躙す壯絕快絕……應援の狂呼再び起

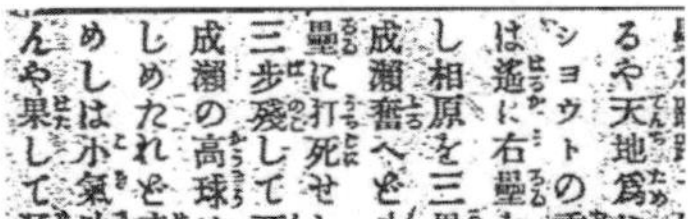

るや天地爲に震動せんばかり勇氣凛々多年ショウトの重役を負ひし相原意氣昂然飛球は遂に右壘を掠め矢田貝强球を二壘に飛ばし相原を三壘に送り將に本壘を突かんとす成瀨奮へども時至らず無慘矢田貝をして二壘に打死せしめ返る尖球に相原亦本壘を二三步發して死に斃れしむの已むなきに至る成瀨の高球は見事宮部の功名を餘儀なくせしめたれど赤軍は此戰に於て一擧四點を收めしは小氣味能かりし白何爲ぞ奮起せざらんや果して猛將百瀨の快球は遠く遙かに中

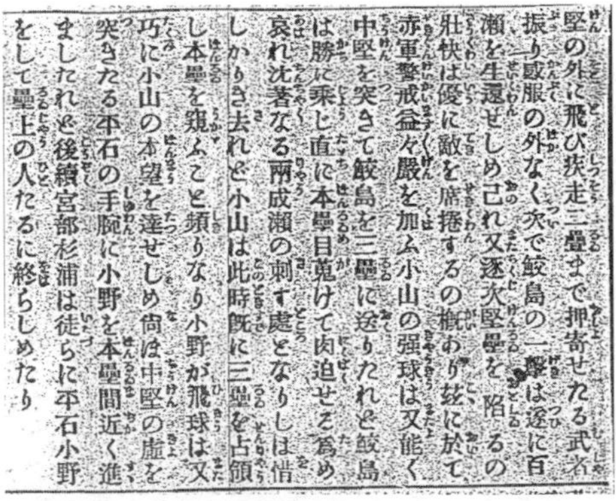

堅の外に飛び疾走三壘まで押寄せたる武者振り威服の外なく次で鮫島の一[illegible]は遂に百瀨を生還せしめ己れ又逐次堅壘を陷るの壯快は優に敵を席捲するの槪あり茲に於て赤軍警戒益々嚴を加ふ小山の强球は又能く中堅を突きて鮫島を三壘に送りたれど鮫島は勝に乘じ直に本壘目蒐けて肉迫せし爲め哀れ沈著なる兩成瀨の刺す處となりしは惜しかりき去れど小山は此時既に三壘を占領し本壘を窺ふこと頻りなり小野が飛球は又巧に小山の本望を達せしめ尚は中堅の虛を突きたる平石の手腕に小野を本壘間近く進ましたれど後續宮部杉浦は徒らに平石小野をして壘上の人たるに終らしめたり

圖76.2、76.3、76.4　〈師範部中學部野球試合（上）〉，《臺灣日日新報》（1907/01/23 05版 雜報／師範部中學部野球試合）。

紅　中學部

1市來3B　2大塚CF　3矢津2B　4鈴木SS　5長屋1B　6相原LF　7矢田貝RF　8成瀨C　9成瀨章P

第一局　中學部（紅軍）先攻，首名打者市來率先站上一壘，緊接著攻占三壘，等待回本壘的時機。第二名打者大塚遭到三振，矢津擊出的好球被游擊手接殺，接著鈴木打擊時趁敵不備，三壘上的市來排出萬難奔回本壘，先馳得點，鈴木則遭到三振，攻守交換。首棒新津也被三振，平原三壘方向穿越安打，百瀨鮫島選到四壞球，製造了滿壘得分機會，身負重任的小山站上打擊區奮力一擊，跑上一壘，平原、百瀨兩人安全回本壘得分，本來以為鮫島可以順利攻占上三壘，此時觀眾們發出「啊〜」的叫聲，在白軍志得意滿之際，下一棒小野被三振，第一局結束師範部（白軍）領先一分。

第二、三、四、五局雙方都無人攻回本壘，紅軍依舊以一分落後。紅軍二壘手矢津在第二局守備時手受傷退場，換上松尾守二壘位置。

第六局大塚選到四壞球率先上壘，接著松尾也上到一壘，並馬上冒險各自進壘，為了把在三壘的大塚送回，勇將鈴木首次觸擊，松尾鈴木也順利占據要塞，長屋擊出游擊方向緩慢滾地球，松尾回到本壘，鈴木也趁隙飛快地再度破壞本壘……多年來擔任重要游擊位置的鈴木展現了勇氣，加油的歡呼聲再起，天地都因此而震動。相原聲勢驚人的右外野飛球，矢田貝二壘方向強襲球把相原送上三壘，非常可惜成瀨的奮力一擊沒有成功送回相原，矢田貝在二壘出局，回傳球讓相原在本壘前兩三步被觸殺，處理成瀨這顆高飛球的宮部順利建功，紅軍此局一舉攻下四分，士氣大振。結果白軍猛將百瀨的快球飛向遙遠的中外野，並飛奔上二壘，對武士反攻氣勢湧現只有感佩，接著鮫島一棒送回百瀨，自己又繼續攻占壘包，面對敵方快速的反擊，紅軍高度戒備，小山的強襲球穿越中間防線，把鮫島送上三壘，鮫島趁勝追擊直攻本壘，可惜被冷靜的成瀨殺掉，小山此時也順勢攻占到三壘並伺機而動，小野擊出飛球讓小山一償宿願，平石擊出中外野安打，使小野接近本壘，後來宮部杉浦未有建樹，留下殘壘平石及小野結束這一局。

第七局　紅軍是否喪志，還是掉入白軍戰術的圈套，勝敗乃兵家常事？紅軍接著一分未得，反觀白軍鬥志更為旺盛，屢屢讓敵人心驚膽顫，兩人得分致使白軍再度領先一分。

第八局　雙方攻守戒備，毫無怠慢，兩軍都無人得分。

第九局　此戰將決定勝負的話，雙方都要拿出更加慎重的態度，深謀遠慮、運用奇策，奮戰力拚的火花四射、精緻細膩的讓水也無法流下。一開始，領軍的矢田貝送出朝向左外野的快速飛球，成瀨又擊出中外野的安打，矢田貝回本壘得分的同時，自己又一舉快速地進占二壘，可惜成瀨章遭受三振的屈辱出局，市來也揮空飲恨出局，此時之前

らんにはと百瀬名乘り出でたれど無慘や相原の囮となれり次で鮫島四球を利し幸に二壘を奪取す小山は中堅遠く熱球を呈し爲に鮫島を生還せしめたれば茲に兩軍同點となれるなり赤軍幸にして殘兵を鏖殺し以て優劣なしに終らしめんと益々勗め白軍は最後の一滴を餘すまでも勝たざるを得ずと必死に鎬を削る小野渾身の力を搾出し高く三壘近く飛ばしたれど見事市來の手に收めらるゝと見るや三壘にありし小山何ぞ逡巡するの愚を學ばんや己れ生還すると否とは實に勝敗の決する處と遮二無二突貫の壯擧に出で九死の中に一生を得辛じて生還を全うせるは何等の幸運兒ぞ

	一	二	三	四	五	六	七	八	九	
師範部	2	0	0	0	0	2	2	0	2	8
中學部	1	0	0	0	0	4	0	0	2	7

即ち八對七にて師範部一點の勝利に歸す中學部負けたりと雖も手腕の程亦大に見るべきものあり會稽の恥を雪ぐ又孰れの日にかわらん選手幸に自愛せよ

師範部中學部野球試合（下）

第七回　赤軍の志氣沮喪せるか非ず將た白軍の術中に陷りたるか非ず勝敗は兵家の常?赤軍遂に一の得點なし之に反し白軍益々旺盛にして屢々敵の膽を寒からしめ二人の生還者を見るに至り再び一點の勝を占めぬ

第八回　攻守共に警戒怠りなく兩軍一人の生還するものなし

第九回　勝敗は此一戰に於て決するなれば双者益々沈重の態度に出で互に深謀奇策を籌し奮戰力闘火花を散らして精細緻密水も洩らさぬ戰術を見せたり先づ矢田貝軍の興廢實に此一擧にありと抉然飛球を左壘に

圖76.5、76.6〈師範部中學部野球試合（下）〉。

在三壘的成瀨歸來，就像是快被風吹熄的燈火，但趁機以迅雷不及掩耳之勢攻陷本壘，如獅子一般勇猛，因此紅軍獲得兩分，取得領先。之前白軍占領二壘但在三壘戰死，沒能繼續推進相當懊悔，白軍原本還以一分領先，但現在卻變成一分落後，當換成進攻時要是不努力不行。不幸百瀨上場時成為相原的食物，接著鮫島獲得四壞球保送，攻占上二壘，小山擊出中外野方向深遠安打，鮫島得分變成兩隊平手。紅軍殘兵鏖戰至最後始能分出高下，越來越拚的白軍不得不戰到最後一刻，拚命地激戰。小野使出渾身解數，擊出近三壘的高飛球被市來的手沒收，在三壘的小山躊躇不決，他知道他這一分就是決定勝敗之處，突襲的壯舉一出，能在九死一生的情況下得到這得來不易的一分是多麼幸運的人啊。

結果八比七師範部一分拿下勝利，中學部雖敗但實力應該看得出來，為了以後的日子還能一雪會稽之恥，選手們得珍惜這分美好喔。

77 誰的翻譯？誰的權力？
——從小牛更名獨行俠談起

二〇一八年一月，在中國網友票選之後，NBA達拉斯Mavericks籃球隊決定以「獨行俠」這個名稱改正過去「牛」頭不對隊徽上「馬」嘴的狀況；經過了兩個月的適應期，各大媒體幾乎也都景從。

翻譯是非常困難的，在運動賽場上亦是如此，尤其許多歐美運動隊伍的名稱往往與該城市有著密不可分的關係。一些顯而易見的包括美國太空總署所在的休士頓，棒球隊叫太空人、籃球叫火箭再自然不過；德州的達拉斯「牛仔」意象；一七七六年《美國獨立宣言》誕生之地的費城「七六人隊」；一八四九年淘金熱的舊金山「四九人隊」；巴爾的摩特產的「金鶯」。至於摩門教大本營猶他州鹽湖城雖然看來與爵士樂格格不入，但若知其是從紐奧良搬來的球隊，也就不難理解。

許多歐美球隊的隊名是來自當地獨特的文化背景與深刻的歷史底蘊，若是直譯成中文則需要許多的背景知識。舉例來說，若以今日三十支NBA球隊的中文隊名來看，印第安那「溜馬」，或許是令人最霧煞煞的名字了，馬怎麼溜？還是指溜了馬蹄的馬？還是矯捷、很「溜」的馬？隊徽的一個大P字也看不出個所以然。一九八〇年七月NBA明星隊訪台時，其中當年才剛在選秀中被印第安那選中的比利・瑞德（Billy Reid），其所屬的球隊就是音譯的「派司」隊，當時紐澤西籃網隊（Nets）也被音譯成了「奈茲」隊。而其實Pacer這個隊名是其董事會以印第安那州自豪的馬車競速與賽車傳統而來的專有名詞，這樣一個需要落落長解釋的名稱，實在很難適用在一支球隊的中文名稱，說真的要怎麼翻得信、達、雅而簡，我也無解，但至少，對岸所翻的「步行者」同樣不準確。

從舊報紙資料庫來看，擁有廣大球迷的洛杉磯湖人隊，直到一九八四年在《聯合報》都被稱為「蕾克」隊。倒是同報系的、也是執台灣運動新聞牛耳的《民生報》，在一九八一年就由台灣NBA的先驅「曲爺」曲自立，賦予了它自明尼蘇達時期就有、且體現「萬湖之州」代表的湖人這名號。

綜觀美國職業球隊在台灣的譯名，至今使用音譯者並不多，紐約尼克、波士頓塞爾提克、洛杉磯道奇、紐約洋基等屬其中代表，這些音譯的球隊恰巧都屬名門、球迷眾多，其英文名稱本身就充滿歷史意涵，在台灣以音譯其隊名也都出現得頗早。

一九五四年，《聯合報》報導瑪麗蓮・夢露於攝影中昏倒之時，就曾順道提及她效力於紐約「洋客」隊的丈夫狄馬喬這名超級巨星；一九五五年就已經稱之為紐約洋客對決「勃魯克林道奇」的世界大賽。至於尼克與塞爾提克，當時著名的專欄作家何凡在一九七〇年時就以波士頓雪鐵喀（Celtics）與紐約尼克巴克（Knickerbockers）相稱；在一九七一年十二月的報導中，也提及尼克計畫於一九七二年三月來台訪問的消息（但事後並未成行）。

Yankee 一字，同時是老美（相對於非美國人）或是北方佬（相對於南方人），但必須要視所指涉對象而定；Dodger 則是早期，道奇隊的球迷們因為進出球場必須「閃躲」來往布魯克林繁忙的電車而得名。Knickerbocker（簡稱即為 Knick）指的是十七世紀時，穿著反捲、寬鬆過膝褲子的荷蘭裔移民；十九世紀，著名作家歐文以迪追奇．尼克巴克（Diedrich Knickerbocker）為筆名出版諷刺史書《尼克巴克的紐約史》（*Knickerbocker's History of New York*），從此更將尼克巴克與紐約客連結在一起。至於 Celtic，泛指具有愛爾蘭血統與文化的人；美國東岸城市，包括波士頓在內都有許多愛爾蘭裔移民（其實早在一九二〇年代美國籃球聯盟 ＡＢＬ 的紐約球隊就曾以塞爾提克為名）。

回到問題的癥結點，別人可不可以管我們怎麼稱呼他們？命名即是權力的展現，接不接受則是一個相對權力的問題，中國皇帝賜姓、賜名的霸道傳統也在華人文化裡深植著。儘管提起一九八八年的漢城奧運依舊順口，但「漢城」如此充滿中國中心歷史痕跡的名稱，在韓國崛起後，二〇〇五年起便依其所求，以音、義皆宜的「首爾」取而代之。但充滿淘金熱與中國移工遺韻的舊金山，依舊與聖佛蘭西斯科（San Francisco）相去甚遠，而美國人也不怎麼在意我們怎麼稱呼它。

在華語圈一片似乎就要以票選結果的「獨行俠」為依歸之際，《美國職籃戰國策》雜誌編輯古硯偉，卻在一月底出版的雜誌中以「編輯的話」告知讀者，他們認為小牛「初生之犢」與maverick意涵的獨行俠並無牴觸、甚至是十分接近的，以此原因並且尊敬曾任該刊總編的曲爺所建立起的傳統，該刊並無更動「小牛」之意：

> 基於本刊編輯部立場，現在我們並非NBA官方雜誌，不會在未來雜誌將小牛改名獨行俠，也不樂見小牛隊名更改，既粗魯又抹煞譯者希望傳達之意義，與小牛二字對於死忠球迷長年累積認同，也同樣不尊重。

《美國職籃戰國策》雜誌如此宣言，其實是十分大膽的，甚至已經具有歐美「迷誌」（fanzine）的非主流與反抗精神。在NBA全球化與在地性的鬥爭中，《美國職籃戰國策》選擇了在地的集體記憶，拒絕了全球化、特別還隱含著拒絕中國崛起後的地緣政治的順從與同質。

中華職棒也好，SBL也罷，甚至整個東亞職業運動圈，以企業體作為球隊名稱這件事，顯得理所當然。但是在高度職業化的歐美體壇中，反倒對於球隊名稱的商業色彩敬謝不敏，以祈保留一絲絲球隊依舊屬於城市、屬於市民靈魂的浪漫。德甲新興勁旅萊比錫就因為紅牛公司過度的行銷與商業色彩，甚至鑽漏洞將其球隊稱為R（ed）B（ull）萊比錫，招致全德國乃至全球足球迷的不屑。

不過，既然球隊名稱動不了，各大廠商就把腦筋動到運動場館上，於是乎海盜在銀行（PNC）裡、教士在寵物大賣場（Petco）裡打著棒球；太陽在一個不知怎麼翻譯的度假村（Talking Stick Resort）裡打籃球、邁阿密的體育場已經改名頻繁到沒人知道它現在到底叫什麼名字了。

然而，球迷們也不會放任這些行銷伎倆過度囂張。不管舊金山的老球場曾經有通訊商（3Com）、影音產品（Monster）廠商意圖染指，對舊金山居民而言，那永遠就是蒙塔納（Joe Montana）、梅斯（Willie Mays）寫下傳奇的燭台球場（Candlestick Park）。

小牛與獨行俠之爭，其實體現的正是商業力量與球迷共感的鬥爭。儘管聽來有些弔詭，但是自美國進口的NBA已經如此深入台灣籃球的紋理之中，反倒孕育出全球在地（glocal）的混成籃球文化；這點或許是小牛隊老闆庫班（Mark Cuban）與NBA始料未及的。

當然，我們無法天真地以為球迷的力量足以撼動NBA這頭巨獸，但堅持以小牛為名，這帶有詩意的反叛，反倒體現了獨行俠的精神。

78 球場上的亂鬥史

——觸身球的「合法暴力」，值得嗎？

二〇一八年五月，台灣與美國職棒接連傳出因觸身球引發的球隊衝突事件。遠因是前一年球季後，富邦悍將吸收被中信兄弟以戰力不符為由釋出的球員；兩隊相見，儼然「富」仇者聯盟登場，場內外也因此火花四溢。

職棒有話題是好事，但以惡意觸身球為手段，卻值得更進一步討論。

自從一八八七年，美國的國家聯盟將觸身球保送明文寫入棒球規則開始，打者被投手所投出的球砸中身體時，以自身肉體的痛苦，獲得保送上一壘的規則沿用超過百年至今。以理智及戰況而言，免費送給對方一個壘包，是個怎麼看都不划算的結果，但故意觸身球的發動，原本就不是個理性的作為，而是鞏固男性群體情誼的陽剛特質。

攤開美國職棒史，不知多少可歌可泣的觸身球史。一九二〇年，克里夫蘭印地安人隊打者查普曼（Ray Chapman）遭到洋基隊投手梅斯（Carl Mays）擊中頭部而死亡，成了棒球史上真正的「死球」；一九九三年，德州遊騎兵隊當時已經四十六歲的老投手萊恩（Nolan Ryan）一記觸身球引發衝突，特別是他痛毆足足小他二十一歲的范杜拉（Robin Ventura）的畫面，與他所有投手丘上的英雄史蹟並列不朽。其他因觸身球而起的種種衝突，實在族繁不及備載。

而國內早在職棒元年第一週的時候，就因觸身球幾乎發生衝突，以致職棒聯盟會議上，特別針對在觸身球之後，可能引發球員動粗鬥毆事件，有違職棒元年「清新健康」的宗旨而提出討論。當時與會的四支球隊負責人就表示：「職棒賽球員球品比勝負、球技重要，將針對第一週比賽部分球員有衝動的言行，返回各球隊後要求球員自我檢討、克制。」然而，因觸身球所起的衝突實難以避免，尤其常常是交戰雙方積怨引爆的最後一根稻草。

職棒二年六月，味全龍與兄弟象成為職棒初期球場衝突的代表性世仇。首先兩隊因雨暫停續賽與否為衝突的「六一事件」埋下引信，當時憤怒的球迷就拆下台北市立棒球場的椅子並進行破壞，並使原場地晚間賽事被迫延期。六月十四日龍象兩隊再度對壘，再因黃平洋對帝波投出觸身球，以及後續壘間衝撞而起衝突，看台上的球迷也加入戰局，引發職棒史上首波「圍巴」事件。

運動關乎激情，場上狀況往往在電光石火之間，一時半刻難以抑制情緒的衝動，對手間互相傷害、報復屢見不顯，隊友間也視挺身而出為終極的團隊精神。

棒球之外，籃球鬥毆也所在多有。二〇〇四年十一月十九日，NBA由溜馬隊與活塞隊引發的奧本山大亂鬥（Auburn Hill Brawl），正是這種男性團隊情誼大亂鬥的極致。打到後來連觀眾都加入戰局，最終導致十名球員總計禁賽一百四十六場，其中尤以阿泰斯特（Ron Artest）全季禁賽最為嚴重。即便NBA早在一九九四至九五年賽季就已經頒布了板凳球員離開板凳區加入戰局的自動禁賽令，卻依舊無法阻止嚴重衝突的發生。

至於速度更快，衝撞更多的職業冰球NHL，打架甚至「可以」是合法的（但有其規矩）。許多球隊為了保護陣中的明星選手被暗算，還會特別在陣中配置「惡棍」（goon）型的選手，宛若保鑣一樣，這甚至是有些冰上技巧略顯不足的球員之所以能在職業舞台立足的本事。有時世仇相見，連遠在冰場兩邊的守門員都能打在一起（見一九九八年四月一日底特律紅翼出戰科羅拉多雪崩）。

「合法性暴力」是體壇不好意思大肆宣揚但卻正是其迷人之處。拳擊、綜合格鬥（mixed martial arts）等直接以身體作為攻擊標的的運動自無須多言，對於其他運動組織而言，如何拿捏合法與非法就成為一門藝術。

籃球、美式足球、冰球都有禁止板凳區球員衝出加入混戰的規定，以維持一定的秩序。為何獨獨棒球沒有？甚至是衝突發生時，連遠在全壘打牆外的牛棚投手都需要趕緊衝入球場加入戰局？難道棒球的觸身球導致的鬥毆文化如此神聖不可侵犯？其實倒也不是，這多少與棒球獨特的性質有關。

一來，棒球（以及系出同門的壘球與板球）是唯一由防守隊伍握有球權的運動；也就是說，儘管防守，卻反而是相對主動的一方，尤其是比賽的進行都是由守備方的投手啟動，扭轉其他運動項目進攻方主動的樣態。而且，棒球雖然肢體接觸的頻率較上述這些運動要低得多，但卻有著紅線球這項傷人的武器，畢竟動輒一百五十公里的速球直衝腦門來，可能是運動場上最大的恐懼。

更重要的是，棒球還有一項與其他運動不同之處，也就是同時間在場上的兩隊球員人數非但不平等，而且有極大落差。攻方要面對一比九的人數絕對劣勢，就算是滿壘、再加上打擊準備區的球員，最多也是五比九而已，再把一、三壘指導（老）教練加進來，最多七個人，不能再多了。如果明令禁止板凳球員進入場中，原本就是被動的進攻方，在遇到對方惡意觸身球之後，可能讓打者更陷於不利，因此貿然實施類似禁令恐有難度。

觸身球，如果真是棒球場上隊友互挺的潛規則，倒也就算了，但有時候甚至可以為了更愚蠢的理由，造成無辜者的連帶傷害。

二〇一七年賽季，曾經隨大聯盟明星隊來台且深受台灣球迷喜愛的舊金山巨人隊一壘手摩斯（Michael Morse），就是惡意觸身球下的無辜犧牲者。在國民隊強打哈波（Bryce Harper）被投手史崔克蘭（Hunter Strickland）故意觸身球擊中引發的亂鬥中，一心勸架的摩斯，卻反而被隊友薩瑪加（Jeff Samardzija）撞倒而導致嚴重腦震盪，職棒生涯極可能就此結束。至於史崔克蘭為何要如此招呼哈波？原因可能只是因為他在二〇一四年的季後賽中，被哈波擊出了兩支全壘打，心有不甘，「以球報復，三年不晚」。這理由說瞎，還真瞎，尤其還讓隊友付出了運動生涯的代價，值得嗎？

以社會學家伊利亞斯（Norbert Elias）的觀點來看，運動在西方文明的進程中，自我身體的控制與約束是十分關鍵的因素，早期血腥運動（blood sport）中的暴力與肢體傷害已逐漸收斂，取而代之的是自制性的管理。

的確，組織化的接觸性運動盡可能減低其暴力程度。近年來，美式足球不得以頭盔撞向他人頭部、棒球的本壘攻防不再，然而，究竟是意圖傷人的觸身球，還是「溜手」？「只有三個人知道」這句老話，道出了它難解的灰色地帶。

但惡意觸身球這項間接的暴力攻擊，卻可能在比賽中為對方帶來太嚴重且非必要的傷害。除了加重罰則、告知球員惡意觸身球的潛在風險之外，「文明打棒球」或許是我們目前能做的訴求——群體男性氣概應該有更適合的戰場，不該用如此廉價的形式來展示。

79 美國、古巴，棒球外交的弦外之音

二〇一六年的這趟古巴棒球外交之旅，無疑會是美國總統歐巴馬卸任前的「歷史定位」。

如同一九七〇年代美中的乒乓外交、加拿大蘇聯間的冰球外交一般，運動再次被賦予西方民主陣營與共產國家破冰的重責大任。當奇爾梅爾（Kevin Kiermaier）安全滑進本壘為光芒隊得分時，歐巴馬忘情地比出安全的手勢，彷彿象徵著美古之間的外交關係也將安全進壘。

雖然早在一九九九年時，巴爾的摩金鶯隊老闆安傑洛斯（Peter Angelos）歷經三年的奔走後，就已打破大聯盟與古巴中斷四十年的冰封期，但是此行卻未得到眾人的祝福。儘管柯林頓鬆綁與古巴交流，但是美國國務院、乃至民間古巴裔社區都一致反對金鶯隊的古巴行，當時金鶯隊陣中的古巴裔好手帕梅洛（Rafael Palmeiro）也以缺席表示抗議。反觀這趟旅

程，除了歐巴馬親自領銜之外，重量級配角一樣星光熠熠，國務卿凱瑞、大聯盟主席曼佛瑞（Rob Manfred）、基特與溫菲爾德（Dave Winfield）等大聯盟退休球星、打破大聯盟種族隔離的傑基・羅賓森的遺孀瑞秋（Rachel Robinson）與光芒隊一同前往，看到歐巴馬與勞爾・卡斯楚並肩而坐，更是令人有不知今夕是何夕之感。

大聯盟之所以是個夢工廠，除了燈光、舞台、布景、明星主角一應俱全之外，更了不起的是精心安排了配角，並寫入溫馨的橋段。瓦羅納（Dayron Varona）這名光芒隊的小聯盟選手，在三年前坐著小船逃離古巴到了美國，在他的美國夢的劇本裡，大概都不敢有重返家鄉、接受全場球迷歡呼、還與他所背棄的政權領導人勞爾・卡斯楚會面的劇情吧！但是這些畫面全都發生了，透過棒球，瓦羅納真的重新踏上人生的本壘了。

在這一段美麗動人的故事背後，卻也包含著古巴這座棒球之島被全面納入美國所主導的棒球世界體系中的弦外之音。就在光芒隊與古巴國家隊進行比賽的拉美球場，以往哈瓦那工業隊（Industriales）的比賽常常吸引爆滿的球迷，但是在這一波古巴選手叛逃赴美尋夢的風潮下，古巴國家聯賽熱度驟減，棒球迷反而尋找機會到球吧關心大聯盟的賽況。根據《經濟學人》雜誌的報導，在古巴聯賽地位有如紐約洋基隊的哈瓦那工業隊，光是在二〇一五年就有十一名選手叛逃美國，其他各隊也都面臨相同的窘境，迫使古巴聯賽球隊重組與解散。另一方面，由於大聯盟只有在其主辦的WBC允許大聯盟選手出賽，古巴國家隊在國際賽中，已經不再是令人聞風喪膽的紅色閃電，十年來國際大賽未奪一冠，一九八七到一九九七年間國際賽一百五十六連勝的紀錄早已是塵封的回憶；二〇一五年底的首屆十二強賽落居第六，最新世界排名更落居第五。儘管這個排名的計算方式讓許多球迷嗤之以鼻，卻也某種程度反映了古巴棒球人才流失的現實。

自從阿洛查（Rene Arocha）在一九九一年自邁阿密叛逃，古巴選手不是在國際賽尋覓時機，就是冒著生命危險乘著簡陋的小船在佛羅里達海峽漂流；美古不兩立的政治現實，使得棒球員必須在家鄉與美金之間做出選擇。雖然古巴在這幾年放寬棒球選手合法出國淘金的管道，像是古瑞爾（Yuli Gurriel）就曾透過正式管道到日本職棒橫濱隊打球，在此過程古巴政府得以收取二〇％的回饋金。但日本薪資比起美國實在小巫見大巫，加上受限於美古之間的禁運令，這條人才輸送帶始終到不了美國。

歐巴馬這趟棒球外交之旅，只能算是開啟美國與古巴兩國間棒球交流的曙光，解除古巴禁運令的鑰匙仍掌握在美國國會手裡，大聯盟也持續堅守禁止各球團派遣球探到古巴的官方表面立場。儘管如此，古巴球員湧入大聯盟都已是回不去的現實。

可以想像，禁令一旦解除，古巴棒球勢必面臨更加險峻的人才出走危機。古巴棒球界當然會希望從大聯盟手中獲取起碼的回饋與保障，但是談判籌碼的現實面是很殘酷的。在面對早期古巴球員叛逃時，菲德爾·卡斯楚曾阿Q地說：「一個棒球員離開，會有十個球員再冒出頭來。」但回頭看看，這只不過是強人末途的誑語，鄰近的多明尼加完全仰大聯盟鼻息，基層棒球唯大聯盟是問，只有人才輸出，沒有棒球基礎建設。如此殷鑑不遠，紅色閃電是否懾人依舊？恐不樂觀。

80 不追求金牌的運動想像
——打造以運動員為本的環境

在這世界上，我們很難找到在治理上比國際運動組織更糟糕的了。
——卡瓦拉（Sunder Katwala），前費邊社祕書長

如果要為里約奧運下一個台灣觀點的注腳，或許不是場上的一金兩銅，而是場外選手與協會間的風風雨雨。從謝淑薇到戴資穎，反映了我們的運動協會與選手之間的齟齬與矛盾，也使我們必須重新檢視「誰」才是運動的場域的主體。

很多人說這次奧運就像一面照妖鏡，照出台灣許多協會的黑暗面，但其實許多國際運動組織早已是藏污納垢之地，樹大必有枯枝，往往規模越大，問題越多，如二〇〇二年鹽湖城冬季奧運的賄賂醜聞、國際足總高層貪污已成了全球共犯結構。妙的是，某些台灣的運動協會，規模已經不大了，卻還巴不得一直開啟隱形模式，惦惦呷三碗公地領著政府的補助款，

但里約奧運的聚光燈卻照出許多黑暗的角落：不知流向的補助款、毫不避諱的利益輸送、對於運動員的宰制與剝削等等，都在此時曝了光。

針對國際運動組織的詬病，多倫多大學運動社會學家唐納利（Peter Donnelly）就曾為文提問：「如果由運動員來當家作主，那會是什麼情況？」他指出，在全球化趨同文化下，身體文化的多樣性受到了侷限，次文化的誕生卻總免不了被吸納而成為另一個組織；原本誕生於街頭的極限運動（滑板、越野單車等），漸成氣候之後，被ESPN、紅牛能量飲料等大型企業吸納主導下，如今成為龐大的商業體。在此大環境下，運動員的權利、甚至其基本人權往往就在這些過程中被犧牲了。

他也認為，要討論此議題，必須要先理解，沒有人真正擁有運動，運動應該是所有參與者所共創、共享的文化，即使是職業運動，老闆的確握有球隊的「擁有權」，甚至將此所有權延伸至球員身上，但是職業運動員卻不完全像其他勞工一樣，因為職業運動員本身即為商品，勞資關係、利益共享等等議題或可交由市場機制下彼此間的談判力量解決。另一方面，屬於社團法人的運動協會，從國際奧委會以降、國際運動協會（international federations, IFs）到國家運動協會，絕對不能宣稱擁有該項運動，他們只是該運動的代管人以及受託者，代表該運動行一國之管理，且受運動員及其家人、受球迷之託。然而現實卻是，這些運動官僚組織反客為主，以為自己徹頭徹尾擁有該項運動的話語權與運動員。

國立體大舉行的二〇一六年全球體育大學論壇中，德國科隆體育大學校長斯特魯德（Heiko Strüder）提到，該校雖以體育為名，但是卻不生產奧運金牌選手，而是培育背後的運動科學、營養、法律、商業、傳播、社會、心理等等人才，以輔助運動員在場上有更好的表現，而他們也重視社會人文課程，祈使運動員有更全人的發展。這樣的模式其實給我們另類思考的機會：台灣的教育環境，小至國小體育班，大至體育系、體育大學以及延伸的體育政策，應以運動員為本，而非獎牌為本。此次里約奧運大放異彩的英國，儘管金牌數躍居第二，但是卻有更多聲音質疑他們傾全國之力競逐獎牌的發展，英國《衛報》知名專欄作家詹金斯（Simon Jenkins）就質疑英國這樣的「奧運歇斯底里症」與他們曾鄙視的前蘇聯模式無異。

至於要如何讓運動員成為他們自己的主體呢？媒體或許能幫上忙。前洋基球星基特在退休後創辦「運動員論壇」（The Players Tribune），以讓運動員能有發聲管道為號召，並以運動員為文章掛名作者。儘管這些文章背後是由許多影子作家捉刀而成的，而讓該網站受到質疑，認為此舉讓作家退居幕後，沒有給予他們應得的名聲，但我卻認為這正是以運動員為本的媒體環境，由專業的作家或記者協助，方能發揮更大的影響力。同樣一句話，由我和由陳金鋒、周思齊說出來的意義與影響力是截然不同的，在這「自媒體」的時代，運動員已擁有多元的發聲管道，但多一層的專業協助，自然可以減少不必要的「資訊意外」。

任何在運動周邊的人都必須理解，從政府與協會行政官僚、教練、防護員，到運動行銷公司、經紀人、記者、作家等等，沒有了運動員，我們什麼都不是。因為他們的才能，我們才得以依附其下，混口飯吃。

81 還運動於人民!

——球迷的草根力量只是第一小步而已

自從里約奧運爆發的一連串事件，引發了台灣運動迷對於各運動協會的不滿，挾此能量的民意代表，也大力推動《國民體育法》修正案，期間球迷動員串連的力量不容忽略，也向長期握權而與運動員及市民社會漸行漸遠的運動單項協會發出怒吼。

社群媒體的出現，改變了訊息傳遞的途徑，也扭轉了權力運作的型態。台灣的球迷運動也在二〇一五年七月十五日寫下新頁。猶記得當時足球迷串聯，在球評／球迷石明謹透過網路登高一呼、立委許智傑的臨門一腳下，廣召球迷到立法院參加公聽會，力促足協在二〇一八年世界盃會外賽對越南一役賣票。在全世界一片反高票價，以及「支持者不是消費者」（supporters not consumers）的浪潮下，台灣的足球迷卻寧願捨棄免費的球賽，多少顯得突兀而逆潮流，但實則卑微地希望以自己微薄之力促成台灣足球的進步。自此之後也確實讓台灣足球國際賽售票與賽務至少不再停留在「殺豬公」的狀態。

球迷與上至協會、聯盟，下至球隊等運動組織唱反調不是異數，而是常態。絕大多數球迷都喜歡贏球，然而每個賽季卻總只有一個最終的贏家，失望的球迷必然是多數的。抱怨、憤怒、諷刺都是每個球迷都會經歷的心境。觸發這些負面情緒的因素太多了，從戰績、經營方向、球隊老闆、球員買賣、球衣太醜等等都是可以眾家球迷幹譙的理由。

二〇〇五年，一群曼聯的球迷因為反對畢生所鍾愛的球隊被美國商人格拉瑟（Malcolm Glazer）大肆收購股權進而擁有球隊，在非官方球迷雜誌《Red Issue》的發想下，轉而集資成立一支全新的球隊F.C. United of Manchester（與曼聯Manchester United名稱不同）。這支球隊由五千名球迷所共有，並由他們共同決定球隊將如何運作，包括球衣設計、票價等等。

二〇〇七年，英國記者布魯克斯（Will Brooks）運用網路更將這模式推向極致。他認為現行足球球隊越來越走向企業化的利益導向與營運方針，使得球迷與球隊間存在著鴻溝，因此成立了「MyFootballClub」網站，號召球迷加入改變足球文化的行列。不管你在世界的哪個角落，只要繳交年費三十五英鎊即可成為會員。布魯克斯並提出一個終極誘因：他們將買下一支球隊來實現這樣的理想。這個行動獲得廣大迴響，二〇〇八年二月，該網站號召了來自八十個國家、超過三萬名會員，募得了六十三萬五千英鎊，成為英格蘭第五級聯賽的球隊艾貝斯費特聯（Ebbsfleet United）的控制股東（controlling shareholder），並且採取直接民主的方式，讓會員可以一人一票決定球隊的營運方針，包括人事、出賽名單與球員買賣的建議權。而這支球隊就在MyFootballClub計畫接手後，神奇地在當年就拿下了英格蘭足總挑戰獎盃（FA Challenge Trophy）。在獎盃加持以及媒體紛紛報導下，會員人數不斷上升，MyFootballClub與艾貝斯費特聯的結合看似是球迷重新取回話語權的完美眾籌案例。

然而，這樣的直接民主、「全球的在地球隊」的理想卻終究不敵球隊的運作仍須仰賴在地知識（local knowledge）的現實，球員的傷勢、心理狀態、訓練表現等等都不是「鍵盤會員」所能夠跨海掌控的。而且正如同民主是不完美的政治機制一樣，公民的漠視將威脅整體民主的效益，線上民主模式的MyFootballClub也是如此。

許多會員對於球隊狀態掌握不清卻隨性投票，或是在討論區謾罵在地的委員會成員，甚至導致已經服務球隊十五年的祕書長愛德華（Roly Edwards）請辭，都使得MyFootballClub與艾貝斯費特聯的結合出現了裂痕。種種理想與現實間的落差，加上艾貝斯費特聯的戰績不見起色，期間一度降級到第六級的聯賽，MyFootballClub的會員數逐漸下滑，直接反映在球隊的財務上。二〇一三年五月，艾貝斯費特聯由科威特集團買下，回歸一般的球隊營運模式。MyFootballClub的民主實驗暫告一段落，未來是否能再有這樣的營運模式出現，難以預料，但可以預期的是，透過新媒體，運動迷群更能主動影響運動文化的生成與轉化。

這一波台灣的球迷運動橫跨足球、羽球、排球、網球等等運動項目，是一次對於協會與政府不滿的集體宣洩，同時也是網路作為公共領域的正向經驗。然而，我們不需要天真到認為球迷的草根力量中沒有政黨政治的角力，但畢竟球迷與運動員在網路空間再怎麼醞釀，最終仍需立法委員借力使力，促成一波波改革聲音的落實。這是不完美的代議民主的遊戲規則，尤其目前我們所完成的才只是第一小步而已，距離還運動於人民的夢想仍有一大段距離。

我們是球迷！運動是你我與運動員所共有，讓你我的聲音被聽見。

82 運動員的罪與罰

——中職該不該讓捍力克上場？黑白以外的那片灰

二〇一八年五月下旬，拿著iPad，看著訂閱的《運動畫刊》（*Sports Illustrated*），封面上斗大的〈你所必須考量的兩個捍力克（Luke Heimlich）……一個沒有簡單答案的運動故事〉，讀完記者普萊斯（SL Price）精采的文章之後，原本我以為只有美國的棒球界需要面對這個難解且令人思忖的故事，但棒球地球村卻小到台灣在兩個多月後，就得面臨同樣困難的道德困境。

如果我們只從職業運動經營的角度，而且是簡單、非黑即白的答案，那麼我可以說，大聯盟封殺捍力克的「默契」是可以理解的，中職也不該讓捍力克來打球。大聯盟絕對不缺捍力克一個投手，免洗洋將來來去去的中華職棒更不怕在這名單上少一人。就算他可能是來過台灣最厲害的投手，但權衡之下，何必蹚這渾水？

尤其在討論Lamigo與中華職棒該不該聘任捍力克這個議題時，我們也不該忽略台灣在全球棒球體系中的位階。

若依世界棒球人才流動的普遍生態，來台探路之前，在大聯盟關上大門之後，顯然獨立聯盟、日本、韓國職棒都可能賞過捍力克閉門羹。當年曼尼儘管在台灣掀起旋風，但是美國媒體卻是多少帶著訕笑的心態看著曾使用禁藥的他「淪落」到台灣打球。已屬世界棒球體系邊陲的台灣棒球，為何還需要這麼一個充滿爭議的人來呢？難道中華職棒圖的是一個給予爭議棒球人物第二次機會的「台灣夢」嗎？

問題在於，若我們只以職業運動的經營觀點來看此波爭議，並進而簡化成性侵兒童罪該萬死的話，那就可惜了，因為我們可以從中討論、進一步了解運動如何成為一個反映社會道德的場域。這也是《運動畫刊》選擇把這樣一個非常不討喜的故事放在封面的原因。

然而，此舉並非為有運動才華的罪犯開脫，《運動畫刊》不會為維克（Michael Vick）虐狗、赫南德茲（Aaron Hernandez）、南非「刀鋒戰士」皮斯托瑞（Oscar Pistorius）的殺人案辯護，更別說卡魯斯（Rae Carruth）槍殺不願墮胎的懷孕女友、密西根州大隊醫納瑟（Larry Nasser）連環性侵運動選手等如此令人髮指的罪行。但這事情，難就難在捍力克事件不該如此簡單二分。

捍力克在未成年時犯了錯，但此錯非同小可，尤其他還在法庭上認了罪。他所認的罪是在十五歲那年性侵了當年四歲的姪女，在美國，這可能是比殺人更令人髮指的罪行。

而此案件複雜之處在於，整件事原本在保護未成年犯的精神下是不應曝光的，卻因為奧勒岡州警方的文書疏失，加上記者利用公共資訊系統挖掘出來，讓捍力克的「性侵犯」身分曝了光。千夫所指的他始終否認自己被指控的犯行，他表示，當初之所以認罪，是不希望這困擾家族的案子再延宕下去，而造成不必要的二度傷害。而他在認罪後的行為，完全符合法院判決對他悔過的要求。

所以現在媒體所再現的捍力克，要麼他真是個怪獸，可以不斷說謊，可以忽略他自己認罪的被害人——也就是自己姪女的感受——而如此厚顏無恥地大言不慚；但是否也可能他的心智力量是無比地堅強，在經歷這一切後，連太平洋彼岸的台灣人都可以對他指指點點的情況下，卻依舊尋求在棒球場上這片夢幻田野的救贖。

我們實在很難對因性侵兒童被定罪的人有所同情，整起事件中的小姪女絕對是最該被保護的人。但捍力克的事件卻因為上述原因而多了許多灰色地帶，也是我們檢視自身道德觀的適時一課。

畢竟，如果這件事警方盡到了保護未成年犯罪紀錄的封存責任，那麼說不定捍力克就可以帶著這原本該被深埋的祕密在大聯盟發光、名利雙收。如今，捍力克可能的、合法的、理應的人生卻又何嘗不是被毀了呢？

就在五月二十一日《運動畫刊》封面故事出刊後一個月，傳出皇家隊有意延攬捍力克的消息。此時另一位《運動畫刊》的作家泰勒（Jon Taylor）極力主張大聯盟不應接納捍力克，因為職業運動原是一項特權（privilege）而非權利（right），捍力克性侵兒童已是犯罪事實，不應該讓他還享有大聯盟這星光燦爛的舞台機會。

該篇論點頗具說服力，也大抵反映了目前的主流風向。而這事件中，美國司法中的認罪制度當然是更根本的法律與倫理課題（根據《運動畫刊》的文章表示，無辜者認罪比例之高，遠超乎一般人的想像），也不可能是本文所能解構的，但生命中道德與倫理的罪與罰，卻遠比法律上非黑即白的罪與罰要來的複雜得多。

法律誠然是一個社會的骨架，但倫理與道德卻是一個社會的血肉。我們能不能、該如何、需多久才能原諒一個「法律上」犯錯的年輕人？值不值得給他第二次機會？這些問題這遠比一個「法律上」的認罪要讓人深省。

83 運動員，你的身體不是你的身體

二〇一八年美國職棒大聯盟季後賽熱烈展開時，大聯盟推出了官方宣傳影片，罕見地傳遞出顛覆傳統的訊息。

這支名為《重寫規則》（*Rewrite the rules*）的影片，甩棒、扯爛球衣、吐舌、激情反而成為場上焦點；老派、低調、「尊重」對手等棒球百年「傳統」價值，反而在此時受到挑戰；「就讓年輕人盡情打球吧」、「這是個嶄新的世界」等訊息由有「The Kid」外號的名人堂選手小葛瑞菲（Ken Griffey, Jr.）道出，格外具有說服力。此外，職業美式足球NFL在經過數年不准球員做出「過當」慶祝動作，甚至祭出「違反運動精神」的罰則（unsportsmanlike conduct）（犯規方後退十五碼），因而被球迷嘲笑其縮寫其實是（No Fun League）之後，也在二〇一七年賽季開始放寬了相關規定。

這或許代表了我們將迎接一個更具表演與娛樂性質的職業運動舞台。但運動組織或是職業運動球隊老闆等握有權力者，也許對外在形式的身體展演有所鬆綁，但對其生財工具——也就是運動員的身體規訓——卻是與日俱增。

中國足協跟隨娛樂圈的腳步，以健康文化教育為由，二〇一八年初起頒布禁刺青令，韋世豪、郜林等球員已經紛紛在三月對威爾斯的友誼賽中纏起紗布「遮羞」。中國對於其人民的管控無須多言，但上星期，網路上也流傳著一張「中信兄弟三軍守則」，其中第三條就載明，禁止球員刺青和把頭髮染成特殊顏色。

或許你以為一向與嘻哈文化有緊密連結的NBA，應該是對刺青等自我風格展現給予高度自由的，但其中仍經過一番衝撞。自從艾佛森（Allen Iverson）登堂入室NBA之後，渾身刺青與bling bling的嘻哈風格就讓NBA高層膽戰心驚，其官方雜誌《Hoop》在一九九九年耶誕特刊中，甚至將AI身上的刺青、耳環、金鍊予以噴霧處理，以符合其「企業形象」。

不料，十九年後，NBA再頒禁令，日前經由球員史密斯（J.R Smith）在IG上揭露，NBA已經對他下達警告，如果新球季他不把小腿上的潮牌Supreme刺青遮住的話，將會遭到罰款處分。不過戈塔德（Marcin Gortat）小腿上的喬丹飛人刺青、安東尼（Carmelo Anthony）左肩上看似華納兄弟（Warner Brothers）商標的WB、甚至是厄文（Kyrie Irving）左手下方的影集《六人行》字體，到目前為止倒都沒事。

就在ＮＢＡ開放球衣胸前廣告之際，對於球員身體權卻是越加監控，特別是當與聯盟利益有所衝突之時。ＮＢＡ在與球員工會協商後就明白宣示，任何商業、宣傳甚至公益募款的標誌、圖案不得在比賽中展示。身體的自主與展演，雇主究竟能干預到什麼程度？球衣能賣廣告、球員的皮膚就不能賣（尤其史密斯還否認有收到Supreme的任何費用）？什麼可以、什麼不可以？尺寸多小才可以？此舉儼然暗示著訊息審查的舉措。如果皮膚能管，那麼更進一步來問，對於球員的健康狀況是否有權調閱？

「當然可以囉，球員是球隊的資產呢！」、「球隊可是花大錢簽下來的球員呢，難不成球隊要養一個痛痛人？」我想會是常見的答案。

職業運動員，尤其是明星選手，因為其高薪之故，我們往往忘了他們也是勞工，包含基因檢測、醫療測試等健康資料屬於隱私的範圍，除本人同意或本人自行提供，醫療單位是無法提供相關資料給雇主的。但職業運動員往往「被自願」提供相關資料，尤其是曾經受傷的部位，甚至是轉會、交易與簽下自由球員合約前的健康檢查都已經是常態，放棄自己的隱私權，方能決定其「市場價格」。

儘管我們個人皆可主張隱私，但因為職業運動這項產業的特殊性，也就是運動員不但是勞力，更是生產工具本身，所以使得資本家主張其相關權利似乎顯得更為合理，畢竟他們可是砸下大錢同時包下這些「生產工具」和「勞力」的。但如果依此邏輯，除了身體之外，也同樣會影響運動員表現，也就是生產工具產出的心理狀態，運動員是否也該放棄自身的隱私，以換取雇主信任、藉此換取薪資報酬？

過去幾個月，越來越多運動員以過來人的立場——包括歐卡佛（Jahlil Okafor）、迪羅森（DeMar DeRozan）、勒夫（Kevin Love）等人——公開自己過往憂鬱病史，希望鼓勵後輩們勇敢面對自己的脆弱與黑暗。儘管NBA聯盟方面已經宣布，會與球員工會合作保障球員隱私，但這卻無法阻止部分球團老闆，希望未來體檢報告中納入心理健康病史報告的聲音。

所以，運動員的生理與心理健康資訊的揭露，究竟該到什麼程度？雇主步步進逼之下，工會究竟是否有力抵擋越趨全方位的身體規訓與操控？高額工資的背後，職業運動員必須以犧牲做為個人、甚至一般勞工享有的權利來換取。當運動高度職業化、運動員身體徹底商品化的時候，運動員與自己的身體逐漸疏離，也必須以商品「物」的邏輯看待，距離為「人」也將漸行漸遠。

畢竟，運動員，你的身體真的不是你的身體，你的心理也終將被占據。

運動與種族

84 不參政運動員的政治影響力

二〇一六年中央大選結束，與運動有關的幾位候選人，除了中華職棒會長吳志揚當選不分區立委、足協副祕書長邱志偉當選區域立委之外，其餘如棒協理事長廖正井、籃協理事長丁守中、奧運跆拳英雄黃志雄紛紛落選。

除了二〇〇四年雅典奧運之後，挾著「禮讓」與銀牌光環的黃志雄之外，上述這些都是先政治人物後涉足運動的例子，先運動員後投身政壇的包括黃志雄之妻，也是前跆拳道國手洪佳君之外，還有紀政與黃平洋。但是涉足政治的方式有許多種，即使是立法權最高殿堂的國會也只是政治的一種形式而已，運動員改變社會的方式則有更多種可能。

美國公共電視台PBS為了討論黑人民權運動的進程，在金恩博士八十七歲冥誕之際，特別邀請傑基．羅賓森遺孀瑞秋與著名紀錄片導演伯恩斯（Ken Burns）對談。傑基．羅賓森一生從未從政，但是他打破大聯盟的種族藩籬，並且終其一生為黑人民權努力。拳王阿里、一九六八年墨西哥市奧運兩百公尺頒獎台上的湯米・史密斯與約翰・卡洛斯的「黑權致敬」，都發揮遠超過運動場上的影響力。

儘管種族平權仍是一個夢想，但許多前輩終其一生的努力換得今日的成果，也為後代無數非裔運動員搭好了表演的舞台。然而，並非所有明星運動員都選擇接下火把。喬丹和老虎伍茲這兩位一九九〇、二〇〇〇年代最具影響力的非裔運動員就對於種族議題噤聲，特別是非裔社群對於老虎伍茲對名人賽舉行地奧古斯塔俱樂部會員組成的明顯歧視堅不表態，十分不諒解。

近年來，小皇帝詹姆斯選擇了不一樣的道路。二〇一二年青少年馬丁（Trayvon Martin）命案後，他就號召隊友在球場上穿著帽T，藉以諷刺白人對於身著帽T青少年鬼鬼祟祟的刻板印象。二〇一四年七月，賈納（Eric Garner）在紐約市遭白人警察掐住脖子窒息致死，詹姆斯、羅斯（Derrick Rose）與柯比等球星率先在比賽賽前熱身中穿上了「I can't breathe」的黑色T恤，以抗議種族歧視的紐約警方執法過當；同年四月，快艇隊前老闆史特林（Donald Sterling）一席種族歧視的言論，讓整個NBA站在捍衛人權同一陣線，詹姆斯同樣挺身站在第一線。

當然，沒有人會天真到認為詹姆斯或是其他運動員就是聖人，就能挺身力抗所有不公不義的事情。至今，沒有知名運動員膽敢為了他們所代言運動鞋旗下的血汗工廠工人甚至童工權益挺身而出，但至少詹姆斯選擇了種族作為他公民意識的著力點。

台灣的運動員即便進入國會殿堂，對於運動議題發聲的音量可謂小得可憐，至於運動員則多半服膺「政治的歸政治、體育的歸體育」這句大錯特錯的信條。以台灣的原住民而言，其人口比例不到百分之三，但在中華職棒的比例卻將近一半，能擔任球隊管理階層的卻是鳳毛麟角。其實此種「過度代表」的現象給予其更多喚醒大眾對於原住民議題的舞台，但是我們的球員大多選擇投身「關懷盃」的小確幸，對於大議題多半選擇沉默，只有在二〇一一、二〇一二年間原住民正名運動時，可見陳鏞基（馬耀・吉洛）、林智勝（乃耀・阿給）、張泰山（阿帝・馬紹）的聲音。原住民如此，在國際體壇其實有更佳表現的台灣女性運動員，在性別議題上也未見為集體權益發聲的先鋒。

從一九七〇年代金恩夫人（Billie Jean King）開始，女網選手一代一代前仆後繼地為網球選手的性別平權奮鬥，歷經數十年的努力，好不容易才在二〇〇七年的溫布頓妥協後掙得了女網選手在四大賽與男子選手同酬的地位。即便如此，性別平權仍有漫漫長路要走。

任何權力都必須是掙來的，當權者不可能會平白下放給你，運動與政治從來都不是、也不該是兩條平行線。運動員的影響力不該只自甘侷限於運動場內，別再說自己只要專心打好球就好，踏出理解自身所處的環境中多重權力作用的第一步，那麼你說話，便會有人聽。

85　林書豪之怒
——黑白之外

二〇一六年奧斯卡獎主持人洛克（Chris Rock）在白茫茫的一片人海中，針對亞裔刻板印象的玩笑，惹惱了林書豪以及美國的亞裔社群。兩週以前，華裔社區同樣為了紐約警察梁彼得誤殺非裔青年格里（Akai Gurley）被判刑一事展開抗議行動。華人在美國一向被視為所謂的模範少數，但也是沉默的「啞裔」。這次在林書豪表態以及梁彼得案的背景下，讓美國種族問題除了黑白之外，總算讓亞裔稍獲關注。

種族問題錯綜複雜、動輒得咎，在種族熔爐的美國尤其如此，運動場上更是美國種族問題的縮影。在接下來的討論前，我們不妨先想一下這個問題的答案：

黑人會不會游泳？

你可能想半天，好像真的答不出來有什麼黑人游泳名將？其實是有的，瓊斯（Cullen Jones）還在北京和倫敦奧運拿下過兩金兩銀的成績，曼紐（Simone Manuel）更在里約拿下一百公尺自由式與4X100接力的雙料金牌。可是為什麼我們、甚至美國人自己都存在「黑人不會游泳」的刻板印象？或許是二〇〇〇年雪梨奧運，來自赤道幾內亞的姆薩巴尼（Eric Moussambani）在游泳池裡的掙扎太讓人印象深刻，或許是「黑人怕冷」、「他們骨頭比較重」這種不知道哪裡來的道聽塗說，都可能讓我們產生這種刻板印象。

然而，根據美國蒙大拿大學威爾茲（Jeff Wiltse）教授的《競爭的水域：美國游泳池的社會史》（*Contested Waters: A Social History of Swimming Pools in America*）一書，美國黑人之所以遠離水畔，一方面私人游泳池仍是富有的象徵，讓中低收入者難以接近，即便是公共游泳池，在一九五〇、六〇年間種族隔離的年代，黑人根本無從進入；加上種族隔離與歧視的陰影仍深深烙印在美國黑人之中，使得不會游泳，成為黑人自我實現的預言。

我們關注美國的職業運動，不論是棒球、美式足球或是籃球，一直被灌輸一種想法：黑人主宰運動場，想必因為是天生的練武奇才，但是白人、黃種人如果在運動場上成功，多半被歸因為苦練。這麼說來，如果我們真的相信黑人的體能有先天優勢，那麼沒有理由這樣的優勢卻無法轉化到游泳池裡啊？再者，就算是不同人種之間的先天條件真的有所差異好了，黑人之所以沒有在游泳池中有著像其他運動項目的表現，那是後天的社會條件強化了這樣的差異。

一些錯誤的刻板印象，在美國已漸漸被越來越多運動社會學的研究釐清，但是當我在電視的NBA轉播中聽到這麼一段評論時，卻有一種時空錯亂的感覺：

> 只要現在還在場上的白人球員，代表他的腦筋都非常好，或許他的體能並不是那麼勁爆，可是他處理球絕對都比一般黑人球員來得細膩，因為黑人球員大部分覺得只要我跳起來了，只要我啟動了，就沒有人守得住我。

上面這一段話，如果發生在美國，那麼這球評的飯碗大概很難保得住，但這段摘自國內黃蜂與七六人之戰的轉播，在國內卻可能少有人覺得有什麼問題，甚至PTT的熱門live文中，也只有一位鄉民推文「主播跟球評這言論是在拐彎罵黑人笨嗎？」

在台灣，從電影《大尾鱸鰻》惹出的歧視原住民爭議還有上述的評論，在在凸顯了我們對於種族議題應該有更高的敏感度。是的，刻板印象是我們認識未知世界的便捷指標，但只根據既有膚色分門別類的刻板印象，已經無法應付當代社會的多元面貌，跨種族已是普遍的現象，甚至跨到我們無法為其分類。

NBA裡颳起柯瑞旋風，有人說他為籃球的進攻戰術掀起一陣革命，但我卻更希望在場外也能如此，柯瑞的父親是非裔美國人，母親是「被歸類」為白人的克里歐（法西混血族裔），那麼柯瑞是黑還是白？二〇一六年灌籃大賽上演頂尖對決的拉文（Zach Lavine）和葛登（Aaron Gordon）也同樣是黑白跨種族的後裔，洋基隊傳奇球星基特也是如此。非黑即白的思維，曾經窄化了美國種族思考的視野，事實上，只要染黑就不白，這樣白人優越的分類方式，更不該是我們承繼的種族觀點。

當奧斯卡急著顧慮黑白，卻患上了黃色盲；在台灣，原、漢、新住民都為相對單一種族（甚至是河洛沙文）的台灣社會打開視野與多元可能。當我們看一個人不管是黑、白、黃甚至綠，其實都不該重要。

別急著問柯瑞是黑人還是白人，他就是柯瑞，不是嗎？

86 國歌聲中的分化

——川普與球員對槓，打什麼主意？

曾幾何時，一場運動賽事最具戲劇張力的竟是開場的國歌演奏。自從二〇一六年舊金山四九人隊非裔四分衛卡佩尼克拒絕在演奏國歌時起身肅立，藉此表達對於美國種族問題的抗議之後，哪些運動員加入以此舉抗議的行列，成了每場比賽正式開打前的焦點。卡佩尼克至今失業中，除了他的球場表現退步之外，是否與此行為有關，也每每成為爭議的話題。

向來以推特放話的美國總統川普，就把矛頭指向這些他眼中「不愛國」的ＮＦＬ球員，鼓吹老闆們應該炒掉這些「狗娘養的」（son of bitch）球員。這下子激怒了更多的球員，上週末計有超過兩百名美式足球員加入抗議的行列。在英國倫敦溫布利球場舉行的ＮＦＬ海外賽，透過Yahoo!在網路進行全世界的免費直播，也將交戰的傑克森維爾美洲虎與巴爾的摩烏鴉隊共計有超過二十名選手緊扣雙臂、單膝跪地的抗議訊息傳遞到全世界。更打臉川普的是，在隨後的英國國歌〈天佑女皇〉演奏時，這些選手全部起身肅立。稍晚，在芝加哥軍人球場（Soldier Field）的熊隊與匹茲堡鋼人隊的比賽，鋼人隊在非裔總教練湯姆林（Mike Tomlin）率領下，索性全隊等到奏完國歌才入場。

湯姆林在受訪時表示，此舉是他不希望有球員因為選擇公開宣示自己的信念而單獨成為箭靶，因此選擇以團體一致的方式缺席國歌儀式。然而，說好的一致立場卻在當下就破了功，鋼人隊進攻線球員、也是陸軍上尉退役的維拉紐瓦（Alejandro Villanueva）卻「不小心」獨自站在入口處對國歌表達敬意。明星四分衛羅斯利斯伯格（Ben Roethlisberger）隔天也表示，他不再以此舉抗議，同時球隊也不會再缺席國歌儀式。

就當風向已經十分混亂之際，全美矚目的週一晚間美式足球賽，有「美國隊」之稱的達拉斯牛仔隊在著名的保守派老闆瓊斯（Jerry Jones）率領下，先在國歌演奏前與全隊單膝跪地並緊扣雙臂，但在演奏國歌時起身肅立，箇中意涵又引發兩派陣營的各自解讀。

而川普除了對ＮＦＬ開炮之外，也將戰火延燒到ＮＢＡ，他公開對於以超級巨星柯瑞（Stephen Curry）為首的ＮＢＡ冠軍金州勇士隊不願應他之邀造訪白宮一事大為光火，「見笑轉生氣」地表示收回他的邀請。此舉持續引發包括詹姆斯（LeBron James）在內的ＮＢＡ球星對川普的回嗆。

如同本書〈看球視同作戰——當運動資本與國家機器結合〉一文所述，九一一、波士頓馬拉松爆炸等恐怖攻擊後，ＮＦＬ在近年來大力與美國軍事主義與愛國主義結合，主流運動媒體搭著九一一之後順水推舟，大力鼓吹此等敘事，卻也將ＮＦＬ更進一步推向美國國家機器的一環。

於是乎，原本發自於市民社會的運動休閒文化，在ＮＦＬ官方樂於、也汲汲營營與美國國家機器畫上等號之時，來自市民社會對於國家機器的不滿，也會最早從這個場域延燒出去。所以如果有球迷因為對這些抗議的選手感到被冒犯，從而轉向不支持ＮＦＬ這個職業賽事，那也是ＮＦＬ這幾年下來所種下咎由自取之果（事實上，一向所向披靡的ＮＦＬ轉播，近兩年也出現電視收視率大幅下降的情況）。

一個美國總統膽敢公然向視運動如命的美國人，以及他們心目中的英雄們嗆聲，他到底在想什麼？川普被稱為史上最具分化力量的美國總統可不是叫假的，看似恣意妄為，卻是經過算計；畢竟，分化能為他帶來政治利益。尤其美國運動裡的黑白種族界線，在此次事件中被赤裸裸地凸顯出來，藉此，他將愛國主義武器化，將ＮＦＬ、ＮＢＡ以黑人為主的運動員戴上不愛國的帽子，藉此轉移美國種族問題的焦點。

檢視美國運動的種族構成，ＮＦＬ有將近七成球員屬非裔美國人；二〇一六年賽季開幕時，ＮＢＡ有七四％非裔美國人，而有美國國家休閒（The National Pastime）之稱的美國職棒大聯盟，非裔卻僅占不到七％（拉美裔占二七％、白人六四％、亞裔二％）。也因此，在美國三大職業運動中最白的棒球，直到數週後才有運動家隊的捕手馬克斯韋爾（Bruce Maxwell），父親是美軍、在德國出生的非裔美人）加入此抗議的行列。

在二〇一六年大選中，川普雖然以零點七個百分點擊敗希拉蕊而取下整個賓州，但在匹茲堡他卻淨輸了一六．六%。原以為湯姆林與鋼人隊選擇與大部分的匹茲堡市民站在同一陣線，但是同城以白人球迷為主的職業冰球NHL冠軍企鵝隊卻決定接受川普之邀前往白宮，令人不禁依舊將這些混亂的風向以種族角度來解讀。諸多球隊高層、尤其是與川普交好的球團老闆，多半採取模糊立場的應對策略，就是要避免陷入這複雜的種族議題被化約成政治上二分的挺川、反川，從而使自己陷入裡外不是人的窘境。但是以南方白人為主要觀眾群的NASCAR，就有兩支車隊老闆毫不掩飾地與川普同一陣線，對旗下車手表明「要抗議就炒人」的立場。

美國終究是個儘管是焚燒國旗都可受言論自由保障的民主國家（至少現在還是），國歌抗議事件及其衍生意涵必然在美國持續延燒。

但我們必須注意，上述的分析與歸類是立基在「理想型」（ideal type）的狀況下，也是在討論此一現象時不得不的策略，任何過度化約與二分都是危險的。冰球、NASCAR當然也有非裔球迷，當然也有許多進步路線的白人與這些非裔球員站在同一陣線。國歌、國旗等皆是與國家相關的符號，既屬符號，在當前時代下，其意義的產生就是多元與多義的。

這些選手選擇在演奏國歌時單膝下跪，他們抗議的對象，究竟是美利堅合眾國這個集合名詞？還是川普政權所代表的美國國家機器？顯然，川普亟欲將此二者畫上等號，把「反川」打成「反美」，尤其非裔美國人支持川普者幾希矣，卻可以藉此鞏固白人中心保守派的基本盤。

87 為什麼「比小眼睛」是種族歧視？

二〇一七年美國職棒大聯盟世界大賽熱鬥方酣之時，在第二戰中，太空人隊古巴籍一壘手古瑞爾（Yuli Gurriel），面對道奇隊日本籍投手達比修有擊出全壘打後，在休息室做出帶有種族歧視意味的「瞇眼」（slant eye）手勢，事後遭到大聯盟主席曼佛瑞（Rob Manfred）做出隔年球季禁賽五場的處分（剩餘的世界大賽依舊得以正常出賽）。大聯盟此處分一出，引發「世界大賽優先於種族歧視」的批評，由於古瑞爾被延遲禁賽，也使得他在第五戰的全壘打讓戰局發生了巨大的變化。

回顧運動場上，以瞇眼手勢作為對於亞洲人的歧視屢見不鮮。二〇一七年七月，塞爾維亞女排隊在世錦賽出戰日本隊之前，全隊也做出相同的動作；二〇〇八年北京奧運前，西班牙男籃隊、阿根廷女足隊也先後擺出爭議性的「瞇眼」動作拍照。

或許有些人有這樣的疑問：「我們東亞許多人的確就是單眼皮，我並沒有因此覺得被冒先犯啊？甚至鳳眼不正是東方傳統上，將女性視為美的表徵嗎？」回答這問題前，我們不妨先看看下面這些例子。

Nigger，「黑鬼」這字來自拉丁語的 niger，在許多西方語言中，niger 所衍生的 negro 就是「黑」的意思，但在美國社會中，這看似中性的字卻是與奴隸制度下的歧視密切相連。就像 chinaman 一字，看似不過就是中國人的意思，但其實與十九世紀在美國修築鐵路的中國移工有著高度連結的輕蔑用語。

除了語言之外，生理特徵更是用作歧視他人的簡易符碼。將黑人與猩猩或是猴子相連結，那是再冒犯不過的公然歧視。有數不清的黑人球員在歐洲踢球時，都曾遭受到球迷施以香蕉對待，因為他們的外貌與演化過程中優劣的聯想，使得黑人與猩猩的連結成為最惡意的種族歧視表現。但是，當威爾斯籍的白人皇馬球星貝爾（Gareth Bale）因其一對招風大耳被稱為猴子時，卻未見相同程度的歧視反應，甚至許多亞洲球迷以此作為對貝爾「齊天大聖」般的身手的恭維。

相對於這些顯而易見帶有貶抑意味的種族歧視用語或是象徵符號，如果我們以種族刻板印象來「讚揚」他們的「長處」呢？二〇一七年加盟英超豪門曼聯隊的比利時籍黑人前鋒盧卡庫（Romelu Lukaku），因為在球場上英勇的表現，主場曼聯球迷以一首改編自石玫瑰樂團（Stone Roses）的歌曲向他「致敬」：

Romelu Lukaku
羅美路・盧卡庫
He's our scoring genius
他是我們的進球天才
He's got a 24-inch penis
他有著二十四吋長屌
Scoring all the goals
一直進球
Bellend to his toes
龜頭一路垂到了腳趾

男人們無不希望自己的性器官是一柱擎天的，黑人的性能力也一直是雄性文化中的迷思，這麼說來，這首歌曲想必是正面又積極的意涵吧？但英國的反種族主義團體也向曼聯傳達抗議，希望禁止這首歌在看台傳唱。

因此，從黃種人的單眼皮瞇眼、黑人的膚色與大鵰到語言的使用，歧視與否，背後其實是權力的作用，也必須被放置在更廣泛的脈絡中來檢視。看似單純以外表作為嘲弄對象，事實上都源於更深層的文化與社會意涵。尤其以他人外貌等無法改變的特徵作為先入為主（即便是你認為的恭維）、甚至攻擊的依據，都是一種對他人的歧視，或至少是對他人處境不夠敏感的舉措。

白人以其在世界政治經濟與文化上的優越地位，對於其他種族歧視的案例屢見不鮮，但近來除了古瑞爾，前NBA球星馬丁（Kenyon Martin）對於林書豪的髮型一事的評論，不禁讓人想著：同樣都是美國社會非主流的族群，黑人何苦對於亞裔依舊有此歧視？

一九九二年，洛杉磯因為白人警察毆打手無寸鐵的黑人金恩（Rodney King），獲判無罪之後所引發的暴動中，看似與黑白兩族無涉的韓國城卻成為劫掠與暴動的重災區。加上上述運動場外這兩件案例，以馬丁與古瑞爾作為黑人的身分，應該更能理解遭受歧視的同理心才是，卻反倒成為歧視亞裔的施為者，這是十分令人覺得沮喪的。尤其古瑞爾本人還曾經在二〇一四年時效力過日本職棒橫濱DeNA海灣之星隊，再再凸顯種族偏見消彌的不易。

儘管如此，可喜的是，此事件中達比修與林書豪都展現出極高的修養與智慧，達比修強調以包容而非憤怒來回應，並且人非完美，我們都在學習；而林書豪更是以馬丁身上的中文刺青為例，強調學習、包容與尊重不同文化，與馬丁之格，高下立判。

是的，單眼皮瞇眼是我們許多人的生理特徵，「虎媽」、升學導向的填鴨、充滿濃厚味道的午餐便當，甚至福祿壽喜的餐具，都是部分華裔家庭的寫照。既然是刻板印象，必然有部分是真實的，否則也不會如此牢固難破。

在大同世界裡，沒有人應該以其個別差異被單純化約，但在我們達到此一美麗境界之前，刻板印象又是我們對於異文化快速理解的方式。所以我們必須知道，既然又是「刻板」又是「印象」，當然不該被化約成所有人都適用的共同特質，請留些理解他人異質的空間與彈性。

瞇眼等生理特徵原本都該只是中性的，但作為一種貶抑亞裔的符號，全然是西方社會的產物，我們無法、也不是要否認這些生理特質的存在。消極上，我們必須自我理解：「單眼皮瞇眼沒什麼啊！這就是我們！」但在積極戰略上，或許是要開始扭轉這些符號的意義了。如同女性主義者透過各式各樣的文本，轉化原本是污名的「婊子」（bitch）這個字的意涵，將其轉化為具有個性、自主的、不向父權社會妥協、獨立而有智慧的女性一般，瞇眼的貶抑美學觀也可以開始在當代權力關係中扭轉。

運動的對抗本質，使它也成了當代社會中體現、進而衝撞各種種族偏見的場域。我們不必撇過頭去假裝無視，重點是運動提供了這樣對話的場域，讓我們在達成大同世界之前，檢視內心，學習與理解不同的他人與異文化。

後記

——台灣與運動間的那條線

運動之美，就是一連串的連結。棒球場上的六—四—三的雙殺、tiki-taka的華麗足球、籃球完美timing的alley-oop、排球流暢的B式快攻；但是透過我們與家人、朋友、社區、城市、國家鑲嵌的那條線，能讓這些完美連線更有一番風味。

我的童年是在大溪的外婆家長大，關於棒球的啟蒙是源自外公，一九八三年趙士強在亞洲盃漏接的那個高飛球，外公怒關電視的神情，是我對他最深的記憶。幼稚園大班回到台北，銜接的是與爸爸打乒乓球的回憶，而我總是每輸一盤，就賴皮嚷著「不算！再比一次」。小學的志願是長大當太空人兼打棒球，即使車禍住院了兩個月，回到學校，依舊拄著拐杖看同學打躲避球，恨不得自己快點能上場。高中時，總是在台北市立棒球場外排著免費的外野學生票，期待著每一場的龍象大戰；雖然大學念了經濟，但那反而像是我的輔系，運動才是我的主修。運動就如同腦海中永不間斷的背景旋律，最終還是成為我生命的主題。在新聞所就讀期間，因緣際會進入緯來體育台擔任外電編譯的工作，之後的研究，則將運動帶進了大眾傳播的研究領域；為了博士論文，跟著美國的高中棒球隊南征北討了兩年，讓我第一手體驗運動文化的底蘊。

即便進入大學任教，從世新大學新聞系到國立體大體育研究所，都已經覺得自己超級幸運地能以「看球」為業，畢竟，有多少人能在一邊看球、一邊很賊地說：「我在工作！」日後卻還更幸運，在緯來體育台OB楊政典、林俊達、曾文誠等老友們的號召下，自二〇一三年在MyVideo的網路轉播開始，二〇一四年轉戰ESPN與FOX至今，都還有機會客串播著美國職棒大聯盟的賽事。王建民在皇家隊重返大聯盟的一役、阿利耶塔（Jake Arrieta）的無安打比賽、小熊洋基鏖戰十八局四十八K的跨聯盟賽事、同樣十八局的二〇一八年世界大賽第三戰，無疑都是可以說嘴一輩子的播報經驗。

自己是幸運的，愛運動，更愛看運動，竟也靠著運動場內戰況、場外大小事而有了一小片天，但也因此對這塊園地有更多期許。放眼台灣的運動，原本該是三十而立的中華職棒，卻一直給人力有未逮之感，「主場」的氛圍是逐漸建立起來了，但「城市」與運動的連結卻仍未竟；頂新（味全）龍的復活看似箭在弦上，當中的斷裂，能不能、或該不該補？彭政閔將在今年球季後高掛釘鞋，無疑是一個時代的句點，但中職的勞資天平，卻一面倒向資方，「共體時艱」、「有球打已經很好了啦」，是職棒選手令人心疼的釋然。HBL熱血依舊，

UBA逐漸加溫，但SBL的稀落場景令人依舊不勝唏噓，籃球職業化的腳步令人不忍聞問。足球經歷戰力面與組織面的低谷，在新團隊就位之後的種種作為，讓人不禁抱著踏上正軌的期待。越來越多元的運動員身分樣貌，「誰是台灣人？」是我們要擁抱的無窮可能。後世大運的台灣，舉重、體操、田徑，看似迎來前所未有的希望，但除了以成績論英雄的角度之外，更重要的，台灣運動文化究竟何去何從？

台灣太多關於運動的討論，總是圍繞在「獎牌數」與「產業」的面向，出國比賽與發大財，似乎是台灣運動的唯二出路，也就是在這麼功利的氛圍下，講歷史、講文化、講「無用」的社會學，每每給人打高空的感覺，但實情卻是，文化的根基夯實了，可以賺錢的產業自然會起來。尤其「身體」是每個人與生俱來的，也是每個個人最真實、最不可分的經驗所體現之處，儘管該是個體由下而上匯聚的集體運動文化，在台灣卻由政府與國家壟斷運動的話語權長達數十年。近年來，好不容易在市民社會的眾聲喧囂中逐漸鬆動，但要顛覆凡事靠政府、一切為國爭光這類由上而下的意識形態，並非一蹴可幾，但至少這一步，我們踏出去了。

台灣的運動原本被政府牢牢的一根線給綁住，如今，我們要為它換上一縷又一縷的細線，重新拉起台灣與運動間的連結，領略它的多元樣貌與無限可能。

聯經文庫
左・外・野：賽後看門道，運動社會學家大聲講

2019年4月初版　　定價：新臺幣420元
有著作權・翻印必究
Printed in Taiwan.

著者　陳子軒
叢書編輯　張擎
校對　馬立軒
內文排版　極翔排版公司
封面設計　江宜蔚
編輯主任　陳逸華

總編輯　胡金倫
總經理　陳芝宇
社長　羅國俊
發行人　林載爵

出版者　聯經出版事業股份有限公司
地址　新北市汐止區大同路一段369號1樓
編輯部地址　新北市汐止區大同路一段369號1樓
叢書主編電話　(02)86925588轉5321
台北聯經書房　台北市新生南路三段94號
電話　(02)23620308
台中分公司　台中市北區崇德路一段198號
暨門市電話　(04)22312023
台中電子信箱　e-mail：linking2@ms42.hinet.net
郵政劃撥帳戶第0100559-3號
郵撥電話　(02)23620308
印刷者　世和印製企業有限公司
總經銷　聯合發行股份有限公司
發行所　新北市新店區寶橋路235巷6弄6號2樓
電話　(02)29178022

行政院新聞局出版事業登記證局版臺業字第0130號

本書如有缺頁，破損，倒裝請寄回台北聯經書房更換。　ISBN 978-957-08-5285-1 (平裝)
聯經網址：www.linkingbooks.com.tw
電子信箱：linking@udngroup.com

本書圖片由聯合知識庫授權使用

國家圖書館出版品預行編目資料

左・外・野：賽後看門道，運動社會學家大聲講/
陳子軒著．初版．新北市．聯經．2019年4月（民108年）．
448面．14.8×21公分（聯經文庫）
ISBN　978-957-08-5285-1（平裝）

1.運動社會學

528.9015　　　　108003681